G

TABLEAU SYNOPTIQUE

DE

L'EUROPE.

Anzin. — Imprimerie de Boucher-Moreau

TABLEAU SYNOPTIQUE

DE

L'EUROPE

OU

DESCRIPTION DE SES QUINZE GRANDES CAPITALES,

AVEC

L'INDICATION DE LA POSITION DE LEUR ROYAUME RESPECTIF

SUR LE GLOBE,

ET UNE

Notice sur l'Ethnographie, la Religion, le Gouvernement, l'Industrie et le Commerce des états dont elles font partie ;

Ouvrage rédigé d'après les meilleurs auteurs et d'après les derniers traités de commerce des puissances entre elles,

MIS A LA PORTÉE DE TOUTES LES CLASSES DE LA SOCIÉTÉ,

Par I. F. J. GUISLIN.

On ne saurait trop distribuer aux nations les ouvrages qui peuvent leur inspirer les sentimens du grand et du beau. I. F. J. G.

LILLE,

A LA LIBRAIRIE DE VANACKERE, IMPRIMEUR,

Place du Théâtre, 10, et Grand'Place, 7.

1841

Aspirant beaucoup moins au titre d'auteur original qu'au bonheur de présenter au public des choses substantielles et exactes, je dois avouer ici que, dans la composition de cet ouvrage, j'ai dû puiser aux sources les plus récentes et les plus pures : je me suis surtout inspiré des ouvrages de MM. A. Balbi, Erasme, Lebrun, Malte-Brun, Blanqui aîné, Bottin, etc., etc.

AVERTISSEMENT.

L'OUVRAGE que j'offre au public est une compilation dont je n'attends aucune gloire littéraire. Toutefois, en l'écrivant, j'ai tâché, pour atteindre le seul but que je me suis proposé, l'utilité nationale et européenne, de renfermer beaucoup de choses en peu de pages.

J'ai puisé aux meilleures sources, et tout ce que j'ai trouvé de bon, d'exact, d'utile aux voyageurs et d'agréable aux sédentaires, je n'ai pas craint de me l'approprier.

Voulant donner aux habitans de cette belle partie du monde (l'Europe), une connaissance entière de tout ce qu'elle renferme de plus curieux, de plus magnifique, de plus majestueux et de plus gigantesque, j'ai recueilli, dans une infinité d'ouvrages, les matériaux qui devaient me servir à réunir en un seul volume ce qu'il y a de plus remarquable sur cette matière.

NOTIONS PRÉLIMINAIRES.

L'Europe est la plus petite des quatre parties du monde, mais elle en est la plus importante pour l'industrie, le commerce, la civilisation, les sciences et les arts. L'air, en général, y est plus pur, le territoire plus fertile et mieux cultivé que dans les autres parties; en quel endroit du monde pourrait-on aller, en effet, pour trouver, par exemple, un lieu aussi agréable et des alentours aussi délicieux que Turin (Italie)? Située dans une magnifique plaine, au milieu de bosquets d'orangers, d'oliviers, de citronniers et de fleurs; la douceur de son climat, les agrémens qu'elle offre ainsi que ses environs, lui attirent tous les ans une foule d'étrangers.

L'Europe a produit plus de héros et plus de savans que le reste de la terre ; les villes qui y sont construites sont plus régulières et plus près les unes des autres. La majeure partie de ses habitans sont doux, honnêtes, ingénieux et hospitaliers.

POSITION ASTRONOMIQUE. Longitude (du continent) entre 12° occidentale et 62° orientale. Latitude boréale (du continent) entre 34° et 71°.

POPULATION. 228,000,000 d'habitans.

DIMENSIONS. Plus grande longueur : depuis le cap Saint-Vincent, en Portugal, jusqu'à la chaîne de l'Oural, dans le gouvernement de Perm, en Russie, 2,926 milles (1). — Plus grande largeur : depuis les environs de Hammerfest, dans le Finmark, en Suède, jusqu'à la chaîne centrale du Caucase, près du mont Mquinwari, improprement nommé Kasbek, 1,800 milles. Mais la plus grande largeur absolue du continent européen se trouve entre le cap Nord, dans le Finmark, et le cap Matapan, dans la Morée ; elle monte à 2,100 milles.

CONFINS. Au nord, l'Océan Glacial Arctique, ou

---

(1) Le *mille* géographique, dont on a fait usage dans cet ouvrage, est la 60e partie d'un degré qui équivaut à 1 kilomètre 851 milliémes ou à 1,851 mètres.

simplement mer Glaciale ; à l'est, l'Asie et la mer Caspienne ; le reste de la limite orientale est tracé par la mer Noire, le détroit de Constantinople, la mer de Marmara, le détroit des Dardanelles et l'Archipel ; au sud, la mer Noire, la mer Méditerranée et le détroit de Gibraltar ; à l'ouest, l'Océan Atlantique, et au-delà du cercle polaire, l'Océan Glacial Arctique.

FRANCE.

MONARCHIE FRANÇAISE.

POSITION ASTRONOMIQUE. Longitude, entre 7° 9′ occidentale et 5° 56′ orientale. Latitude, entre 42° 21′ et 51° 5′. Ces calculs se réfèrent au continent seulement.

POPULATION. 33,540,910 habitans.

DIMENSIONS. Plus grande longueur : depuis le point le plus occidental de la côte au nord-ouest de Brest, dans le Finistère, à Antibes, dans le Var, 575 milles. — Plus grande largeur : depuis Givet, dans les Ardennes, jusqu'au mont Huromba, au sud-ouest de Saint-Jean-Pied-de-Port, 499 milles.

CONFINS. Au nord, la Manche et le Pas-de-Calais, qui séparent la France de l'Angleterre ; le royaume de Belgique avec le grand-duché de Luxembourg ; le grand-duché du Bas-Rhin, compris dans la monarchie Prussienne ; et le cercle du Rhin appartenant au royaume de Bavière. A l'est, le grand-duché de Bade ; la Confédération Suisse et le royaume de Sardaigne. Au sud, la Méditerranée, la monarchie Espagnole et la petite république d'Andorre. A l'ouest, l'Océan Atlantique, et, en partie, la Manche.

PAYS. Le royaume de France actuel se compose de tout le ci-devant royaume de France avant la Révolution, sauf quelques petites fractions de territoire qu'on en a détachées dans les départemens du Nord, des Ardennes, de la Moselle et du Bas-Rhin, et des parties bien plus considérables qu'on y a ajoutées dans les départemens du Haut-Rhin, du Doubs et de la Vaucluse ; la plus grande partie de ce dernier est composée de nouvelles acquisitions, tel que le territoire d'Avignon, le comtat-Venaissin, etc., qui dépendaient autrefois du pape.

ETHNOGRAPHIE. Les habitans du royaume appartiennent à cinq souches principales. La SOUCHE GRECO-LATINE embrasse les Français, qui occupent les départemens au nord de la Loire, et quelques-uns de ceux qui sont immédiatement au sud de ce fleuve ; les Romans, qui vivent dans les départemens au sud des précédens ; et les Italiens, qui habitent la Corse ; cette souche comprend à elle seule plus des neuf-dixièmes de la population de la France. La SOUCHE GERMANIQUE ne comprend que les *Deutsche* ou Allemands, qui forment la masse principale de la population de l'Alsace et d'une partie de la Lorraine ; et les *Duitschen Néerlandais* ou Flamands, qu'on trouve dans une partie du département du Nord. Les *Breyzad* ou Bas-Bretons, dans la Basse-Bretagne, appartiennent à la SOUCHE CELTIQUE ; les *Escualdunac* ou Basques, dans les Basses-Pyrénées, à la SOUCHE BASQUE ; et les Juifs, répandus dans les principales villes du royaume, à la SOUCHE SEMITIQUE.

RELIGION. Plus des quatorze-quinzièmes des habitans de la France appartiennent à la religion catholique. La Charte accorde la liberté des cultes à toutes les autres religions. Un million d'habitans environ appartiennent à l'*Église réformée ;* le plus grand nombre de ces derniers vivent dans le sud de la France, surtout dans les départemens du Gard, de l'Ardèche, de la Drôme, de Lot-et-Garonne, de la Lozère, de la Gironde, etc. Ceux qui professent le *luthéranisme* ou les dogmes de la confession d'Augsbourg, sont beaucoup moins nombreux ; ils vivent surtout dans les départemens du Bas-Rhin, du Haut-Rhin, de la Seine et de l'Isère. Le plus grand nombre de Juifs se trouvent à Paris, Marseille, Bordeaux, Strasbourg, Lille, Metz, Nancy, Montpellier, Besançon et Dijon. Dans le Doubs et les Vosges, on trouve quelques *anabaptistes ;* les autres sectes comptent encore moins de prosélytes.

Sous le rapport ecclésiastique, tout le royaume est divisé en quatre-vingts diocèses, dont quatorze sont des archevêchés et soixante-six des évêchés. Les églises réformées ont des consistoires, dont cinq forment un synode ; celles de la confession d'Augsbourg ont un consistoire général et cinq inspections.

GOUVERNEMENT. Le gouvernement de la France est monarchique constitutionnel, fondé sur la Charte donnée par Louis XVIII en 1814, et modifiée en 1830 par les représentans de la nation.

INDUSTRIE. Les produits de l'industrie française sont variés presque à l'infini et réunissent à la qualité de la matière l'élégance des formes. Depuis quarante ans, les fabriques et les manufactures se sont multipliées d'une manière étonnante, et quelques-uns de leurs produits non seulement égalent, mais même surpassent les chefs-d'œuvre correspondans sortis des ateliers étrangers. C'est surtout dans la fabrication des cachemires et des linges damassés, du papier, de l'horlogerie fine et commune, de la poterie de luxe et de la poterie ordinaire, dans la filature du coton, dans la lithographie, dans l'art de colorer les fils et les tissus de soie et de coton, dans celui de peindre sur papier, dans l'exploitation des mines de houille et de fer, dans l'art de forger ce métal, de tailler et de polir les cristaux, dans la fabrication des armes et dans la préparation des produits chimiques, qu'on remarque les plus grands progrès et les perfectionnemens les plus considérables. Voici les principaux articles de l'industrie française; ils serviront en même temps à faire connaître les villes du royaume qui, plus que les autres, se distinguent sous ce rapport.

La porcelaine de Sèvres, de Paris, de Limoges et de Bayeux; la faïence de Nevers, de Chantilly, de Montereau, etc.; les poteries de Sarreguemines, de Meillonas; les tapis de la Savonnerie, de Paris, d'Aubusson, de Felletin et d'Abbeville; les tapisseries des Gobelins à Paris et celles de Beauvais; la chapellerie de Paris et de Lyon; les soies et soieries de Lyon, Nîmes, Avignon, Annonay et Tours; les chapeaux de paille de Lagnieux, Caen; les rubans de Saint-Etienne et Saint-Chamond; les draps d'Elbeuf, Louviers, Sedan, Carcassonne, Lodève, Castres, Abbeville, etc.; les étoffes légères en laine de Reims, Amiens, Beauvais, Paris, etc.; les châles de Paris, Lyon, Nîmes, Saint-Quentin, etc.; le coton filé et les étoffes en coton pur et mélangé de Rouen, Saint-Quentin, Tarare, Paris, Troyes, Lille, Roubaix, Tourcoing, etc.; la bonneterie de Paris, Troyes, Nîmes, Lyon, de la Picardie, d'Orléans, etc.; les toiles de la Flandre, de Saint-Rambert, deVillefranche, de la Bretagne, etc.; les batistes, les linons, les gazes et les tulles de Saint-Quentin, Cambrai, Bapaume, Valenciennes, Douai, etc.; la broderie de Saint-Quentin, des départemens de la Meurthe, de la Moselle; les ouvrages de mode de Paris; les dentelles d'Alençon, Caen, Bayeux, Chantilly, Valenciennes, Douai, Le Puy, Mirecourt; les gants de Paris, Grenoble, Milhau, Chaumont, Niort, Blois, Vendôme; l'horlogerie de Paris, de Besançon, etc.; l'affinage, tirage et battage d'or et d'argent de Trévoux et de Lyon; les ouvrages en bronze, l'orfèvrerie, la bijouterie fine et fausse et les instrumens de physique et de mathématiques de Paris; la carrosserie et la sellerie de Paris, Strasbourg; la joaillerie en pierres fines et en strass de Paris, Septmoncel; l'ébénisterie de Paris; la boissellerie de Villers-Cotterets, d'Avesnes, etc.; la vannerie fine d'Origny et de Vouziers; les fers des Ardennes, de la Côte-d'Or, de la Haute-Marne, du Nivernais, du Haut et du Bas-Rhin, du Jura, du Doubs, etc., etc.; la clouterie de l'Aigle, Saint-Etienne, Rugles, Charleville, Valenciennes, etc., etc.; les épingles de l'Aigle; la coutellerie de Paris, Moulins, Saint-Etienne, Châtellerault, Chaumont, Nogent, Langres, Thiers, etc.; la quincaillerie de Saint-Etienne, d'Escarbotin (dite de Picardie), Charleville, Raucourt, Molsheim, Thiers, Rugles, l'Aigle, etc.; la fabrique des armes blanches à Klingenthal, Saint-Etienne, Châtellerault; et celle des armes à feu à Paris, Charleville, Tulle, Mutzig, Saint-Étienne; les glaces de Saint-Gobin, de Saint-Quirin, de Cirey; les cristaux de Baccarat, Munsthal, Choisy-le-Roy; les teintureries de Paris, Rouen, Lyon, Elbeuf, Louviers et Nîmes; les toiles peintes de Mulhouse, Colmar, Jouy, Beauvais, Rouen, Saint-Denis, etc.; les savons blancs de Marseille; les savons noirs et verts de Saint-Quentin, Amiens, Abbeville, Lille, Cambrai, Valenciennes, etc.; les papiers d'Annonay, Angoulême, Ambert, Thiers, Limoges, des Vosges, de Vire, etc.; les papiers de tenture de Paris; la typographie, la gravure et la lithographie de Paris; les raffineries de sucre de Paris, d'Orléans, de Bordeaux, Marseille, Nantes et Rouen; les fabriques de sucre de betteraves des départemens du Nord, du Pas-de-Calais, de la Somme, de l'Aisne, de Pont-à-Mousson, etc.; les fabriques de produits chimiques de Paris, Rouen, Marseille, Montpellier, etc.; les exploitations de bitume de Seyssel et de Lampertsloch; les fromageries de Gex, Roquefort, d'Auvergne, du Cantal, de Gérardmer, du Mont-Dor, du Doubs, du Jura, de Saint-Nectaire, de Viry; les instrumens de musique de Paris, Mirecourt, Lacouture; la tabletterie, la tournerie d'Oyonax, de Sainte-Colombe-sur-l'Hers, Sainte-Claude; la tannerie, corroierie, mégisserie d'Annonay, Rocroy, Pont-Audemer, Troyes, Milhau, Metz, etc.; la ferronnerie des Ardennes; les exploitations d'ardoises des Ardennes, d'Angers; les liqueurs de Phalsbourg, de Grenoble, de la côte de Grasse; tous ces articles représentent les objets principaux dans lesquels excelle l'industrie française, qui, depuis quarante ans, a fait d'immenses progrès; des expositions, qui ont lieu à Paris tous les cinq ans (la dernière a eu lieu en 1839), et à des époques non encore fixées, dans les villes de

Toulouse, Nantes, Lille, Douai, Valenciennes, Cambrai, Verdun, Mulhouse, Le Mans, contribuent encore à l'encourager et à l'accroître.

COMMERCE. Les produits de l'industrie, joints à ceux du sol, sont l'objet d'un grand commerce intérieur et extérieur très avantageux à la France. Les principaux articles d'*importation* sont : chevaux, bestiaux, soie écrue, cire, suif, laine, pelleterie, tabac en feuille, bois de teinture, huile, fer, étain, plomb, cuivre, argent, or, soufre, chanvre, coton, indigo, sucre, café, cacao, épiceries et denrées coloniales. Les principaux articles d'*exportation* sont : vins, eau-de-vie, rubans, dentelles, draps, étoffes de laine et de soie, toile de chanvre, tissus de coton, papier de tenture, livres, gravures, cartes géographiques, papier blanc, meubles, objets de modes, fer étiré, orfèvrerie, horlogerie, porcelaines, glaces, chapeaux, pierres meulières, parfumerie, mercerie, etc., etc.

Les principales villes marchandes de l'intérieur du royaume, sont : Paris, Lyon, Rouen, Saint-Etienne, Beaucaire, Aix, Toulouse, Carcassonne, Nîmes, Montpellier, Béziers, Lille, Strasbourg, Mulhouse, Perpignan; sur la mer : Dunkerque, Boulogne, Dieppe, le Hâvre, St.-Malo, Lorient, la Rochelle, Bordeaux, Bayonne, Cette et Marseille.

Les ports militaires et les chantiers de construction sont : Brest, Toulon, Rochefort, Cherbourg et Lorient. On construit aussi à Bayonne, à Nantes et à Saint-Servan, des corvettes de guerre.

PARIS (*Lutèce*), sur la Seine, chef-lieu du département de la Seine et capitale du royaume; cette ville florissante est située à 48 degrés 50 minutes 14 secondes de latitude septentrionale; quant à sa longitude, comme la ligne méridienne de l'Observatoire, qui traverse la France, traverse aussi la capitale, cette longitude est à 0; mais en la comptant du clocher de l'Ile-de-Fer, elle est de 19 degrés 54 minutes 45 secondes, et de 2 degrés 20 minutes 15 secondes, de celui de Greenwich. Inutile d'ajouter que ces deux longitudes sont orientales.

Le sol de Paris s'élève au dessus du niveau de la mer de 37 mètres.

Température de l'air. — Le plus grand froid de Paris est de 10 à 12 degrés; le terme moyen est de 7. Le thermomètre n'y est descendu à 15 qu'en 1709 et 1716; il peut cependant descendre jusqu'à 18 environ. La chaleur moyenne est de 27 degrés; la plus grande peut faire monter le thermomètre jusqu'à 32. La Seine prend ordinairement au 8e degré de congélation. La hauteur la plus grande du baromètre a été de 28 pouces 5 lignes; la moindre, de 27 pouces 3 lignes.

La *superficie* entière, comprise dans l'enceinte de la ville, est de 34,396,800 mètres carrés.

La *circonférence* des boulevards extérieurs donne plus de 22 kilomètres.

La *méridienne*, tirée du nord au sud, en passant par l'Observatoire, donne 5,505 mètres de longueur.

La *perpendiculaire*, tirée de l'est à l'ouest, en allant de la barrière de Charonne à celle de Passy, donne 7,809 mètres de longueur.

La *population* officielle, d'après le dernier recensement de 1836, s'élève à 909,126 habitans.

Cette métropole est la résidence ordinaire du roi, le siége d'un archevêché, d'un évêché de l'église catholique française; de la cour de cassation, unique dans le royaume; d'une cour royale, de la banque de France, etc. C'est une des villes les plus grandes, les plus industrieuses, les plus commerçantes et les plus riches du monde. Sous le rapport de l'étendue et de la population, elle n'a de rivale en Europe que Londres.

La construction de Paris est, en général, irrégulière. Les maisons sont hautes. (La plus haute est celle du passage Radziwill, près du perron du Palais-Royal; elle a neuf étages.) Aujourd'hui l'élévation en est réglée et surveillée par la police, qui s'oppose à ce qu'elles aient plus de quatre étages. Les rues sont étroites, excepté quelques-unes vraiment magnifiques, telles que celles de la Paix, de Castiglione, de Rivoli, Royale, etc. Cette irrégularité même en fait, pour ainsi dire, le charme, par les contrastes les plus variés. L'élégance et le goût qui président à l'arrangement des boutiques, l'éclat et la richesse des nombreux passages Vivienne, Colbert, Véro-Dodat, Choiseul, de l'Opéra, du Panorama, etc., excitent sans cesse la curiosité des étrangers et des habitans. Les boulevards intérieurs du nord, traversant ses plus beaux quartiers, offrent l'aspect d'une longue promenade plantée d'arbres, bordée de maisons de constructions variées, de nombreux théâtres, et animée du mouvement d'une foire perpétuelle. Les trois arcs-de-triomphe de Saint-Denis, de Saint-Martin et de l'Étoile, ajoutent à la beauté de ce spectacle; le dernier surtout se fait remarquer, et est unique au monde par ses proportions colossales. Les travaux, souvent interrompus, ont commencé en 1805 et ont duré trente ans. Ce monument coûte environ 9,500,000 francs. La largeur de la grande arcade est de 15 mètres, à peu près le double de la porte Saint-Denis.

Parmi les 75 places qui ornent Paris, je citerai : la Place Vendôme, où s'élève la colonne triomphale d'Austerlitz, modelée sur celle de Trajan à Rome, et surmontée de la statue de Napoléon ; la hauteur de ce monument est de 70 mètres, y compris le piédestal. Dans l'intérieur de la colonne, on a pratiqué un escalier à vis de 176 marches, par lequel on monte à une galerie régnant au dessus du chapiteau. Son diamètre est de 4 mètres. Le piédestal a 7 mètres d'élévation, et la statue en a quatre. La Place des Victoires, ornée de la statue équestre, en bronze, de Louis XIV ; la Place Royale, entourée d'arcades massives, et où l'on a rétabli la statue de Louis XIII ; celle du Châtelet, qu'embellit une fontaine surmontée d'une colonne en forme de palmier, portant une Victoire ; la Place du Carrousel, au centre des Tuileries et de la galerie du Louvre, décorée d'un arc-de-triomphe imitant celui de Septime Sévère à Rome, mais trop surchargé d'ornemens, et de trop petites dimensions relativement à la vaste étendue des bâtimens qui l'entourent ; la Place Louis XV, qui aujourd'hui a repris le nom de Place de la Concorde : c'est de ce point que la vue embrasse la vaste promenade ombragée des Champs-Élysées, l'arc colossal de l'Étoile, le Palais-Bourbon, le Garde-Meuble et les Tuileries ; c'est au centre de cette place que s'élève l'obélisque de Luxor, ou aiguille de Cléopâtre, en granit rouge, venant de Thèbes (Haute-Egypte) ; cet admirable monolithe a 23 mètres 57 centimètres de hauteur, et sa base a 2 mètres 39 centimètres de largeur en tous sens. La Place de la Bastille, ainsi appelée, de la citadelle de ce nom, démolie, en 1789, par le peuple, et au milieu de laquelle devait s'élever une fontaine représentant un éléphant colossal, dont le modèle en plâtre, qu'on voit encore sur le terrain, est peut-être le plus grand que l'on ait fait depuis la renaissance des arts. La machine hydraulique destinée à alimenter la fontaine aurait été établie dans la tour que portait l'animal, et au sommet de laquelle on devait pénétrer au moyen d'un escalier pratiqué dans l'une des jambes. C'est sur l'emplacement que devait occuper cette fontaine, qu'est élevée la colonne monumentale, en bronze, surmontée de la statue ailée du Génie de la Liberté, tenant un flambeau à la main pour éclairer le monde, et destinée à perpétuer la mémoire des citoyens morts en combattant le 14 juillet 1789, et les 27, 28 et 29 juillet 1830. La Place de la Bourse, au milieu de laquelle s'élève le superbe edifice dont elle porte le nom, et la place du Panthéon.

Les principaux édifices de cette métropole sont : les Tuileries, palais vaste, mais d'une architecture pesante, résidence du roi, avec un beau jardin public qui est la promenade la plus fréquentée de Paris ; le Louvre, formant un carré magnifique et présentant une façade d'une beauté grandiose : il communique aux Tuileries par une longue galerie contenant une riche collection de tableaux ; le Palais-Royal, résidence des ducs d'Orléans, ayant un jardin public entoure de quatre galeries, dont celle d'Orléans, vitree par le haut, est d'une rare magnificence : elles sont garnies de cafés et de boutiques où l'on étale les plus riches marchandises ; c'est une petite ville dans la ville même ; le Palais-Bourbon, où siége la chambre des députés ; un escalier, divisé en deux rampes, annonce majestueusement l'édifice ; le Luxembourg, où s'assemble celle des pairs, avec une galerie de tableaux des peintres vivans, et un très beau jardin public ; cet édifice se recommande par la beauté de ses proportions, sa parfaite symétrie, et par un caractère de force et de solidité ; l'Hôtel des Invalides, vaste bâtiment, retraite magnifique pour les militaires âgés ou infirmes : il peut contenir 7,000 individus. Outre les salles nécessaires au service immédiat de l'établissement, les invalides ont la jouissance d'une bibliothèque composée de 25,000 volumes : elle leur a été donnée par Napoléon. De la salle de la bibliothèque, on découvre toute l'Esplanade, la Seine, le jardin des Tuileries, etc., ce qui forme une vue magnifique. L'église est très remarquable par l'élégance de son architecture, la richesse de ses ornemens et par le dôme doré qui la domine ; elle est regardée comme l'un des plus beaux monumens que possède la France ; l'Hôtel-de-Ville, édifice semi-gothique qui décore la place de Grève ; il est surmonté d'une campanille renfermant une horloge de Lepautre, éclairée la nuit par une lampe parabolique, depuis 1821. Les mariages des rois et des princes français, la naissance des héritiers de la couronne, sont célébrés à l'Hôtel-de-Ville, par des banquets, bals, concerts, que la ville donne à la famille royale ; la Bourse, bâtiment magnifique, le plus beau de ce genre en Europe, construit sous l'Empire, sur le modèle de la fameuse Maison-Carrée de Nîmes, et orné de peintures à fresque et de ciselures d'un travail achevé ; ce superbe monument est comparable, pour le style et l'exécution, à la colonnade du Louvre ; le Palais de Justice, qui se distingue par son étendue, par sa grande salle des Pas-Perdus qui date de 1662, renommée par ses dimensions qui sont de 75 mètres sur 27 ; et remarquable par sa belle grille à lances dorées qui offre un coup d'œil magnifique ; l'Ecole Militaire, bel édifice, remarquable surtout par ses grandes dimensions et par l'immense étendue du Champ-de-Mars qui se développe devant sa façade principale, et où se font les revues, les manœuvres et les courses de chevaux ; l'Hôtel des Monnaies et l'Ecole de Médecine, remarquables par leur architecture.

Parmi les 40 églises, je citerai seulement les plus remarquables : Notre-Dame ou Basilique métropolitaine, vaste bâtiment gothique, remarquable par la cloche dite le Bourdon, qu'on ne sonne que dans les occasions solennelles : elle pèse environ 17,000 kilogrammes, et le battant, qui fait retentir des sons graves et lugubres, pèse environ 500 kilogrammes. Elle fut fondue en 1686, puis baptisée ; Louis XIV et son épouse furent parrain et marraine ; le Panthéon (Ste.-Geneviève), imitation de Saint-Pierre de Rome et de Saint-Paul de Londres, temple magnifique et le plus beau de la capitale, surmonté d'une superbe coupole dont l'intérieur est embelli par de belles fresques peintes par M. Gros : il est destiné à recevoir les restes des grands hommes qui ont bien mérité de la patrie ; le fronton, par M. David, est admirable ; la Madeleine, superbe édifice dans le style grec ; de fortes colonnes soutiennent le fronton, qui est un ouvrage fini, de M. Lemaire ; Saint-Sulpice, remarquable par ses deux chapelles : l'une est un baptistaire, l'autre le sanctuaire du Viatique ; Saint-Germain-des-Prés, que l'on regarde comme la plus ancienne église de Paris.

Il y a à Paris plusieurs églises ou temples luthériens, calvinistes ; un consistoire central des Israëlites et plusieurs synagogues.

Les établissemens de charité publique et les institutions de bienfaisance sont nombreux dans cette ville, et administrés avec un ordre éclairé et une haute philantropie. On y compte 12 hôpitaux civils, 5 hôpitaux militaires et 15 hospices ; les principaux sont : l'Hôtel-Dieu, le plus important et le plus grand des hôpitaux civils ; l'hospice Beaujon, la Salpétrière, l'hôpital St.-Louis ; les hospices de la vieillesse pour hommes et pour femmes ; l'hôpital royal des Quinze-Vingts ; les hospices de la Maternité, des Enfans trouvés, des Orphelins, des Incurables, des Sourds-Muets, la maison de refuge et de travail pour l'extinction de la mendicité, etc., etc.

Dix-neuf ponts réunissent les deux parties de la ville divisée par la Seine ; les plus beaux sont les ponts d'Iéna, d'Austerlitz, de Louis XVI, orné de statues, et le Pont-Neuf portant sur le terre-plein et au centre une belle statue équestre de Henri IV ; viennent ensuite le Pont-Royal, le plus fréquenté après le Pont-Neuf ; le Pont des Arts, remarquable par son élégance : il ne sert qu'aux piétons ; et celui des Invalides. Les deux rives de la Seine sont bordées de quais spacieux d'une extrémité à l'autre de la ville.

Paris possède 124 bornes jetant de l'eau et 86 fontaines ; les plus belles sont : la fontaine des Innocens, celles du Château-d'Eau, de l'École de Médecine, de la rue Gaillion.

Considérée sous le rapport des établissemens scientifiques, littéraires et d'instruction publique, la capitale de la France surpasse toutes les autres villes du monde. L'instruction élémentaire compte plus de 400 écoles fréquentées par plus de 25,000 élèves des deux sexes ; à ce nombre il faut ajouter 40 écoles élémentaires de charité avec 10,460 élèves. L'instruction du second degré compte 7 colléges, savoir : de Louis-le-Grand, de Henri IV, de Saint-Louis, de Bourbon, de Charlemagne, de Sainte-Barbe et de Stanislas ; 31 institutions, 56 pensionnats dans la ville et dans la banlieue fréquentés par 7,669 garçons, et 329 maisons d'instruction pour les filles avec 10,240 élèves. L'instruction des degrés supérieurs et des écoles spéciales compte 18,000 élèves dont 315 du sexe féminin. Les établissemens les plus remarquables de cette dernière classe sont : l'Académie universitaire de Paris, ou l'Université avec 7,500 étudiants ; c'est l'université la plus fréquentée du monde ; le Collége royal de France, espèce d'université où les professeurs les plus distingués donnent des cours suivis par un très grand nombre de personnes, parmi lesquelles 900 sont régulièrement inscrites ; le Muséum d'histoire naturelle (jardin du Roi, jardin des Plantes), où 15 cours publics sont dirigés par 15 professeurs très renommés, sur toutes les branches des sciences naturelles. Il y a, en outre, des leçons de dessein et de peinture appliqués à l'histoire naturelle ; les étudians s'élèvent à près de 3,000. Si son jardin botanique est inférieur à ceux de Berlin, de Kiew, de Vienne et de quelques autres villes, en revanche son musée d'histoire naturelle est le plus riche qui existe, et celui d'anatomie comparée et sa ménagerie doivent être mis à côté des plus beaux établissemens de ce genre. L'École polytechnique, fondée en 1793 par la Convention : le nombre des élèves est de 360 ; elle est remarquable pour avoir déjà donné une foule de grands hommes à la France. Le plan et le mode d'instruction de cette école ont été imités dans plusieurs pays étrangers. L'École préparatoire pour former les professeurs, qui vient d'être rétablie sous son nom primitif d'École normale ; le Conservatoire royal des arts et métiers, fréquenté par 1,000 élèves environ ; l'École de pharmacie, qui en compte 400 ; l'École d'astronomie à l'Observatoire royal ; ce dernier est un des plus beaux et des plus magnifiques établissemens de ce genre ; l'École royale de musique et de déclamation lyrique et dramatique ; celle des Beaux-Arts ; les Écoles royales, des Ponts-et-chaussées et des Mines, d'Application, du Corps royal d'état-major ; l'Institut royal des sourds-muets ; l'Institution royale des jeunes aveugles ; l'École des langues orientales et d'archéologie ; l'École du Commerce, un des plus beaux établissemens de ce genre qui existent ; l'École d'Industrie manufacturière ; et le Gymnase normal civil et militaire, dirigé par le colonel Amoros.

Paris ne compte pas moins de 38 bibliothèques publiques ; celles de ce nombre qui ne sont pas publiques, sont cependant ouvertes aux personnes studieuses. Je me bornerai seulement à mentionner les plus remarquables ; ce sont : la Bibliothèque royale, qui contient 900,000 volumes imprimés, 60,000 volumes manuscrits ; estampes et cartes géographiques, 1,000,000 ; médailles, 100,000 ; pierres gravées, 6,000, et 2,000 autres antiques ; c'est la plus riche, en tous genres, de toutes les bibliothèques du monde ; elle est ouverte aux lecteurs et aux étrangers, tous les jours non fériés ; la bibliothèque de l'Arsenal, contient 180,000 vol. imprimés et 6,300 manuscrits : c'est la plus riche de Paris après celle du roi ; la bibliothèque de Sainte-Géneviève, 160,000 vol. imprimés et 3,000 manuscrits ; la bibliothèque Mazarine, 100,000 vol. imprimés et 4,500 manuscrits ; la bibliothèque de la ville, 48,000 vol. ; viennent ensuite les bibliothèques de l'Institut, du Louvre ou particulière du Roi, de la Cour de cassation, de l'École de médecine, de la Chambre des députés, de la Sorbonne (dite de l'Université), des Invalides, déjà mentionnée, de l'École polytechnique, et la bibliothèque Polonaise, fondée en 1839.

Parmi les institutions et sociétés savantes, je nommerai : l'Institut royal de France, dont le roi est protecteur, divisé actuellement en cinq classes : l'Académie française, composée de 40 membres ; l'Académie des Inscriptions et Belles-Lettres, composée de 40 membres ; l'Académie des Sciences, composée de 63 membres ; l'Académie des Beaux-Arts, composée de 40 membres ; et l'Académie des Sciences morales et politiques, composée de 30 membres ; la Société philomatique, la Société linnèenne, la Société d'histoire naturelle, la Société royale et centrale d'agriculture, la Société biblique protestante, la Société géologique de France, les Sociétés asiatique et de géographie, la Société française de statistique universelle, la Société universelle de civilisation, l'Académie de l'Industrie française, l'Athénée royal, où l'on donne des cours célèbres sur toutes les branches des connaissances humaines ; la Société philantropique, la Société des méthodes d'enseignement, la Société d'encouragement pour l'industrie nationale, la Société des Amis des arts, l'Athénée des arts, la Société philotechnique.

Un autre genre de richesses contribue à décorer et embellir cette capitale ; je veux parler des collections scientifiques, des beaux-arts, et des musées. J'ai déjà mentionné les superbes collections existant au Louvre, au Luxembourg et au Jardin des Plantes. La première est une des plus belles en ce genre qui existent en Europe et fait l'admiration des étrangers ; elle se compose d'un nombre considérable de tableaux des plus grands maîtres ; du musée des antiques, où l'on remarque surtout une rare collection d'antiquités égyptiennes ; et d'un musée naval, qui ne date que de quelques années. Ici, j'ajouterai : le musée central d'artillerie; les superbes collections de livres, cartes, manuscrits, etc., du dépôt de la guerre; les plans en relief des places de guerre, à l'hôtel des Invalides; la précieuse et riche collection de cartes du ministère des affaires étrangères; le Conservatoire des arts et métiers, offrant tout ce que l'industrie nationale et européenne a produit de plus riche et de plus curieux en instrumens de tous les arts et de toutes les professions et en modèles ingénieux; le dépôt général des cartes et places de la marine; le cabinet de minéralogie, à l'hôtel des Monnaies, où les productions minérales du royaume sont classées par départemens; daus le même local on trouve aussi la superbe collection des carrés et poinçons de médailles et jetons frappés en France depuis François Ier; le cabinet d'anatomie de l'École de médecine, où l'on voit une belle collection d'instrumens de chirurgie; la superbe galerie de tableaux du duc d'Orléans, au Palais-Royal; celle de l'Élysée-Bourbon; la galerie d'architecture, à l'Institut, composée de modèles en plâtre et en liége, des monumens les plus fameux de l'architecture grecque, romaine, indienne, égyptienne et d'autres nations. Il y a en outre à Paris des collections particulières en grand nombre. Je ne puis me dispenser de citer un genre d'établissement, qui, nombreux dans la plupart des grandes villes de l'Europe, ne l'était point encore assez à Paris. Je veux parler des cabinets littéraires, richement fournis de livres dans les diverses langues, des journaux et recueils périodiques les plus importans des deux mondes. Paris en possède actuellement un assez grand nombre, parmi lesquels on distingue *la Tente* au Palais-Royal, et les *Salons*, rue Vivienne, mais qui sont de beaucoup surpassés, sous tous les rapports, par celui qu'on a ouvert en 1830, rue Neuve-Saint-Augustin, près la rue de la Paix, sous la dénomination de *librairie des étrangers, française, anglaise et américaine.*

On ne doit pas passer sous silence l'imprimerie royale, fondee en 1531 par François Ier : c'est le plus grand établissement de ce genre qui existe ; il est remarquable surtout par sa belle et nombreuse collection de poinçons, matrices et caractères orientaux.

A Paris, le nombre des libraires est de 600, et celui des imprimeurs est fixé à 80.

Il ne faut pas oublier ces expositions où la science et l'art se sont réunis pour plaire et instruire ; les plus remarquables sont le Géorama, construction aussi ingénieuse qu'utile, présentant, dans un globe de 30 pieds de diamètre, le tableau fidèle de la surface terrestre, développée aux yeux du spectateur placé dans son centre ; le Panorama, représentant la perspective de tout l'horizon réel d'un spectateur placé dans un point déterminé ; le Diorama, espèce de grande lanterne magique perfectionnée, dans laquelle la lumière solaire remplace celle d'une lampe, et où les tableaux restant immobiles, le spectateur tourne sur un pivot pour changer de vue ; le Néorama, qui n'est qu'une modification du Panorama, pour représenter l'intérieur des édifices les plus remarquables ; le Cosmorama, qui offre les vues optiques des sites et monumens les plus remarquables des quatre parties du monde ; le Peristrephorama ou Panorama mobile.

Les établissemens d'utilité publique sont d'une grande beauté et d'une parfaite construction ; tels sont les marchés, surtout ceux de Saint-Germain, Saint-Honoré et de la Vallée ; les greniers d'abondance ou de réserve, dont les constructions ont commencé en

1807 ; l'entrepôt général des vins, remarquable par son étendue et par sa beauté ; la Halle, qui est le principal marché, orné par la fontaine des Innocens ; la Halle aux blés, grand édifice circulaire, remarquable par la hardiesse de sa coupole dont la hauteur est de 33 mètres et son diamètre de 42. Il n'entre dans la halle aux blés que les matériaux suivans : pierres, briques, fer et cuivre, pas de bois ; les abattoirs ; Napoléon, en 1809, ordonna la construction de 5 abattoirs, édifices spacieux, élevés aux extrémités de la ville, pour faire cesser le dégoûtant spectacle des animaux tués chez les bouchers ; les cimetières, parmi lesquels se distingue celui du Père-Lachaise, situé hors de la ville, sur une colline couverte de bosquets, de fleurs, et orné d'un grand nombre de monumens funèbres dont quelques-uns sont d'une grande beauté.

Aucune ville de l'Europe ne renferme un plus grand nombre de théâtres, et n'offre de représentations dramatiques et d'amusemens publics plus variés ; sous ce rapport, Paris n'a aucune rivale dans le monde. Successivement on y admire les chefs-d'œuvre anglais, italiens et allemands, Shakespeare, Alfieri et Schiller, et jusqu'aux *clowns* de l'Angleterre. Paris possède 13 théâtres, non compris le Cirque Olympique et les théâtres extrà-muros. Les plus beaux, relativement à l'architecture, sont l'Opéra-Comique, le Grand-Opéra ou Académie royale de musique, l'Odéon et le théâtre Favart.

Pendant l'été, un grand nombre d'établissemens donnent des fêtes où l'on trouve des divertissemens de tout genre ; je nommerai : le Nouveau Jardin de Tivoli et les Montagnes de Belleville ; les bals publics les plus fréquentés par le peuple en été sont : la Chaumière, les Salons de Flore, de Mars, d'Isis; et pendant l'hiver : la Galerie de Pompeï, le Wauxhall; le Prado et le Cirque des Muses.

Paris possède plusieurs promenades superbes. J'ai déjà mentionné celle des Tuileries, qui est la plus magnifique, et dont la principale allée conduit par la Place de la Concorde aux Champs-Élysées, immense promenade plantée d'arbres et terminée par l'arc-de-triomphe de l'Étoile; sur toute la façade du palais s'étend la terrasse dite de l'Horloge; seulement élevée de trois marches, elle est ornée, de place en place, de vases et de statues de marbre et de bronze; viennent ensuite le Jardin du Luxembourg, décoré aussi de statues; il est moins majestueux que celui des Tuileries, mais il est, par la multiplicité de ses fleurs et l'arrangement de ses nombreux parterres, plus animé et plus gracieux. Son ordonnance générale présente un parterre entouré de plates-bandes fleuries; le Jardin des Plantes, remarquable par des sites variés et pittoresques, et par les belles collections scientifiques dont j'ai déjà parlé; le jardin du Palais-Royal, qui est plutôt un lieu de rendez-vous d'affaires et de plaisir qu'une promenade proprement dite.

Parmi les 56 barrières par lesquelles on entre dans cette métropole, quelques-unes forment des espèces de monumens, comme celles de l'Étoile, du Trône, de la Villette, des Bons-Hommes, etc.

Les revenus annuels de Paris, s'élevant à plus de 50 millions, dépassent ceux de tous les petits états de l'Europe et même ceux des monarchies Danoise et Norwégiéno-Suédoise. On a calculé que si le reste de la France jouissait d'un revenu égal, la recette de tout le royaume monterait à près de 3 milliards.

Cette ville immense est partagée en 12 arrondissemens pour le civil et subdivisée en 48 quartiers pour la police. Les deux arrondissemens extrêmes, concernant la population absolue, sont : le 12e, qui est le plus peuplé, et composé des quartiers Saint-Jacques, Saint-Marcel, du Jardin des Plantes et de l'Observatoire, ne renferme pas moins de 100,000 habitans; et le 4e, qui est le plus petit de tous, compte encore 55,000 habitans, nombre de beaucoup supérieur aux capitales des royaumes de Wurtemberg, de Hanovre et à toutes celles des états du troisième et du quatrième rang de l'Europe.

Dans les articles *industrie* et *commerce*, j'ai signalé la place éminente qu'occupe cette ville considérée sous le rapport de l'industrie et des relations commerciales de ses habitans. J'ajouterai ici que la capitale de la France fabrique pour 14 millions de châles, pour plus de 6 millions de meubles et d'objets d'orfèvrerie, et qu'elle exporte annuellement, comme superflu de ses fabrications, pour plus de 50 millions de francs; que tous les fabricans du royaume ont établi dans cette ville des dépôts de leurs manufactures; enfin que cette métropole est à la tête de l'industrie française, et qu'elle peut être regardée comme le rendez-vous des artistes en tout genre. Si Londres, Liverpool et quelques autres grandes villes la dépassent pour l'étendue et l'importance du commerce extérieur, Paris peut rivaliser avantageusement avec les villes les plus industrieuses et les plus manufacturières du monde. Mais pour mieux faire sentir à mes lecteurs toute la richesse et toute l'importance de cette magnifique métropole, je reproduirai ici un passage remarquable d'un statisticien très distingué; c'est, à peu de chose près, le résumé de ce que je viens de dire. « Depuis 1824, dit

M. Benoiston de Châteauneuf, 6,500 trains de bois et 15,500 bateaux nous ont apporté chaque année les vins de la Bourgogne, le bois et les charbons du Nivernais, les cidres de Normandie, les blés de la Picardie, les marbres du Languedoc, les granits de Cherbourg et de Volvic et les ardoises d'Angers. Paris demande sans cesse à toutes les provinces, il en appelle à lui les productions de toute espèce, il lui faut tout ce que produit la France, tout ce qui existe. Heureuse, mille fois heureuse cette même France, de trouver, dans les approvisionnemens de sa capitale, un commerce intérieur toujours sûr, toujours actif, et qui équivaut lui seul au commerce entier de deux ou trois royaumes. Il y a vraiment quelque chose qui étonne l'imagination, à penser que Paris représente aujourd'hui quinze villes de 60,000 âmes chacune ; qu'il demande à l'agriculture les récoltes de 140,000 hectares de terre, à l'industrie, les produits de toutes les manufactures du royaume ; et qu'une somme d'environ un milliard sort tous les ans de son sein, et va se répandre dans l'intérieur des provinces. »

Je terminerai la description de la capitale de la France par l'histoire de ses Catacombes. Les Catacombes sont des carrières dans lesquelles on a déposé les ossemens extraits des anciens cimetières et des églises démolies depuis 50 ans. Les pierres des anciens édifices de Paris furent retirées des carrières ouvertes sur les bords de la Bièvre, au faubourg Saint-Marcel. Pendant plusieurs siècles, ces exploitations continuèrent sans surveillance et sans règles ; elles s'étendirent même fort avant dans la ville. L'Observatoire, le Luxembourg, l'Odéon, le Val-de-Grâce, le Panthéon, Saint-Sulpice, les rues Saint-Jacques, de la Harpe, de Tournon, de Vaugirard, sont, pour ainsi dire, suspendues sur des abîmes. De nombreux affaissemens de terrain ayant justement effrayé les habitans, le gouvernement ordonna, en 1776, une visite générale et la levée des plans de ces cavernes. Les superbes édifices, les rues populeuses que je viens de nommer, étaient près de disparaître dans ces gouffres, et le péril était d'autant plus redoutable, qu'il se présentait sur tous les points. Une administration générale des carrières fut créée en 1777. Le jour même de son installation, une maison de la rue d'Enfer fut engloutie à 28 mètres au dessous du terrain qui la supportait. Cette administration a entrepris des ouvrages immenses. Chaque galerie souterraine correspond à une rue de la surface, et les numéros des maisons ont en bas des numéros correspondans. Cet ordre facilite les réparations ; les affaissemens deviennent chaque jour plus rares, et on espère les voir bientôt cesser entièrement. En 1786, le cimetière des Innocens ayant été supprimé, à cause des exhalaisons pestilentielles qui s'en échappaient, on disposa d'une manière convenable ces galeries souterraines, pour recevoir les ossemens de ce cimetière et successivement ceux qui seraient retirés de tous les autres cimetières et chapelles sépulcrales de Paris. Les restaurations et augmentations qu'ont éprouvées les catacombes en 1810, en ont fait un monument extrêmement important. Trente à quarante générations sont venues s'y engloutir, et l'on estime cette population souterraine huit fois plus nombreuse que celle qui habite la surface de Paris. Les ossemens sont symétriquement superposés, et forment des pans alignés au cordeau entre les piliers qui soutiennent les voûtes des galeries. Trois cordons de têtes décorent ces funèbres murailles. Des inscriptions font connaître de quel cimetière, de quelle église ces diverses masses ont été extraites ; d'espace en espace, on lit aussi des sentences tirées des livres sacrés, des écrivains anciens et modernes.

On descend dans ce vaste ossuaire par un escalier étroit de 90 marches, qui conduit à la première galerie de 19 mètres d'élévation. A droite et à gauche, on rencontre d'autres galeries qui se prolongent sous la plaine de Mont-Rouge et sous les faubourgs Saint-Jacques et Saint-Germain. On a tracé à la voûte, dans toute la longueur des catacombes, une ligne noire, qui pourrait, au besoin, guider celui qui se serait égaré. La galerie dite du Port-Mahon, parce qu'on y voit un plan en relief de ce lieu, rappelle le souvenir d'un vétéran nommé Décure, ouvrier de l'inspection, qui fit, en cinq années, le plan en question. Il s'était fait dans cette galerie un atelier auquel il consacrait ses heures de repas. Arrivé au vestibule des catacombes, on y voit un autel formé de crânes, et entre les diverses sentences qui y sont inscrites, on y lit celle-ci : *Arrête, c'est ici l'empire de la mort!* On remarque dans cette ville funèbre : 1° un cabinet minéralogique offrant les échantillons des bancs de terre et de pierre qui forment le sol des catacombes ; 2° un cabinet de pathologie, dans lequel on a classé avec méthode les ossemens déformés par des maladies ; 3° des monceaux d'ossemens courbés en arcs, élevés en colonnes, en pilastres, en autels, en obélisques, selon les règles les plus exactes de l'architecture ; 4° la fontaine de la Samaritaine, ainsi nommée, d'un verset de l'Ecriture qu'on y a gravé. Quatre dorades, jetées dans ses eaux en 1813, y vivent encore, mais ne s'y reproduisent pas. On voit au-delà, classés par ordre, les ossemens de quelques victimes de la Révolution.

L'entrée principale des catacombes est dans la cour du pavillon ouest de la barrière d'Enfer.

Voici les lieux les plus remarquables dans les environs de Paris :

Saint-Denis, à 10 kilomèt. N. de Paris, remarquable par son ancienne abbaye dont l'église sert à la sépulture des rois, et dont la belle maison abbatiale est devenue maison royale d'instruction pour les filles des chevaliers de la Légion-d'Honneur ; cette jolie petite ville contient 9,332 habitans.

Saint-Ouen, à 8 kilomètres de Paris ; village avec un beau château d'où Louis XVIII donna, en 1814, la déclaration préliminaire de la première charte. Ce petit village est remarquable par les *silos* pour la conservation des grains et par un beau troupeau de chèvres du Tibet, que l'on doit à feu M. Ternaux. Population : 986 habitans.

Boulogne, à 11 kilom. de Paris ; le bois, qui est près de ce village et qui en porte le nom, est le rendez-vous des promeneurs à cheval et en voiture de la capitale. Population : 6,016 habitans.

Charenton (*St.-Maurice*), à 7 kilom. de Paris ; village remarquable par sa célèbre maison de santé pour les aliénés. Population : 1,571 habitans, dont 505 pensionnaires à la maison de santé.

Arcueil, à 7 kilom. de Paris ; petit village renommé par son aqueduc qui fournit de l'eau à Paris ; par ses belles pépinières et surtout par l'Académie libre des savans illustres qui s'y réunissaient chez le fameux chimiste Berthollet. Population : 1,746 habitans.

Alfort, hameau séparé de Charenton seulement par la Marne, important par son école royale d'économie rurale, qui jouit d'une grande célébrité ; on y remarque des hôpitaux pour les animaux malades, un laboratoire de chimie, un cabinet d'anatomie, un autre de pathologie, un jardin botanique et un amphithéâtre. Population : 900 habitans.

NEUILLY, à 8 kilom. de Paris ; bourg sur la rive droite de la Seine, remarquable par son beau pont, par le château, propriété particulière du roi régnant qui y passe une partie de l'été ; par la fabrique de damas oriental et par un appareil destiné à dompter les chevaux. Population : 7,654 habitans.

PASSY, à 6 kilom. de Paris ; grand village, dans une position charmante, sur la rive droite de la Seine, avec un grand nombre de belles maisons de plaisance. On y admire la belle collection de palmiers de M. Fulchiron. Population : 5,702 habitans.

SCEAUX, à 11 kilom. de Paris ; petite ville remarquable par quelques restes du château magnifique et du parc superbe que le duc de Penthièvre y possédait ; ce parc est le rendez-vous d'une société brillante ; on y donne des bals champêtres tous les jours de fête pendant la belle saison. Population : 1,670 habitans.

BELLEVILLE, à 4 kilom. de Paris, sur une hauteur, remarquable par ses belles maisons de campagne, ses carrières de plâtre et ses pépinières. Population : 8,500 habitans.

CHOISY-LE-ROY, village à 12 kilom. de Paris, sur la rive gauche de la Seine, remarquable par ses nombreuses manufactures et par plusieurs belles maisons de campagne. Population : 3,010 habitans.

BICÊTRE, gros village, avec un vaste château, qui renferme un hospice, où, en 1836, se trouvaient

4,997 aliénés, et une prison, qui, à la même époque, contenait 1,753 détenus. Population, sans comprendre l'hospice et la prison : 3,500 habitans.

Bercy, gros village à 4 kilom. de Paris, où il y a de vastes entrepôts de vins, d'eaux-de-vie, d'huile, de vinaigre, de bois, de tuiles, d'ardoises, etc., pour la consommation de Paris. Population : 6,428 habitans.

Vincennes, petite ville à 7 kilom. de Paris, remarquable par son ancien château habité par les rois de France depuis Louis VII jusqu'à Louis XV, par le beau parc qui l'environne et entouré de murs malgré son étendue de 732 hectares. Elle est aussi importante par son École d'artillerie, sa magnifique salle d'armes, et par le mausolée du duc d'Enghien, qui y a été fusillé en 1804. Depuis cette année (1840), on y exerce à la course et au tir, plusieurs bataillons connus sous le nom de chasseurs de Vincennes, et destinés à aller en tirailleurs. Population : 3,032 habitans, non compris la garnison du château.

Nogent-sur-Marne, à 11 kilom. de Paris ; remarquable par une machine à vapeur de la force de 30 chevaux, établie au port de Nogent, et qui sert à élever l'eau de la Marne dans un bassin construit à Fontenay, d'où elle se répand filtrée et clarifiée, à Vincennes, Montreuil, Fontenay et Nogent. Population : 1,496 habitans.

Compiègne, petite ville sur l'Oise, remarquable par son magnifique château royal, rebâti par Louis XIV et Louis XV, terminé par Louis XVI, restauré après la Révolution par Napoléon, et attenant à une belle forêt de 9,000 hectares.

Meudon, joli bourg bâti sur un côteau élevé, avec

un château royal dont on vante la belle terrasse. Marie-Louise et son fils l'habitèrent pendant la campagne de Moscou. Le duc d'Orléans y a aujourd'hui un haras. Population : 3,235 habitans.

Saint-Cloud, sur le penchant d'une colline, au bord de la rive gauche de la Seine. Son beau château, que Napoléon fit restaurer avec un luxe vraiment royal, et qui était la résidence qu'il affectionnait le plus, est, avec Neuilly, le séjour ordinaire du roi pendant l'été. On admire le parc très vaste et très bien percé, une magnifique cascade et un jet d'eau d'une hauteur extraordinaire. C'est dans ce château que Bonaparte, à son retour d'Egypte, fit assembler, le 9 novembre 1799, le Conseil des Cinq-Cents, dont la dissolution à main armée a rendu célèbre cette journée connue sous le nom du 18 *brumaire* dans les fastes de la Révolution française. Population : 2,316 habitans.

Versailles, à 21 kilom. O.-S.-O. de Paris; cette ville est très déchue depuis 1790, époque où l'on prétend qu'elle comptait environ 80,000 habitans. Elle est remarquable par son superbe château royal, bâti par Louis XIV; qui a été, depuis 1672 jusqu'à 1790, la résidence ordinaire des rois de France. Dans cet édifice, qui est le plus beau du royaume et une des résidences royales les plus magnifiques du monde, on admire surtout la façade du côté du jardin, les belles peintures, les sculptures et les dorures des appartemens, particulièrement le salon d'Hercule, orné de deux tableaux de Paul Véronèse, et le plafond de Lemoine; et plus particulièrement encore la galerie où Lebrun a peint les principaux exploits de Louis XIV. Une prodigieuse quantité de statues, de bustes, de thermes et de groupes, tant en marbre qu'en bronze et plomb bronzé, décorent le parc d'une étendue extraordinaire, où se trouve un large canal qui se prolonge à l'horizon, et où l'on admire un grand nombre de bassins au milieu desquels l'eau s'élève en gerbes, en faisceaux ou jets qui surpassent en hauteur les plus grands arbres. On doit aussi rappeler la magnifique orangerie, digne de ce palais enchanté, où l'on fait remarquer deux orangers plantés, l'un par François Ier, l'autre par Henri IV; et parmi ses dépendances, les grandes et les petites écuries. A l'extrémité du parc se trouvent le Grand et le Petit-Trianon ; le premier, bâti par Louis XIV, est tout revêtu de marbre et entouré de belles plantations; il réalise, par sa magnificence, les brillantes fictions du Tasse dans la description du palais d'Armide ; le second, construit par Louis XV et embelli par Marie-Antoinette, est remarquable par son beau jardin anglais, où l'art est partout caché sous le voile de la nature. Population : 29,209 hab.

LA MALMAISON, célèbre par la charmante maison de campagne que Joséphine avait achetée avant de monter au trône ; que Napoléon a embellie pendant son règne, et d'où il partit la dernière fois pour Ste.-Hélène, après y avoir signé son abdication définitive. Cette belle propriété est morcelée.

ANGLETERRE.

MONARCHIE ANGLAISE.

POSITION ASTRONOMIQUE. Longitude occidentale, entre 0° 35′ et 13°. Latitude, entre 50° et 61°. Dans tous ces calculs, on n'a compris que le seul Archipel Britannique.

POPULATION. Du Royaume-Uni de la Grande-Bretagne (Angleterre, Ecosse, Irlande), 24,846,306 habitans.—De la monarchie entière, y compris ses possessions dans toutes les parties du monde, 142,180,000 habitans.

DIMENSIONS. Plus grande longueur : depuis le cap Wrath, dans le comté de Sutherland en Ecosse, jusqu'au cap Beachy, dans le comté de Sussex en Angleterre, 503 milles. — Plus grande largeur : depuis les environs de Walsham, dans le comté de Norfolk en Angleterre, jusqu'à Milfordhaven, dans le comté de Pembroke, dans la principauté de Galles, 254 milles. La plus grande largeur absolue se trouve entre Yarmouth et le cap Landsend, où elle est de 320 milles.

CONFINS. L'archipel Britannique est environné par l'Océan Atlantique, qui prend le nom de mer du Nord à l'est de la Grande-Bretagne, de Manche au sud et d'Océan Atlantique à l'ouest de l'Ecosse et de l'Irlande.

PAYS. Le ROYAUME-UNI (*United-Kingdom*), qui forme le noyau de la Monarchie Anglaise, se compose : 1° de l'archipel Britannique, qui comprend le royaume d'Angleterre proprement dit, la principauté de Galles et les royaumes d'Écosse et d'Irlande, avec les nombreuses îles qui en dépendent; 2° des dépendances administratives de l'Angleterre, qui sont : les îles Anglo-Normandes, vis-à-vis les côtes de la Normandie; le petit groupe d'Helgoland, vis-à-vis les embouchures de l'Elbe et du Weser, cédé dernièrement par le Danemark; le groupe de Malte, dans la Méditerranée, jadis dépendant de l'état souverain gouverné par l'Ordre de Malte; et Gibraltar, dans l'Andalousie, en Espagne.

ETHNOGRAPHIE. La population du Royaume-Uni et dépendances appartient à deux souches principales : la Germanique et la Celtique. La SOUCHE GERMANIQUE comprend les Anglais et les Ecossais, qui forment la population de la Grande-Bretagne et d'une partie de l'Irlande, et presque les deux tiers de celle de tout le Royaume-Uni; les descendans des Norwégiens, dans l'archipel de Shetland, et les Frisons, dans le petit groupe d'Helgoland, sont de petites fractions appartenant à cette souche. La SOUCHE CELTIQUE, qui forme plus d'un tiers de la population du royaumé, se compose des Irlandais, des montagnards de l'Écosse, des habitans des îles Hébrides, de ceux de l'île de Man et des Kimri ou Gallois qui occupent la plus grande partie du pays de Galles. Les SOUCHES GRECO-LATINE et SEMITIQUE ne comprennent que de petites fractions du royaume; les Français, dans les îles Anglo-Normandes, et les Italiens, dans le groupe de Malte, appartiennent à la première; les Arabes-Maltais, dans ce même groupe, et les Juifs, dans l'archipel Britannique et ses dépendances, appartiennent à la seconde.

RELIGION. La calviniste-anglicane est la religion dominante dans tout le Royaume-Uni, à l'exception de l'Écosse, où la calviniste-presbytérienne est professée par la grande majorité des habitans. La religion catholique, à laquelle est attaché plus d'un quart de la population du Royaume-Uni, vient d'être délivrée des restrictions politiques auxquelles étaient condamnés ceux qui la professent. Le plus grand nombre vit en Irlande; ils forment environ les quatre-cinquièmes de la population de cette île; dans l'Angleterre, c'est à Londres et dans les comtés de Lancaster, d'York, de Strafford et de Northumberland, où ils sont les plus nombreux. Viennent ensuite les Méthodistes, les Mennonites, les Quakers : on les appelle aussi *trembleurs*, parce qu'ils tremblent de tout leur corps en faisant leurs prières. C'est Georges Fox, du village de Dreton, dans le comté de Leicester, qui fonda cette secte et s'érigea en prédicateur en 1648; les *Herrnhuters* ou frères Moraves, et une foule d'autres religionnaires, mais en moindre nombre. Les Juifs ne montent qu'à quelques milliers, et vivent surtout à Londres.

GOUVERNEMENT. Le Royaume-Uni est une monarchie constitutionnelle basée sur la grande Charte de Henri Ier, donnée en **1100**, modifiée en **1215**, en **1265**, en **1272**, et principalement sur la déclaration de **1688**, proclamée avant l'avènement de Guillaume III et de Marie au trône, avènement que les auteurs anglais appellent la Restauration. D'après cette constitution, le pouvoir législatif est exercé par le Parlement formé par le roi, la Chambre des pairs et la Chambre des communes. Le roi réunit à la dignité de magistrat suprême celle de chef de l'Église. Les principales prérogatives du chef de l'état sont celles de faire la guerre et la paix, de former des alliances, de conclure des traités, de donner des commissions pour lever des matelots ou des soldats et pour *presser* les gens de mer ; de disposer de toutes les munitions de guerre, des citadelles, des forteresses, des ports, havres, vaisseaux ; de battre monnaie et de fixer le titre des métaux ; d'assembler, d'ajourner, de proroger, de dissoudre le parlement et de transporter le lieu de son siége ; de nommer à tous les emplois de terre et de mer, à toutes les magistratures et offices, aux évêchés et autres dignités ecclésiastiques du premier ordre ; de faire grâce aux condamnés et de commuer les peines. En sa qualité de chef de l'Église, il convoque les synodes nationaux et provinciaux, qui, de son consentement, font des canons pour régler le dogme et la discipline. Un acte du parlement n'a de valeur qu'après avoir reçu la sanction royale. Le roi peut, non seulement augmenter le nombre des pairs, mais même celui de la Chambre des communes, en autorisant une ville à envoyer des députés au parlement. La plus importante barrière à tant de puissance, c'est qu'il ne peut faire de nouvelles lois, ni établir de nouveaux impôts sans le consentement des deux chambres du parlement. La constitution anglaise, qui a servi de modèle à tous les gouvernemens constitutionnels qui ont été créés dans ces derniers temps, garantit l'exercice complet de la liberté de la presse, et accorde aux femmes la faculté de participer à l'hérédité de la couronne. Des villes populeuses et puissantes par leurs richesses et l'importance de leur commerce, qui n'étaient que des villages lorsque fut établi le mode d'élection en vigueur jusqu'en 1832, n'étaient pas représentées dans le parlement, par la raison qu'elles ne l'avaient jamais été, tandis que des localités, jadis des villes et des bourgs importans et aujourd'hui devenus des villages sans aucune consistance politique, envoyaient des députés à la Chambre des communes; quelques-uns de ces villages étaient même devenus le patrimoine d'une senle famille. Ce vice de la constitution anglaise a disparu depuis quelques années au moyen de l'Acte de réforme (*reform act*) de décembre 1832 et janvier 1833. Depuis 1801, après la réunion de l'Irlande à la Grande-Bretagne, le parlement prend le titre de *Parlement impérial de la Grande-Bretagne et de l'Irlande*. La chambre des pairs compte actuellement 425 membres, parmi lesquels se trouvent 30 évêques et archevêques; celle des communes en compte 658, dont 500 pour l'Angleterre et la principauté de Galles, 53 pour l'Écosse et 105 pour l'Irlande. Le chef de cette dernière, subordonné au roi d'Angleterre, a le titre de lord-lieutenant.

Les îles Anglo-Normandes, celles d'Helgoland, le groupe de Malte et Gibraltar, ne sont pas représentés dans le parlement ; des gouverneurs, nommés par le roi, sont à la tête de leur administration, qui diffère de celle des comtés du Royaume-Uni. Tous ces pays se gouvernent par leurs lois particulières et jouissent plus ou moins de grands priviléges et de beaucoup de liberté, surtout sous le rapport commercial. Tous ces pays sont censés faire partie du royaume d'Angleterre sous le rapport administratif.

INDUSTRIE. Presque toutes les fabriques et les manufactures ont été portées à un haut degré de perfection en Angleterre et en Écosse. La Grande-Bretagne peut maintenant être regardée comme le pays le plus industrieux du globe. Presque toutes ses villes se distinguent dans quelque branche importante de l'industrie. Je me bornerai à en signaler quelques-unes des plus importantes, en faisant observer que la ville de Londres, en Angleterre; comme Paris, en France; Vienne, en Autriche, et autres grandes capitales de l'Europe, offre des produits plus ou moins parfaits dans tous les genres. Voici quelques-unes des villes qui se distinguent le plus dans les principaux articles de l'industrie du Royaume-Uni :

Pour les manufactures de coton : Manchester et ses environs, les deux Bolton, Blackburn, Preston, Rochdale, Warrington, Chester, Norwich et Londres, en Angleterre; Glascow et autres villes de l'Écosse méridionale.

Pour les manufactures de laine : Leeds, Halifax, Bradford, Huddersfield, Kendal, Frome, Stroud, Colchester, Shrewsbury, Salisbury, Exeter, Calne, Taunton, Cowentry, Norwick, Nottingham, Gloucester, Leicester, en Angleterre ; Glasgow et Perth, en Écosse.

Pour les manufactures de lin : Warrington, Leeds, Barnsley, Bridport, Exeter, Maidstone, etc., en Angleterre; Lisburne, Newry, Belfast, Drogheda, Cootehill, Monaghan, Dublin, etc., en Irlande ; Glascow, Dundée, Paisley, Montrose, en Écosse.

Pour les fabriques de soie : Coventry, Macclesfield, Londres, Reading, Nottingham, Derby, etc., en Angleterre ; Paisley en Ecosse, et Dublin en Irlande.

Pour les fabriques d'objets en acier, fer et quincaillerie : Sheffield, Birmingham avec Soho, Londres, Barnsley, Wolverhampton, Ketley, Dudley, Rotherham, Shrewsbury, Colebrookdale, etc., en Angleterre ; Mirthyr-Tydwill, Swansea, Neath, dans la principauté de Galles ; Carron-Works, Clyde-Works, etc., en Écosse.

Pour la bijouterie : Sheffield, Birmingham et Londres.

Pour la faïence : Burslem, Etruria (Staffordshire), Leeds, Chesterfield, Londres, Newcastle, Bristol, etc., en Angleterre ; Glascow, en Écosse.

Pour la porcelaine : Worcester et Derby.

Pour les tanneries, la préparation des peaux ; les gants, etc. : Southwark (partie de Londres), Bristol, Warwick, Huntington, Worcester, etc., en Angleterre ; Perth, en Écosse ; Limerick, en Irlande.

Pour la verrerie : Londres, Saint-Helens, Verreville, Bristol, etc., en Angleterre, et Glascow, en Écosse.

Pour le papier : Maidstone, Hereford, le pays de Galles et quelques comtés de l'Écosse.

COMMERCE. Tout ce que l'histoire nous dit de la richesse et de l'étendue du commerce des nations, qui, sous ce double rapport, ont le plus brillé dans l'antiquité, dans le moyen-âge et dans les temps modernes, n'est qu'une ombre, et par conséquent bien peu de chose, lorsqu'on le compare à ce que nous offre aujourd'hui la Grande-Bretagne. Faisant chez elle le commerce intérieur, probablement le plus riche et le plus actif qui existe dans aucun pays; tirant de l'étranger une foule de matières premières propres à entretenir ses innombrables fabriques; distribuant à tous les pays du monde l'excédant de sa consommation et des produits de son industrie; couvrant toutes les mers de ses vaisseaux marchands, et les dominant toutes par ses flottes invincibles et par ses colonies, dont la position a été choisie avec une admirable intelligence, la Grande-Bretagne s'est élevée à un tel degré de puissance et de splendeur, qu'elle est parvenue à étendre son action commerciale encore plus loin que sa vaste domination politique. Son commerce n'a d'autres bornes que celles du monde connu. Voici les principaux articles d'importation et d'exportation rangés d'après leur importance :

Pour l'*importation :* sucre brut, coton en laine, café, thé, soie brute et filée, blé, grains et farines, lin brut, indigo, vins, suif, laine, étoffes des Indes, rhum, huile de baleine, chanvre brut, garance, peaux brutes et tannées, tabac à fumer, bois de charpente, peaux et fourrures, cendres et potasse, eaux-de-vie, fil de lin, riz, graines de lin et autres, cochenille, fer en barre, bois de campêche, fromage, bois pour mâts, bois d'acajou, beurre, fanons de baleine, mercure, brai et poix, raisins de Corinthe, soude, poivre, salpêtre, raisins secs, borax, écorces de chênes et autres, térébenthine, canelle, huile d'olive, rhubarbe, toiles étrangères, clous de girofle, bois de sapin, soufre, piment, cacao, citrons et oranges, mélasses, noix muscade, bois de fustok, planches de chêne, macis, etc.

Pour l'*exportation* : tissus de coton, coton filé, tissus de laine, tissus de lin, sucre raffiné, fer forgé et acier, quincaillerie et coutellerie, ouvrages en cuivre et en bronze, joaillerie et orfèvrerie, sel, chapeaux de toute espèce, plomb à tirer, étain travaillé, verrerie, houille, papeterie, poissons de toute espèce, tissus de soie, cuir préparé et non préparé, grains et farine, savon et chandelle, étain brut, bœuf et porc salés, articles de tabletterie, ouvrages de sellerie, instrumens de musique, bière et ale, pain et biscuit, articles de broderie, salpêtre raffiné, huile de baleine, lard et jambons, merceries et modes, grains de toute espèce, fanons de baleine, alun, houblon, tabac à fumer et une foule d'autres articles de moindre importance. Je ferai observer qu'en 1824, la valeur officielle des six premiers articles d'exportation s'éleva à 27,170,107 livres sterling, pour les tissus de coton ; à 2,984,329 pour le coton filé ; à 6,136,109 pour les tissus de laine ; à 3,283,402 pour les tissus de lin ; à 1,058,811 pour le sucre raffiné ; à 1,125,626 pour le fer forgé et l'acier. Ces chiffres se sont encore accrus depuis cette époque.

Les principales villes maritimes sont : Londres, Liverpool, Bristol, Hull, Newcastle, Plymouth, Southampton, Poole, Sunderland, Whitehven, Potsmouth, Yarmouth, Whitby, Scarborough, Darmouth, Beaumaris, Exeter, Lyn-Regis, Cardigan, Gloucester, Rochester, Swansea, Grimsby, etc., en Angleterre ; Edinbourg avec Leith, Greenock, Glascow, Dundée, Aberdeen, Grangemouth, Montrose, Kirkaldy, Irvine, Dumfries, Bowness, Inverness, etc., en Écosse ; Dublin, Belfast, Cork, Newry, Limerick, Waterford,

Wexford, Londonderry, etc., en Irlande; Saint-Hellier, Malte et Gibraltar, dans les dépendances administratives de l'Angleterre. Parmi les villes les plus commerçantes de l'intérieur de l'Angleterre, on doit nommer Birmingham, Leeds, Manchester, Sheffield et presque toutes les autres mentionnées dans l'article *industrie.*

Les principaux ports militaires sont : Deptford, Woolwich, Chatam, Sheerness, Portsmouth, Plymouth, Yarmouth, Milfordhaven, en Angleterre; Leith et Inverness, en Écosse; Cork, Waterford, Galway, Bantry et Limerick, en Irlande.

La principale place forte de la Grande-Bretagne est Portsmouth, qui est la plus importante de tout le Royaume-Uni.

Le *mille* anglais équivaut à 1,609 mètres.

LONDRES, située à 60 kilom. de la mer et à 420 kilom. N.-N.-O. de Paris, sur les bords de la Tamise, au milieu d'une plaine légèrement ondulée du côté du nord. La plus grande portion de la ville est située sur une légère élévation sur la rive gauche de la Tamise, dans le comté de Middlessex; le reste dans celui de Surrey. Londres est la capitale du Royaume-Uni et le siége d'un évêque, qui a le pas sur tous les autres de l'Angleterre.

Sa *population* n'est pas moins de 1,600,428 habitans.

L'usage distingue dans Londres six parties principales : les deux quartiers de l'ouest, Wesminster et West-End, comprennent la partie la plus belle de Londres, habitée par la noblesse et les gens riches. La Cité, qui est la partie centrale et la plus ancienne de la ville ; c'est l'entrepôt du commerce et des affaires de toute espèce. Le quartier de l'Est (*East-End*), presque tout construit depuis la moitié du siècle dernier ; il est consacré au commerce, mais surtout au commerce maritime ; on y trouve les chantiers, les fameurs *docks* ou bassins, dont je donnerai une petite description à la fin de cet article, et des magasins immenses. Le quartier de Southwark,-qui appartient, sous le rapport administratif, au comté de Surrey ; il est, comme le précédent, occupé par des personnes intéressées dans les entreprises commerciales et maritimes, et le siège d'un grand nombre de fabriques et de manufactures. Le quartier du nord est, pour ainsi dire, une ville nouvelle qui s'est formée dans ces dernières années par le prodigieux agrandissement qu'a pris Londres, et par lequel plusieurs villages ont été compris dans son circuit immédiat.

Les maisons de Londres sont bâties en briques et offrent presque toutes la même forme extérieure. Elles sont, en général, peu élevées, et, dans les plus belles parties, elles sont recouvertes de stuc, ce qui leur donne l'apparence d'édifices construits en pierre de taille. Les rues sont pavées avec beaucoup de régularité et garnies de trottoirs en dalles élevées au dessus de la chaussée.

Un grand nombre de bâtimens publics ornent cette métropole ; les plus remarquables sont : le palais de Saint-James, situé au nord du parc du même nom ; il est la résidence des rois depuis 1695 ; malgré sa vaste étendue, l'élégance et la richesse de ses nombreux appartemens, ce n'est qu'un bâtiment en briques, irrégulier et dépourvu de toutes les beautés extérieures qui distinguent ordinairement les résidences royales.

Le palais de Carlton (*Carlton house*), rebâti presqu'entièrement en 1788 pour y loger Georges IV, alors prince de Galles, a été démoli depuis quelques années; il est remplacé par le New-Carlton Square, entouré de beaux édifices parmi lesquels se distinguent l'Union club-house et le Travellers club-house. Un nouveau palais magnifique, le Buckingham-Palace, s'élève dans le parc de Saint-Jacques (*Saint-James's park*); il sert aujourd'hui de résidence à la reine d'Angleterre; le plafond, le toit et les colonnes sont en fer de fonte; la façade sur le jardin est la seule qui puisse satisfaire complètement l'observateur; les masses en sont simples, faciles à embrasser d'un coup-d'œil, et pourtant suffisamment enrichies de détails pour faire reconnaître à l'instant le séjour de la magnificence et de la grandeur. On doit citer aussi Whitehall, vaste bâtiment carré, ancienne résidence des rois, dans laquelle Charles Ier a été exécuté.

Viennent ensuite la Tour de Londres (*Tower*), ancienne et vaste forteresse, qui, pendant cinq siècles, a été la demeure des rois, et sert quelquefois de prison d'état, et où se trouvent maintenant l'arsenal maritime, une collection d'armures antiques et l'arsenal des Volontaires; ce dernier est peut-être le plus grand amas d'armes modernes qui existent; on y voit aussi la chambre aux joyaux (*the jewel office*), où l'on garde les diamans de la couronne; la Ménagerie (*the lion's tower*). La Banque d'Angleterre, bâtiment immense, avec de vastes souterrains, où est déposé l'or monnayé et en lingots; la valeur des sommes qu'on y conserve est estimée au dessus de toute autre masse métallique existante dans un autre local quelconque sur le globe. Le palais de Westminster (*Westminster hall*), où siége le tribunal dit *King's bench* et où s'assemble le parlement ; sa vaste salle est une des plus grandes de l'Europe ; l'hôtel de la Compagnie des Indes-Orientales (*East-India-House*), où se trouve un beau musée asiatique et une riche bibliothèque ; la Bourse (*royal Exchange*), rebâtie en 1666 et dont les constructions ne coûtèrent pas moins de 60,000 livres sterling (1,500,000 francs). Le centre du bâtiment est une belle cour carrée, à ciel découvert, au milieu de laquelle s'élève une statue de Charles II ; le nouvel hôtel de la Monnaie (*Mint*) ; le *Trinity house* ; le nouveau bâtiment de la Poste (*general post-office*) ; la douane (*Custom house*), qui déploie sa magnifique façade sur la Tamise, au dessus d'un large quai ; cet édifice renferme aussi une des plus grandes salles de l'Europe ; le bureau de l'Excise (*Excise-office*) ; le Trésor (*Treasury*), bâtiment superbe, réparé depuis quelques années ; l'hôtel du lord-maire (*Mansion-house*) ; le palais de l'archevêque de Canterbury (*Lambeth palace*) ; *Sommerset-house*, vaste carré, où se trouvent le bureau du timbre (*stamp-office*), les bureaux de la marine (*navy-office*), et les salles où la Société royale des sciences, celle des Antiquaires et l'Académie royale des beaux-arts tiennent leurs séances ; on y expose aussi annuellement les plus beaux tableaux exécutés dans l'année. On doit citer aussi les beaux bâtimens de l'Institut de Londres (*London Institution*), du Musée anglais (*British Museum*), de la nouvelle Université, du *King's collège*, de la Société géologique, du Collége royal des chirurgiens, du nouveau Collége des médecins, etc., etc. ; les hôpitaux de Bedlam, de Saint-Barthelemi, de New-Foundling et de Guy ; les deux vastes prisons *Coldbathfield prison*, dite aussi *House of correction*, et *Millbank penitentiary*, construites dernièrement avec une énorme dépense ; et celle de Newgate,

5

où des maîtres enseignent le dessin et la peinture aux garçons qui y sont détenus.

Parmi les treize théâtres que renferme Londres, je citerai seulement l'Opéra italien (*King's theatre*), qui a une assez belle façade sur Haymarket ; la salle contient environ 2,400 personnes ; celui de *Druy-Lane*, qui contient 3,600 personnes ; celui de *Covent-Garden*, dont la façade rappelle celle du temple de Minerve à Athènes.

Londres possède un grand nombre d'églises, dont quelques-unes sont comptées justement parmi les plus belles et les plus magnifiques du monde. Les plus remarquables sont : la cathédrale de Saint-Paul, qu'on peut regarder comme le temple le plus somptueux et le plus vaste que l'église protestante ait encore élevé ; c'est un immense édifice construit en pierres de Portland, sur le modèle de Saint-Pierre de Rome ; on y admire surtout le majestueux portail, les belles proportions de son dôme hardi ; un grand nombre de statues et de monumens décorent son intérieur ; la galerie circulaire, qui domine autour de la partie inférieure de la coupole, a reçu la dénomination de *galerie sonore*, par sa propriété de faire entendre le moindre chuchotement à une distance de cent pieds. L'abbaye de Westminster, un des plus beaux édifices gothiques de l'Europe ; on pourrait le nommer le Panthéon anglais ; ce temple contient plusieurs chapelles dans lesquelles sont ensevelis et où l'on voit des monumens élevés en l'honneur des grands hommes de l'Angleterre ; celle qui se fait surtout remarquer, c'est la chapelle de Henri VII, ainsi nommée, du nom de son fondateur, où l'on voit le magnifique tombeau en marbre de ce prince, qui fut construit d'après ses ordres et pendant sa vie, et auquel il consacra une somme de six millions. Bacon a dit de ce tombeau, que « c'était le monument le plus majestueux et le plus délicat de l'Europe. » L'église de Saint-Étienne (*Saint-Stephens, Waalbrook*), regardée comme le chef-d'œuvre de Christophe Wren, le plus célèbre architecte anglais, qui a élevé la cathédrale de Saint-Paul; celles de Saint-Martin, de Saint-Jean-Évangéliste, de Saint-George.

On trouve à Londres un grand nombre de places dites *squares*, renfermant un jardin entouré de grilles qui ne s'ouvrent que pour les habitans des maisons qui en forment l'enceinte; on rencontre ce genre de places dans les autres grandes villes de l'Angleterre. Les squares les plus remarquables de Londres sont : *Grosvenor-square*, regardé comme le plus beau; au milieu s'élève la statue équestre de George II; *Cavendish-square*, orné de celle de Guillaume, duc de Cumberland; *Bloosbury-square*, décoré de la statue colossale de Charles-James Fox; *Leicester-square* et *Queen-square*, ornés aussi chacun d'une statue; *Belgrave-square* et *Eaton-square*, bâtis par le comte Grosvenor; *Portman-square* et *Manchester-square*, par M. Portman; *Lincoln's-Inn-Fields* et *Russel-square*, remarquables par leur étendue; la statue du duc de Bedford orne le dernier; *Soho-square*, où se trouvent de beaux magasins de librairie étrangère.

On doit aussi mentionner le petit emplacement où s'élève la magnifique colonne nommée le Monument de Londres, destinée à perpétuer le souvenir de l'horrible incendie qui éclata dans la ville le 2 septembre 1666. Il dura trois jours, et dévora 400 rues, 13,200 maisons, 89 églises et plusieurs autres édifices publics. Ce fut Christophe Wren, déjà nommé, qui fut chargé, par acte du parlement, d'élever cette colonne qui est cannelée, d'ordre dorique, en pierre de Portland, et qui coûta 14,500 liv. sterl. (362,500 francs). Sa hauteur est de 202 pieds anglais; dans sa plus grande largeur, le fût a 43 pieds de diamètre. L'escalier pratiqué dans l'intérieur a 311 marches de marbre noir. On ne doit pas oublier, parmi les places, celle de Smithfield, à cause de son étendue, et parce qu'on y vend tous les bestiaux qui servent à la consommation de Londres, évaluée annuellement à 1,240,000 moutons et agneaux, 168,000 bœufs et veaux, 200,000 cochons et 60,000 cochons de lait, ce qui autorise à la regarder comme le plus grand marché de ce genre qu'on tienne sur le globe. J'indiquerai ensuite les marchés de Leadenhall, où se vend la volaille et le gibier; celui de Newgate, pour la viande de boucherie et autres provisions; celui de Billinsgate, pour le poisson; le Marché au charbon (*coal-market*), dont la consommation est de plus de 40,000,000 de boisseaux par an; et le superbe marché de Covent-Garden, terminé depuis quelques années, et qui appartient au duc de Bedford; il est construit en granit.

Rien, dans l'immense capitale de la Grande-Bretagne, ne donne une idée aussi élevée de sa richesse que les cinq ponts qui, dans l'espace de deux milles, sont jetés sur la Tamise. Moins d'un siècle a suffi à leur construction, et les trois derniers d'entre eux datent de moins d'une trentaine d'années; ce sont : les ponts de Waterloo, en granit, le plus grand et le plus beau; de Westminster et de Black-Friars; celui de Southwark, construit en fer, et qui offre dans son arche du milieu un des arcs les plus larges que l'on connaisse; le Nouveau Pont de Londres est le dernier qu'on a construit dans cette capitale : il fut livré au public le 1er août 1831 ; il surpasse, par sa beauté et le grand développement de ses arches, tous ceux qui existaient déjà dans cette ville. On ne peut parler des ponts de Londres sans faire mention du *Tunnel* ou passage souterrain qu'on creuse au dessous de la Tamise, d'après le plan du célèbre Brunel, ingénieur français; cette étonnante construction, aussi hardie qu'unique dans son genre, est sur le point d'être achevée, malgré les retards que son exécution a éprouvés à diverses époques et notamment en 1828. Cette galerie souterraine, dont les travaux ont commencé le 1er avril 1825, à une distance de 100 mètres environ de la Tamise, doit avoir une longueur de plus de 400 mètres, une largeur de 12 et une hauteur de 7; et, malgré les difficultés que présentait un semblable travail, les frais, ainsi que l'a avancé M. Brunel, d'un tunnel sous la Tamise, seront de beaucoup inférieurs à ceux de la construction d'un pont par-dessus le fleuve. A chaque extrémité, seront deux voies circulaires de 67 mètres, montant, par une pente douce, au niveau du sol : l'une servira aux piétons, chevaux, voitures, à pénétrer dans le tunnel ; l'autre, à en sortir.

On doit compter parmi les plus belles rues de Londres la magnifique Regent-Street, l'Oxford-Street, Piccadilly, Pall-Mall, Tottenham-Court-Road, High-Holborn, Saint-James-Street et le Haymarket.

Plusieurs belles promenades ornent cette capitale ; celles du Green-Park, de Saint-James, de Hyde-Park et du Regent's-Park sont les plus belles et les plus fréquentées. Environ une trentaine de jardins publics offrent leurs délicieux ombrages aux diverses classes de la société. Mais rien au monde ne surpasse en magnificence, en variété, en élégance, cet ensemble de constructions monumentales qui entourent le Regent's-Park, au milieu duquel est situé le magnifique jardin de la Société zoologique : ici les colonnades et les portiques, rappellent ces lignes de perspective si recherchées chez les Grecs et les Romains; là des coupoles, des minarets, des kiosques, des ogives, retracent le goût fantastique, bizarre, poétique, des peuples de l'Orient; et lorsqu'un beau soleil (ce qui est rare à Londres) vient refléter ses rayons sur la pelouse du parc, sur les eaux de son canal et sur le stuc brillant de ces magnifiques palais, on jouit d'un spectacle que toutes les pompes du style ne sauraient décrire.

La métropole de l'Angleterre possède un grand nombre d'édifices remarquables qui appartiennent à de riches particuliers; j'en citerai seulement quelques-uns : la magnifique habitation du duc de Wellington, dont la construction a coûté 5,000,000 de francs; tout près, les dames de Londres ont fait poser sur un très haut piédestal de granit, une statue colossale d'Achille sous les traits du noble duc; les hôtels des ducs de Northumberland, de Malborough, de Bedford, du marquis de Stafford, de M. Burlington, des lords Spencer et Grosvenor, les vastes et beaux bâtimens qui forment le Portman-Square et le Manchester-Square appartenant à l'opulent M. Portman, et ceux du Belgrave-Square et du Eaton-Square bâtis par le comte Grosvenor.

C'est ici qu'il faudrait aussi parler de certaines fabriques qui étonnent par l'étendue et la beauté des édifices, et par l'immensité de leurs appareils. Je me bornerai seulement à citer la fabrique de bière de Barclay-Perkins et compagnie, et celle de Reid et compagnie, qui sont les plus grands établissemens en ce genre qui existent ; on y admire la beauté des édifices, l'ingénieuse manière par laquelle on y emploie la force de la vapeur aux différentes manipulations et l'immensité des caves et des tonneaux. Le seul établissement de Barclay et compagnie fabriqua, en 1825, 380,000 *ohom* ou barriques ; la quantité annuelle en est plus considérable encore aujourd'hui.

Parmi les établissemens appartenant à des particuliers, on doit aussi mentionner le Panthéon, construit sur le modèle de celui de Rome, mais destiné aux objets de beaux-arts, tels que Panorama, Diorama, etc.; le Wauxhall et le Ranelagh, qui sont des jardins magnifiques, ouverts au public pendant l'été, moyennant une modique rétribution ; et surtout le *Colosseum*, vaste établissement qu'une société particulière a formé dans le Regent's-Park. Ce dernier, qui a été entièrement terminé en 1830, fait le plus bel ornement de Londres par la magnificence et par la beauté de ses différentes parties ; on y admire la salle de promenade, qui se prolonge sur toute l'aile du bâtiment ; la Chaumière suisse, construction charmante, d'où l'on jouit de la vue de trois cascades, dont la plus élevée a environ 60 pieds de hauteur ; et surtout le Panorama gigantesque de Londres, qui est le plus grand tableau qu'on ait jamais entrepris de peindre, offrant une superficie de quarante mille pieds carrés de peinture.

Mais ce serait donner une idée bien incomplète de la ville de Londres, si je passais sous silence et son système d'éclairage et celui surtout qui a pour but de procurer de l'eau à chacun de ses habitans.

Londres, en 1828, avait huit compagnies d'éclairage

pour le gaz, dont les tubes conducteurs, par les nombreuses sinuosités qu'ils sont obligés de décrire, procuraient une étendue de plus de 300 milles. Ces compagnies réunissaient ensemble 52 gazomètres de la capacité de 104,000 pieds cubes de gaz qui était fourni par 1,417 cornues. Elles ont consommé cette année 43,000 chaudrons de charbon de terre qui a produit 432,000 pieds cubes de gaz qui ont alimenté 70,400 becs particuliers et 7,800 réverbères des rues.

Mais ce qui distingue surtout Londres et la met au dessus de presque toutes les capitales du globe, c'est l'extrême facilité avec laquelle on peut avoir de l'eau, non seulement dans toutes les maisons, mais encore à tous les étages. Ne pouvant pas donner ici le détail de cet admirable système hydraulique, que depuis quinze ans on s'efforce d'introduire à Paris, et dont la dépense énorme effraie les plus hardis entrepreneurs, je me bornerai à dire que des tuyaux distributeurs, dont le diamètre varie de 24 à 30 pouces, sillonnent les principales rues sur un développement de plus de 300 milles; à ces grands artères viennent s'adapter des tuyaux répartiteurs qui portent l'eau dans les maisons. En 1828, huit compagnies hydrauliques faisaient ce service avec dix ou douze machines à vapeur de la force de cent chevaux, et à l'aide de ces puissans moteurs elles ne distribuaient pas moins de 4,650,000 pieds cubes d'eau par jour. C'est grâce à cet ingénieux systéme que l'on parvient à Londres, plus aisément que partout ailleurs, à maîtriser l'action des incendies. Au moyen d'un soupirail pratiqué perpendiculairement sur chacun des tubes qui passent sous le sol des rues, et que l'on ouvre à volonté, la rue où l'incendie s'est manifesté devient bientôt un lac, et les pompes y trouvent un aliment inépuisable et qui paralyse aussitôt les ravages du feu.

La capitale de l'Angleterre offre une foule d'établissemens scientifiques et littéraires, dont plusieurs sont les premiers dans leur genre que possède l'Europe, et beaucoup d'autres rivalisent avec les établissemens semblables qui décorent ses plus grandes villes. Je me bornerai à indiquer les principaux : l'Université de Londres, qu'une société de riches philantropes vient de fonder sur un vaste plan, en évitant les inconvéniens qu'on reproche aux universités d'Oxford et de Cambridge, et en excluant les études théologiques, afin d'admettre à ses cours indistinctement tous ceux qui veulent les suivre ; le Collége royal (*King's college*), autre université fondée en même temps, mais qui diffère de la précédente en ce qu'on y enseigne la théologie et qu'on n'y admet que les étudians qui professent la religion anglicane ; le Sion-Collége, destiné spécialement à l'instruction du clergé anglican, avec une assez riche bibliothèque qui a le droit de recevoir un exemplaire de tous les ouvrages que l'on publie dans le royaume ; le collége de Charterhouse (*Charterhouse school*), un des plus renommés de l'Angleterre : il possède une bibliothèque assez riche ; les colléges dits *Westminster scholl*, *Merchant Taylor's school* et *St.-Paul school ;* le *Gresham-college*, où l'on enseigne la théologie, le droit, la physique et les autres sciences ; les cours scientifiques donnés dans le magnifique local de l'Institut de Londres (*London institution*) ; ceux de physique et de chimie qu'on donne dans le bâtiment encore plus beau de l'Institut royal de la Grande-Bretagne (*royal Institution of Great-Britain*), ainsi que les cours donnés par les professeurs attachés aux instituts de Russel et de Surrey et à ceux connus sous les dénominations de *Western literary and scientific institution*, *City of London literary and scientific institution*, *Metropolitan literary institution* et *Southwark literary and scientific institution*; les écoles de droit dites *Inner* et *Middle Temple*, *Lincoln's-Inn*, *Gray Inn* et *Sergeants Inn*; l'institut militaire de Blackwater ; la grande école des arts et métiers (*mechanic's institution*), les deux moindres instituées dernièrement, l'une dans le Spitalfields, et l'autre dans le Southwark ; et les écoles élémentaires de l'hôpital de Christ (*Christ's hospital ou bluecoat boys school*), où 5 à 600 garçons sont entretenus, vêtus et instruits dans les connaissances les plus indispensables aux ouvriers; les cours d'anatomie au grand hôpital de Saint-Barthélémi (*Saint-Bartholomea hospital*), ceux de médecine des quatre autres grands hôpitaux, dits *Guy hospital*, *Saint-Thomas hospital*, *Middlesex hospital* et *London hospital*, ainsi que les cours sur cette science que l'on donne dans des édifices situés dans George Street, Great Windmill Street, Blenheim Street, Webb Street, Maze Pond et Borough ; enfin l'École vétérinaire et celle des Sourds-Muets.

Je signalerai, dans la description des environs de Londres, les écoles royales de Chelsea, de Greenwich et Sandhurst ; ici j'ajouterai que cette capitale offre plusieurs centaines d'écoles élémentaires publiques et un grand nombre de pensionnats particuliers, et que, dans plusieurs de ces derniers ainsi que dans les principaux établissemens publics d'instruction, on enseigne la gymnastique.

La capitale de l'Angleterre surpasse toutes les villes du monde par le nombre de ses sociétés savantes, dont plusieurs ont été fondées dans ces dernières années.

Voici celles qui, plus que les autres, méritent d'être mentionnées : la Société royale de Londres ; elle s'occupe spécialement des sciences et est justement regardée comme un des établissemens de ce genre les plus anciens et les plus remarquables de l'Europe ; la Société des mathématiques ; la Société des Antiquaires ; l'Académie royale des arts ; l'Académie royale de peinture ; la Société Linnéenne, qui tient ses séances dans une salle beaucoup plus belle que celle de la Chambre des communes, et qui possède un magnifique herbier et une bibliothèque où l'on trouve des ouvrages que l'on cherche en vain dans les collections bibliographiques les plus riches ; la Société phrénologique (*phrenological Society*) : elle publie les mémoires les plus intéressans sur la crânologie, et ses membres se livrent à des recherches immenses pour donner à cette science tous les développemens dont elle est susceptible ; la Société de minéralogie ; l'Institut royal de la Grande-Bretagne (*royal Institution of Great-Britain*), fondé en 1797 pour la formation de cours appliqués aux principes philosophiques et raisonnés des sciences ; le célèbre Davy y a professé, et l'illustre chimiste Brande l'a remplacé ; on admire surtout son magnifique laboratoire, le cabinet de physique et la salle des modèles ; la Société entomologique (*entomological Society*), pour encourager les progrès de l'étude des insectes ; la Société zoologique, à laquelle est annexée une riche ménagerie et de beaux jardins ; la Société pour l'encouragement des arts, des manufactures et du commerce, qui compte environ 5,000 membres, parmi lesquels figurent son président, le duc de Sussex, et les personnes les plus distinguées du royaume ; elle possède une belle collection de modèles et d'instrumens de physique, et a beaucoup contribué, par la distribution de ses prix annuels, à quelques inventions et à plusieurs perfectionnemens; la Société médico-botanique; la Société de médecine et de chirurgie; la Société médicale de Londres; la Société médicale de Westminster; l'Académie royale de musique; la Société philharmonique et l'Institut royal harmonique, pour l'encouragement de la composition musicale; la Société des Artistes anglais; la Société d'architecture, destinée à donner des encouragemens à l'art de bâtir; la Société d'architecture navale, créée dans le but de faciliter le perfectionnement de la construction des navires; la Société des Apothicaires (*Apothicaries Company*), qui possède un superbe jardin botanique à Chelsea; la Société pour les découvertes dans l'intérieur de l'Afrique, à laquelle la géographie doit la connaissance de beaucoup de nouveaux pays découverts par les voyageurs qu'elle a envoyés dans ces régions inhospitalières; la Société dite de Palestine, instituée pour encourager les progrès de la géographie et de l'histoire naturelle de la Syrie et de la Palestine; la Société biblique, à laquelle on doit la traduction de la Bible en 140 langues différentes; la Société d'horticulture (*horticultural Society*), fondée en 1805 pour encourager le perfectionnement de la culture des plantes les plus utiles; elle a déjà formé un beau jardin à Turnham-Green pour les essais agricoles, et étendu sa correspondance sur toutes les parties les plus reculées du globe; elle a déjà introduit en Angleterre beaucoup de végétaux exotiques, et, dès l'année 1819, elle comptait 851 membres; la Société géologique (*geological Society*), dont les mémoires ont beaucoup contribué aux progrès de cette science; elle compte plus de 600 membres et possède une petite bibliothèque bien choisie et une superbe collection de minéraux disposés d'après les différens pays auxquels ils appartiennent, et riche surtout en morceaux de l'Inde et de l'Himâlaya ; la Société d'astronomie ; la Société royale asiatique, qui compte parmi ses nombreux membres les savans les plus distingués du monde civilisé, possède une bibliothèque choisie et a fait des publications très importantes pour la géographie de l'Asie et pour la philologie ; la Société de statistique ; la Société de géographie, qui, dès sa formation en 1830, comptait les noms anglais les plus illustres dans les fastes de la science dont elle a entrepris de faire reculer les bornes ; la Société pour la propagation des connaissances utiles (*Society for the diffusion of useful knowledge*), présidée par le lord chancelier, le célèbre M. Brougham ; elle a presque atteint le but de son institution, en publiant chaque année le *Companion to the Almanac* et autres ouvrages utiles qu'on vend à très bas prix ; l'*Athenæum*, réunion des hommes les plus distingués appartenant aux principaux corps savans du Royaume-Uni ; il compte déjà plus de 1,000 membres, possède une riche bibliothèque, une collection remarquable des principaux journaux publiés dans les différentes parties du monde ; ses réunions ont lieu dans le magnifique local qui lui appartient ; les princes du sang, le corps diplomatique et les étrangers les plus distingués y assistent souvent ; on y apprend les découvertes les plus récentes faites dans toutes les branches des connaissances humaines. Plusieurs de ces sociétés publient des mémoires plus ou moins intéressans et des journaux, et presque toutes possèdent une bibliothèque plus ou moins riche, mais presque toujours bien choisie.

On ne peut se dispenser de citer à la suite de cette nomenclature une autre société qui, quoique étrangère aux sciences, aux lettres et aux beaux-arts, est cependant d'une trop grande utilité pour ne pas mériter qu'on fasse une exception à son égard; je veux parler de la *London association for the promotion of co-operative knowledge*, qui a pour but de répandre et de faire goûter le système des Sociétés coopératives industrielles dans le Royaume-Uni. Déjà, grâce à ses utiles conseils et à sa sage direction, des milliers d'ouvriers sortent de la misère abjecte où ils étaient plongés, pour entrer dans une nouvelle vie qui leur procure de l'aisance. C'est d'après ce plan modifié que M. Galibert a établi à Paris les bases d'une Société coopérative qui compte déjà beaucoup de membres.

Parmi les établissemens publics d'un autre genre, qui sont aussi très nombreux et non moins importans à Londres, je citerai les suivans : le Musée britannique, qui est le plus riche dépôt d'objets littéraires et scientifiques du Royaume-Uni et un des principaux de l'Europe; on y remarque surtout de riches collections d'histoire naturelle bien disposées dans les nouvelles salles bâties tout exprès; un riche médailler; une belle galerie de tableaux; une des plus grandes collections d'antiquités qui existent, dans laquelle on admire la célèbre inscription bilingue de Rosette, le sarcophage dit de Saint-Athanase, la tête colossale dite du jeune Memnon et les fameux marbres d'Elgin, dont l'achat a coûté au gouvernement 875,000 francs; la bibliothèque de ce superbe établissement s'est extraordinairement accrue dans ces dernières années, et doit être regardée comme la plus riche de l'archipel britannique et une des plus grandes de l'Europe; on y voit l'original de la *Magna Charta*, daté de 1215, et une collection de gazettes, unique dans son genre, composée de plus de 6,000 volumes, et offrant une série non interrompue de ces écrits périodiques depuis 1603 jusqu'à nos jours. Viennent ensuite les Collections scientifiques et celles des beaux-arts, etc., les Laboratoires, les Jardins botaniques, les Bibliothèques, etc., qui ont déjà été signalés en parlant des principaux établissemens d'instruction publique et des principales sociétés savantes. Parmi les dernières, on doit citer surtout, après la grande bibliothèque royale au Musée britannique, les bibliothèques du Collége des médecins (*College of physicians*), du Collége des chirurgiens (*College of surgeons*, du collége Sion, de l'archevêque de Canterbury à Lambeth, de la Compagnie des Indes-Orientales, riche surtout en manuscrits précieux dans les principales langues de l'Asie.

On doit aussi mentionner la superbe ménagerie et le riche musée de la Société zoologique; les superbes préparations anatomiques en cire et les objets précieux d'histoire naturelle appartenant au Collége royal des chirurgiens; le Musée phelloplastique, où l'on voit le modèle en liége des édifices anciens les plus célèbres; la Galerie nationale, et celles de l'Institut britannique et de la Société des Artistes anglais, ainsi que le Musée naval et terrestre, récemment créé par une association composée des principaux officiers de terre et de mer, parmi lesquels se trouvent sir Sydney Smith, Howard, Douglas, etc.

Un grand nombre de collections scientifiques et de beaux-arts appartiennent à des particuliers; j'en nommerai seulement quelques-unes : la collection minéralogique de M. Greville; c'est peut-être la plus précieuse qui existe; la bibliothèque de lord Spencer et les galeries de tableaux du marquis de Stafford et de lord Grosvenor, figurent parmi les plus remarquables de l'Europe; la bibliothèque et l'herbier de feu M. Danks étaient comptés parmi les plus précieuses collections de leur genre; l'herbier, formé par un simple particulier, par M. Lambert, avec la magnificence d'un souverain, en mettant à contribution ou en achetant les principaux herbiers connus, compte aujourd'hui plus de 36,000 espèces, et offre, par conséquent, la plus grande et la plus magnifique collection botanique que la main de l'homme ait encore réunie sur tout le globe.

On doit ajouter que dans les palais des plus grands seigneurs à Londres et dans leurs magnifiques châteaux situés dans les différens comtés du Royaume-Uni, mais surtout dans ceux de l'Angleterre, se trouvent maintenant réunis les plus grands trésors peut-être que la peinture, la gravure, la sculpture et la typographie aient encore produits.

Il existe à Londres et dans ses faubourgs immédiats, environ 1,200 librairies, dont la plus importante, par ses publications et ses relations commerciales, est celle de Longman et compagnie, propriétaires de l'Edinburgh-Review; chaque année cette maison reçoit plus de 20,000 lettres. Je citerai aussi la librairie de Murray, propriétaire du Quarterly-Review et des œuvres de Byron.

Parmi les magasins de musique, qui sont au nombre d'environ 300, on remarque les vastes ateliers de Broadwood et de Clementi.

Londres possède plus de 300 imprimeries, dans lesquelles sont en activité, outre les presses ordinaires, environ 60 presses mécaniques mues par la vapeur; quelques-unes de ces dernières, destinées surtout aux journaux, peuvent donner par heure 2,000 feuilles tirées des deux côtés. A Londres, comme à Paris, il se publie un grand nombre de journaux politiques, recueils hebdomadaires, consacrés principalement à la littérature, recueils mensuels et trimestriels. Tous ces établissemens communiquent un mouvement immense au commerce de la librairie de cette ville, qui n'a de rivale que la capitale de la France.

Pour la richesse, l'activité et l'étendue du commerce terrestre et maritime, Londres n'a et n'eut jamais de rivale dans l'univers. Il y a vraiment de quoi s'étonner lorsqu'on veut en mesurer l'importance en comparant cette ville, non seulement aux plus grandes places commerçantes du globe, mais même à la totalité des états qui se distinguent le plus par leur activité commerciale. Les faits suivans prouveront qu'il n'y a pas d'exagération dans ce que je viens de dire.

Au 31 décembre 1825, Londres possédait 4,921 navires jaugeant 876,400 tonneaux; l'année suivante, les 14,497 navires qui formaient toute la marine marchande de la France, ne jaugeaient que 689,448 tonneaux; par conséquent, le seul port de Londres dépassait de presque un quart toute la marine marchande de la troisième puissance commerçante du monde! Dans la même année, New-York, qui est la première place commerçante de l'Amérique, ne possédait que 304,500 tonneaux; Newcastle, qui est le second port de l'archipel britannique et le troisième du globe pour le nombre des vaisseaux qu'il possède, ne comptait que 193,100 tonneaux; les ports de Liverpool et de Sunderland en avaient 137,200 et 94,500; tandis que Baltimore, qui, dans les États-Unis, vient immédiatement après New-York, n'en avait que 92,000, et que Bordeaux, qui, sous ce rapport, est la première ville de France, n'en comptait que 78,000. A la même époque, 5,732 bâtimens du port, de 1,061,000 tonneaux, arrivèrent à Londres, chargés des produits de tous les pays du monde ; le commerce étranger, ou la grande navigation, n'employa en France que 8,704 bâtimens et 942,000 tonneaux ; ce même commerce n'employa que 1,048,000 tonneaux dans les États-Unis, 572,000 dans la monarchie Prussienne, 559,000 dans le royaume des Pays-Bas et 310,000 dans tout l'empire Russe ; et tandis que le cabotage ou la petite navigation de la ville de Londres compta 19,500 navires du port de 2,360,000 tonneaux entrés dans la Tamise, tout le cabotage de la France ne s'éleva qu'à 2,225,000 tonneaux répartis sur 76,537 navires. On ne peut quitter ce sujet sans dire un mot sur l'immense développement qu'a pris la navigation à vapeur dans la Grande-Bretagne et surtout à Londres, quoique cette branche d'industrie n'y ait commencé qu'en 1814. En 1829, l'Angleterre et l'Écosse ne comptaient pas moins de 331 bâtimens à vapeur jaugeant 30,566 tonneaux, et employant 2,870 hommes. De ce nombre, environ 170 naviguent en tous sens sur la Tamise entre Londres, Leith, Gravesend, Margate, Ramsgate, Newcastle, Calais, Boulogne, Ostende, Hambourg et Saint-Pétersbourg. En disant que dans tout le reste de l'Europe, à la même époque, on n'en comptait qu'environ 60, et que dans tous les États-Unis, où ce genre de navigation a commencé, il n'y en avait que 320 montés par environ 2,100 hommes, on aura le moyen d'assigner à la capitale de l'Angleterre le rang éminent qui lui est dû même sous ce rapport. L'esprit se perd lorsqu'on pense que des calculs approximatifs faisaient monter la valeur totale des marchandises de tout genre importées et exportées dans cette ville immense, par terre, par mer et sur les bateaux, à la somme énorme de 120,000,000 de livres sterling (3 milliards de francs). En admettant l'exactitude de cette évaluation, qui se rapporte à l'année 1810, quoique des auteurs nationaux et quelques géographes la répètent comme si elle se référait à l'époque actuelle, l'étonnement sera encore plus grand en pensant à l'augmentation que doit subir cette somme pour être exacte en 1840 ; car, depuis lors, la population, l'industrie et le commerce de Londres ont pris un développement immense.

Centre du commerce intérieur et extérieur du pays le plus commerçant du monde, et environnée d'une foule de villes florissantes, on ne doit pas s'étonner de voir la capitale de l'Angleterre devenir de nos jours la ville la plus peuplée, non seulement de l'Europe, mais de tout le globe. En adoptant le nombre de 1,600,428 habitans, qui, du reste, est officiel, et en rejetant les exagérations ridicules des auteurs orientaux et les estimations erronées des voyageurs et des géographes sans critique qui les répètent, on trouve que la population de Londres dépasse considérablement celle de Pékin (Chine), que M. Klaproth, orientaliste célèbre et savant géographe, porte à 1,300,000 habitans; celle de Jédo (Japon), qu'on peut estimer à autant; celle de Paris, d'après le dernier recensement de 1836, à 909,126 habitans. La population de la capitale de l'Angleterre, non seulement surpasse celle des plus grandes villes des deux mondes, mais elle égale celle du royaume de Saxe, est de peu inférieure à celle des royaumes de Wurtemberg et de Hanovre, dépasse considérablement le nombre d'habitans des grands-duchés de Toscane et de Bade, du royaume de Norwége, etc., etc.

Cependant, un jeune voyageur français, qui a récemment visité avec attention et avec impartialité cette métropole, croit devoir ajouter à cette esquisse les modifications suivantes. « Mais quelque imposant, dit-il, quelque magique que soit ce tableau, quelque surprenantes que soient les conquêtes de l'industrie anglaise, la puissance de ses mille voiles, la richesse de ses produits, l'immensité de son commerce, si les profits qui en résultent sont si mal répartis que la généralité de la population ne reçoive qu'une portion insuffisante de ce que produit son travail; si elle est condamnée à des efforts continuels qui n'aboutissent qu'à une pauvreté sans remède, et si elle ne soutient sa misérable existence que par les secours de charité que détermine la crainte qu'elle inspire, il y a, dans un pareil état de choses, plus de sujets de regrets que d'orgueil, de désespoir que d'exaltation. En effet, au milieu de la capitale même, la plaie du paupérisme se montre escortée de tout ce qu'elle a de plus hideux et de plus repoussant. A côté de ces immenses rues où s'étale toute la pompe du luxe, on est péniblement surpris de voir ces petits passages, ces sombres allées, ces étroites ruelles où la lumière du jour ne plonge jamais et dont les misérables hôtes sont aussi remarquables par leur indigence que par la bassesse de leurs habitudes. On ne peut rien imaginer de plus hideux que ces familles de parias, hommes, femmes, enfans entassés dans le même taudis, reposant ensemble sur un pavé de briques mal jointes; forcés de mendier pour vivre, et de voler pour suppléer aux lacunes de l'aumône. Mais il faut pénétrer dans le quartier de Saint-Gilles, dans les environs de Wapping, de Smithfield, du Barbican, etc., etc., où se tiennent les clubs des résurrecteurs, des mendians, des escrocs et des voleurs; il faut y voir grouiller cette population de boxeurs, de matelots, de recéleurs, de filous et d'embaucheurs, et l'on aura un Panorama vivant de tout ce que Londres contient de taré, d'infâme, de crapuleux! En 1830, on a évalué que plus de 4,000 individus exerçaient dans Londres le métier de voleurs, d'escrocs, de filous ou de résurrecteurs; que 6,800 adultes et 7,400 enfans vivaient d'aumônes recueillies sur la voie publique; et dans ce nombre ne se trouvaient pas comprises les familles qui recevaient des secours de leur paroisse; la Société d'Asile a constaté que pendant l'hiver de 1829 à 1830, elle a reçu tous les soirs dans les salles plus de 8,000 individus hors d'état de se procurer un gîte! Aussi, ce n'est que lorsque la nuit tombe, et que le crépuscule voile en partie ces tâches hideuses, que Londres offre un spectacle vraiment magique. Une longue chaîne de feux suspendus éclaire ses rues larges et populeuses; ici des magasins éclatans de lumière étalent leur magnificence, ailleurs le reflet pourpré, violet et bleu des boutiques des pharmaciens se projette au loin sur les murailles et le pavé; et dans les airs, de distance en distance, s'élèvent, comme des phares, les cadrans illuminés des églises; ces mille voitures qui sillonnent les rues, cette foule variée, active, convoquée de toutes les parties du globe, qui se presse sur les trottoirs; le bourdonnement qui s'en échappe, le bruit des roues, les cris des marchands, la voix timbrée des chanteurs de ballades, le son de leurs instrumens; ce mouvement onduleux, ce brouhaha, cette clarté oscillante, concourent à mettre en extase les sens de l'étranger qui se croirait transporté dans un palais de féerie, si la main furtive de quelque adroit filou ne lui faisait apercevoir qu'il est réellement à Londres. »

Dans le commencement de cet article, j'ai promis, qu'après avoir donné la description de Londres, j'y ajouterais une petite description de ses immenses *docks* qui ont tant contribué à faciliter son grand commerce.

On appelle *docks* les bassins établis principalement dans les ports de marée, pour y recevoir les navires et y déposer en entrepôt leurs marchandises dans de vastes magasins appropriés à cette destination. Les premiers paraissent avoir été construits à Liverpool en 1708. Leur fondation fut déterminée, sans doute, par la nécessité de mettre les bâtimens de commerce à l'abri des accidens inséparables de leur entassement dans les ports de mer ou de rivière, quand le flot, venant à descendre, les laissait à sec sur leur quille, dans le sable ou sur le galet. Un dock n'est véritablement complet que lorsqu'il réunit à la fois le bassin destiné à protéger le navire et les magasins nécessaires pour recueillir la cargaison. Les Anglais, qui ont imaginé les premiers cette belle invention commerciale, y ont ajouté, pour la compléter, des développemens très importans dont ils obtiennent chaque jour les plus heureux résultats. Je vais essayer de les exposer succinctement.

Avant l'établissement des docks, et partout où ils n'existaient point, les navires en charge ou en déchargement ne pouvaient pas demeurer sans danger à la même place, quand la marée se retirait. La prudence exige alors qu'ils se tiennent à flot pour éviter de graves avaries et quelquefois une destruction certaine. Mais cette circonstance les condamne à de nombreux déplacemens, et, par conséquent, à des frais considérables, sans parler des chances de vol, qui s'élevaient, dans le seul port de Londres, à près de dix millions de francs par année, quand les navires étaient amarrés dans la Tamise. La création des docks a remédié à ces graves inconvéniens. Aussitôt qu'un bâtiment se présente, il est admis dans un bassin fermé par des portes d'écluse, et dans lequel l'eau est maintenue dans un niveau constant. Un quai, généralement couvert et pourvu de machines propres au déchargement, règne le long du bassin où flottent les navires qui y trouvent toutes les facilités désirables pour y déposer leurs cargaisons.

L'Angleterre compte aujourd'hui dans ses principaux ports un nombre considérable de docks, dont les uns servent pour l'entrée des bâtimens, les autres pour la sortie, pour les réparations. Plusieurs sont exclusivement consacrés aux bateaux à vapeur: il y en a qui ne reçoivent que les navires destinés pour l'Amérique, et d'autres qui n'admettent que des bâtimens venant des Indes-Orientales. Des magasins immenses, établis le long des quais, et dont plusieurs ont jusqu'à dix étages, solidement construits, avec des planchers de fer soutenus par des colonnes en fonte, servent de dépôt aux marchandises. Ici les cafés, plus loin les sucres, ailleurs les indigos, les bois de teinture et de construction, les spiritueux, les chanvres, les objets de toute espèce sont rangés dans un ordre admirable. Des machines ingénieuses, suspendues à ces voûtes de fer, des chariots aériens, permettent de soulever presque sans effort des masses considérables. La plus active surveillance s'exerce jour et nuit sur les dépôts. Quelques minutes suffisent pour retrouver et atteindre les objets les plus délicats et les colis les plus gigantesques. Les cargaisons sont distribuées et numérotées par navires, enregistrées au crédit des armateurs ou des consignataires, et entretenues avec une sollicitude de tous les momens. Rien ne se perd, rien ne s'altère, et rien n'est plus rare qu'un vol.

Les abords des docks (magasins et bassins) ne sont accessibles que par des portes bien gardées, et il n'y en a jamais plus de deux ou trois par chaque enceinte environnée de murs très élevés. On évalue à plus de trois cents millions, pour la seule ville de Londres, la dépense occasionée par la création de ces importans établissemens, qui sont presque tous l'œuvre de l'esprit d'association. Vingt-sept mille navires y stationnent ou y apparaissent tous les ans et donnent lieu à un mouvement commercial dont il nous est difficile, en France aussi bien qu'en Prusse, en Russie aussi bien qu'en Autriche, en Hollande aussi bien qu'en Portugal, d'avoir une juste idée. La plupart des bassins de Londres sont situés dans la partie orientale du fleuve, en avant du nouveau pont, du côté de la mer. Le plus ancien porte le nom de *dock des Indes-Occidentales;* il a été fondé en 1800 et ne présente pas moins de 1,200,000 mètres carrés de surface, dont 236,000 mètres en eau et 964,000 en terrains. Tous les bassins ont un tirant d'eau de 7 mètres. Il a coûté 82 millions de francs, et il peut recevoir 600 navires de 250 à 300 tonneaux. Les magasins renfermaient, en 1831, près de 150,000 barriques de sucre, 433,000 sacs de café, 33,000 pièces d'acajou et 70,000 barils de liquide.

Il n'y a pas de plus belles caves dans le monde que celle du dock dit *de Londres;* leur aspect a quelque chose de la féerie, et il est impossible de rendre l'effet produit par ces milliers de colonnes supportant des voûtes surbaissées, quand on chemine lentement sur l'aire du sol, chargé de sciure de bois et sillonné de toutes parts par de petits chemins de fer. Le dock de Londres contient, en eau et en terrains, 300,000 mètres carrés de superficie; il a coûté 100 millions. On y entrepose les tabacs, les riz, les vins et les eaux-de-vie. Le dock des Indes-Orientales, naguère consacré, comme son nom l'indique, aux navires de la Compagnie des Indes, et dont la physionomie était généralement assez triste pendant une partie de l'année, menace de le devenir davantage encore depuis la suppression du monopole de la Compagnie. C'est là qu'on voyait dans des bassins d'un tirant d'eau de 8 mètres et demi, les magnifiques navires destinés au commerce de l'Inde et presque aussi grands que des vaisseaux de guerre, avec leurs vastes emménagemens et leurs équipages aguerris.

Mais le plus curieux de tous les docks assurément, celui qui est destiné à servir de modèle aux travaux du même genre, c'est le fameux dock de Sainte-Catherine, où les Anglais semblent avoir réuni tout ce que le génie du commerce a pu suggérer de perfectionnemens utiles et de machines spirituelles. Les édifices dans lesquels sont entreposés les sucres, les indigos, les grains, sont chauffés au moyen de tuyaux plats en fonte qui permettent d'entretenir en hiver une chaleur constante de douze degrés. Tout y est construit en fer et en fonte; les colonnes de soutennement sont creuses et servent d'égoût aux eaux pluviales. Un navire de mille tonneaux peut y être déchargé en trois jours, et sa cargaison mise en sûreté dans le même espace de temps. Ce dock est le plus rapproché de la ville de Londres, et il excite au plus haut degré l'attention des étrangers. Le seul inconvénient qu'il présente provient de la difficulté de ses abords, trop souvent obstrués par l'innombrable quantité de paquebots, bateaux à vapeur et navires charbonniers qui se présentent à l'entrée de la ville, et qui laissent à peine, malgré la vigilance de l'autorité maritime, un chenal fort étroit pour la circulation. Le dock de Sainte-Catherine a été ouvert au mois de novembre 1828 ; c'est le seul dans lequel les navires puissent entrer la nuit comme le jour.

Les Anglais ont trouvé le moyen de donner à leurs docks une utilité particulière, peut-être supérieure aux avantages matériels qu'ils en retirent, par des combinaisons d'entrepôt, trop ingénieuses pour ne pas trouver place dans cet article. Aussitôt qu'une marchandise est mise en magasin dans un dock, la compagnie des directeurs de ce dock délivre à l'importateur ou au consignataire un certificat ou *warrant*, énonçant qu'il a été emmagasiné pour son compte telle marchandise, de tel poids et de telle qualité. Ce certificat lui sert de titre de propriété : il est transmissible par voie d'endossement, et cet endossement, s'il est régulier, prouve à lui seul le fait de la vente. Ces *warrants* sont divisibles et remis à des courtiers qui s'en servent pour opérer les transactions les plus importantes sans que la marchandise ait changé de place, et, par conséquent, sans avoir été grevée de frais de transport ou de manutention. Les banquiers négocient aussi ces *warrants*, ou les reçoivent en consignation, en garantie d'un prêt.

Les revenus des docks se composent du produit des droits de station dans les bassins et de ceux de manutention et d'emmagasinement.

C'est là qu'il faut voir avec quelle attention les prescriptions les plus minutieuses sont exécutées à la lettre, avec quel silence se font les manœuvres, avec quelle sollicitude les produits sont manipulés. Les négocians sont ainsi dispensés d'avoir des magasins en ville, et de se multiplier au détriment de leurs intérêts, certains d'être suppléés avec avantage, grâce à l'heureuse division du travail qui règne dans les entrepôts. Quelques échantillons qu'eux-mêmes n'ont point levés, et sur lesquels il y a impossibilité de tromper, suffisent pour servir de base aux transactions les plus importantes. »

Le grand mouvement commercial ne se borne pas seulement à la ville de Londres, mais il s'étend à tout ce qui l'environne. On ne saurait en déterminer exactement les limites, puisqu'elles n'ont aucune marque extérieure ; il n'existe que les divisions municipales. Aussi pourrait-on marcher pendant plusieurs heures sans s'apercevoir d'en être sorti. Les villages qui se trouvaient autrefois à quatre ou cinq milles de Londres, sont changés en villes considérables, réunies à la capitale par une suite non interrompue de maisons élégantes, de belles places, de rues larges, propres et régulières, de plusieurs milles de long. Plus loin et au-delà de ces villages, qui font aujourd'hui partie de la grande capitale, on trouve des villages élégans, bien différens des amas de chaumières et de maisons mesquines qui forment presque partout ce qu'on appelle *villages* sur le continent européen.

Voici les lieux les plus remarquables situés dans les environs immédiats de Londres :

Chelsea, que le grand accroissement de Londres a déjà réuni aux maisons de cette ville, dont il était encore séparé il y a quelques années ; on y voit le grand établissement pour les invalides de l'armée de terre, où 400 militaires sont logés et dont relèvent 10,000 autres répandus dans les campagnes ; le bel édifice du *Royal Military Asylum*, où 1,200 enfans de soldats reçoivent l'éducation, et le beau Jardin botanique de la Société pharmaceutique de Londres, où l'on cultive plus de 6,000 plantes officinales, dont plusieurs ne se trouvent dans aucun autre jardin.

Kensington, qu'on peut regarder aussi comme une partie de Londres ; on y remarque surtout un Palais Royal, dont on loue la magnificence des appartemens, la belle forêt et les beaux jardins qui en dépendent. C'est une des promenades les plus à la mode pendant l'été ; les *fashionables* et la haute noblesse se réunissent habituellement à l'ombre de ces allées romantiques. C'est dans ce superbe palais que demeurait la reine Victoria, avant son avènement au trône, avec la duchesse de Kent, sa mère, et le duc de Sussex. Ce dernier y a formé une des plus riches bibliothèques du Royaume-Uni.

Kew, petit village, remarquable par son Observatoire et par son magnifique Jardin botanique royal, un des plus riches du monde.

Harcney, village immense, où se trouvent les célèbres pépinières de M. Conrad Loddiges, les plus vastes et les plus belles du Royaume-Uni. Un observateur impartial, qui est en même temps un juge compétent, le professeur Schultess, trouve que les serres de ce magnifique établissement sont supérieures, par l'étendue, la magnificence et l'ingénieuse construction, à celles de tous les jardins botaniques connus. La chaleur y est distribuée par le moyen de la vapeur. Dans la serre principale, qui offre un dôme parabolique, dont la solidité réelle contraste singulièrement avec son apparence d'une légèreté presque aérienne, M. Loddiges a rassemblé toutes les plantes les plus remarquables des contrées les plus chaudes du globe ; il est parvenu à y imiter parfaitement une pluie fine et bienfaisante qui tombe du haut des vitrages et arrose beaucoup mieux qu'on ne le fait par les procédés ordinaires. Outre la serre immense qui renferme ces merveilles, il y en a une vingtaine d'autres, dont l'une a 50 mètres de long. De spacieuses orangeries complètent les moyens de conserver les plantes qui ont besoin d'abri. Pour donner une idée de la richesse et de l'importance de ce magnifique établissement, j'ajouterai que la seule acquisition d'un échantillon de chaque plante comprise dans le catalogue publié par M. Loddiges, exigerait la somme énorme d'environ 5 millions de francs ! Aussi le commerce fait par les pépiniéristes de Londres est-il d'une étendue immense ; plusieurs entretiennent des voyageurs chargés de rassembler des plantes et des graines de tous les pays, et la géographie profite souvent des courses de ces intrépides spéculateurs en horticulture.

Hamptoncourt, palais royal, avec de beaux jardins et des appartemens superbes.

Islewort, remarquable par le voisinage de *Sion house*, un des plus magnifiques châteaux de l'Angleterre, appartenant au duc de Northumberland.

Windsor, sur la Tamise, dans le comté de Berks ; jolie petite ville ; c'est la résidence ordinaire des rois d'Angleterre, qui, dernièrement, ont beaucoup agrandi et embelli leur magnifique palais ; on y admire surtout la richesse des appartemens, la grande terrasse, les deux parcs, les jardins et les parties qui ont été ajoutées au bâtiment principal.

GREENWICH, remarquable par son magnifique hôpital, où 2,400 marins invalides sont logés et entretenus et 200 de leurs enfans instruits dans les mathématiques, la nautique et la gymnastique, et dont relèvent 30,000 autres invalides distribués dans les campagnes, ainsi qne par le bel Observatoire royal, d'où les astronomes et les géographes anglais comptent leur premier méridien et d'où l'on jouit de la vue de Londres et d'une grande partie de la Tamise.

FARNHAM, petite ville, remarquable par son École militaire et par son grand marché de houblons, estimés les meilleurs du royaume.

SANDHURST, remarquable aussi par la nouvelle École militaire qu'on y a établie pour 280 élèves.

SLOUGH, près de Eton, hameau du comté de Buckingham, que je nomme pour faire connaître l'emplacement de l'Observatoire du célèbre Herschel ; ce grand astronome y inventa et y établit le plus grand télescope que l'on ait exécuté ; c'est à l'aide de ce magnifique instrument, de 13 mètres de long, 1 1/2 de diamètre et du poids de 1,058 kilogrammes, qu'il enrichit l'astronomie des plus importantes découvertes que cette science a faites dans les derniers temps.

CONSULS *de France à :*

Londres, *Liverpool*, en Angleterre ;
Edinburgh, *Glascow*, en Écosse ;
Dublin, en Irlande ;
Gibraltar, possession anglaise en Espagne.

AUTRICHE.

EMPIRE D'AUTRICHE.

POSITION ASTRONOMIQUE. Longitude orientale, entre 6° et 24°. Latitude, entre 42° et 51°.

POPULATION. 34,217,494 habitans.

DIMENSIONS. Plus grande longueur : depuis Sesto-Calende, sur le Tessin, dans la délégation de Milan, jusqu'au confluent de la Podhorza avec le Dniester, dans le cercle de Czorthow de la Galicie, 750 milles. — Plus grande largeur : depuis Trau, sur la mer Adriatique, en Dalmatie, jusqu'aux monts Erzgebirge, dans le cercle de Saatz, en Bohême, 442 milles.

CONFINS. Au nord, la Confédération Suisse, le lac de Constance, les royaumes de Bavière et de Saxe, la province prussienne de Silésie, la république de Cracovie et la Volhynie dans l'empire Russe. A l'est, la Podolie et une lisière de la province de Bessarabie dans l'empire Russe, et la principauté de Moldavie vassale de l'empire Ottoman. Au sud, les principautés de Valachie et de Servie, vassales du même empire, la Bosnie et la Croatie dans l'empire Ottoman, ensuite la mer Adriatique, la légation de Ferrare dans l'état du Pape, les duchés de Modène et de Parme. A l'ouest, le royaume Sarde, la Confédération Suisse et le royaume de Bavière.

PAYS. Dans le ci-devant EMPIRE GERMANIQUE : tout le cercle d'Autriche, avec ses dépendances dans l'Istrie et dans l'Italie ; partie du cercle de Bavière, savoir : presque tout l'archevêché de Salzbourg et toute la partie de la Bavière située à la droite de l'Inn après son confluent avec la Saltza ; la Bohême, la Moravie et partie de la Haute-Silésie, ainsi que le duché d'Auschwitz, qui, quoique formant partie de la Galicie, est regardé comme compris dans le ci-devant empire Germanique. Dans l'ITALIE, tout le territoire de la ci-devant République de Venise ; la ci-devant Lombardie Autrichienne avec le duché de Mantoue ; la Valteline, les comtés de Bormio et de Chiavenna, pays antrefois soumis au canton suisse des Grisons ; ensuite des fractions des territoires de l'état du Pape et du duché de Parme situés sur la rive gauche du Pô. Le ROYAUME DE HONGRIE avec ses royaumes annexes de Slavonie et de Croatie ; la GRANDE PRINCIPAUTÉ DE TRANSYLVANIE et les CONFINS MILITAIRES. La DALMATIE et l'ALBANIE ci-devant vénitiennes et la ci-devant RÉPUBLIQUE DE RAGUSE. Dans la POLOGNE, le royaume de Galicie et une petite partie de celui de

Loudomirie. Dans la TURQUIE D'EUROPE, la partie nord-ouest de la Moldavie, dite Boukowine et réunie à la Galicie.

ETHNOGRAPHIE. En ne tenant pas compte des Bohémiens, dont le nombre est à peine de 100,000, des Arméniens et des Grecs qui sont encore beaucoup moins nombreux, on peut classer toute la population de l'empire dans les cinq souches suivantes : SOUCHE SLAVE, à laquelle appartient presque la moitié de tous ses habitans ; elle comprend plusieurs peuples très différens entre eux sous plus d'un rapport, et dont les suivans sont les principaux : les Czekhes, dans la Bohême ; les Slowaques, dans la Moravie et la Hongrie ; les Polonais, dans la Galicie ; les Rusniaks, dans la Galicie et la Hongrie ; les Windes, dans la Styrie, la Carniole, la Carinthie et les districts de Sillian et Lienz, dans le Tyrol ; les Slavons, dans la Slavonie ; les Dalmates, dans la Dalmatie ; les Croates, dans la Croatie, etc. SOUCHE ALLEMANDE ; elle comprend les Allemands, qui sont la nation dominante ; ils vivent sans mélange dans la Haute et Basse-Autriche ; ils occupent la plus grande partie de la Styrie, du Tyrol, mais ils sont en minorité dans les royaumes d'Illyrie et de Bohême, dans la Silésie et la Moravie, dans la Transylvanie, et en minorité encore plus grande dans la Hongrie ; on en trouve aussi, mais en très petit nombre, au nord de Vérone et de Vicence, dans le gouvernement de Venise. SOUCHE GRECO-LATINE, qui comprend : les Italiens, qui vivent presque sans mélange dans le royaume Lombard-Vénitien et occupent une partie du Tyrol méridional, du royaume d'Illyrie et de celui de Dalmatie, et les Wallaques, qui forment la plus grande partie de la population de la Boukowine et sont très nombreux dans la Transylvanie, la Hongrie et les Confins militaires. SOUCHE OURALIENNE, à laquelle appartiennent les Hongrois ; c'est la nation dominante dans la Hongrie et dans la Transylvanie. SOUCHE SÉMITIQUE, qui comprend les Juifs ; ce peuple est si nombreux qu'il forme actuellement presque un soixante-dixième de toute la population de l'empire. Le plus grand nombre vit dans la Galicie, la Bohême, la Moravie et la Hongrie.

RELIGION. La catholique est la religion dominante et celle qui est professée par la très grande majorité des habitans. Après elle, vient la grecque, dont les nombreux partisans vivent surtout dans la Transylvanie et la Hongrie méridionale, dans les royaumes de Slavonie, de Croatie et de Galicie. La religion calviniste, et ensuite la religion luthérienne, sont professées par un grand nombre d'habitans, la première, surtout, dans la Hongrie et dans la Transylvanie ; la seconde, dans les provinces allemandes et dans la Galicie. Les pays où les Juifs sont les plus nombreux sont déjà signalés. Des Sociniens ou Unitaires se trouvent dans la Transylvanie ; des Mennonites, en Galicie, et d'autres sectaires dans la Hongrie, la Galicie, etc. ; leur nombre est très petit en comparaison des habitans qui professent les religions qui viennent d'être nommées. On doit faire observer que toutes les religions jouissent d'une tolérance complète dans l'empire.

GOUVERNEMENT. Le gouvernement de cet empire est très différent dans les divers pays dont il se compose. On peut cependant le regarder comme monarchique absolu, à l'exception de la Hongrie et de la Transylvanie, où il est monarchique limité. Dans le royaume de Hongrie, le clergé, la noblesse, les villes royales, quelques bourgs ou tribus privilégiés, forment constitutionnellement la nation. A eux appartient le droit d'élire un roi en cas d'extinction de la dynastie régnante, de faire les lois d'accord avec le roi et de s'imposer dans les diètes qui doivent être réunies tous les trois ans. Le roi exerce le droit de faire la paix ou la guerre ; il peut ordonner la levée en masse de la noblesse, mais toute contribution extraordinaire doit être sanctionnée par la diète. Nul ne peut remplir de fonctions publiques s'il n'est Hongrois ou naturalisé par la diète. La constitution de la Transylvanie diffère très peu de celle de la Hongrie. Les Confins Militaires ont un gouvernement entièrement différent de celui des autres parties de l'empire ; ce n'est, à proprement parler, qu'une grande colonie militaire qui dépend entièrement et exclusivement du ministère de la guerre. On doit ajouter que les femmes ne sont pas exclues du trône lorsque l'empereur ne laisse pas, en mourant, d'enfans mâles.

INDUSTRIE. Depuis le règne mémorable de Joseph II, et particulièrement depuis les efforts faits par le dernier empereur, afin de rendre ses vastes états indépendans des étrangers pour ce qui concerne les produits de l'industrie, les fabriques et les manufactures ont fait de si grands progrès, surtout en Bohême, en Moravie, en Silésie, en Autriche, en Styrie et en Carniole, que plusieurs cantons de ces pays peuvent être comparés, sous ce rapport, aux contrées les plus industrieuses de l'Europe. Dans cette classe on peut ranger aussi plusieurs districts du royaume Lombard-Vénitien. Ce sont surtout les draps, les étoffes de coton, les ouvrages en acier et en ébénisterie et la verrerie qui ont acquis une grande perfection dans ces dernières années. Les articles principaux de l'industrie de cet empire sont : les toiles de Bohême, de Moravie et de Silésie ; les dentelles de Bohême, de Venise, de Burano et autres endroits du ci-devant Dogado, ainsi que celles du Tyrol ; les beaux draps de Moravie, ceux de la Basse-Autriche et du royaume Lombard-Vénitien ; les étoffes de soie de Vienne, Milan, Vicence, Venise, etc.; la verrerie de la Bohême, dont quelques articles sont supérieurs, pour le bas prix et pour la qualité, à tout autre objet correspondant fabriqué en France et en Angleterre ; les belles et énormes glaces de Neuhaus dans la Basse-Autriche, celles de Venise, et surtout les perles fausses de cette dernière ville, qui sont encore très recherchées ; les fers et les aciers de la Styrie, qui, pour la bonté, passent pour être supérieurs à tous ceux des autres fabriques de l'Europe ; les armes et la coutellerie de Steyer, de Brescia et autres villes ; les peaux chamoisées du Tyrol ; les cuirs de la Basse-Autriche, de la Hongrie et de la Moravie ; le cordouan de Boukowine et de Transylvanie ; les papiers de la Bohême et du royaume Lombard-Vénitien ; les beaux papiers à tenture de Vienne et de la Bohême ; les violons de Crémone et du Tyrol ; les pianos de Vienne et ceux qui sortent de l'atelier de l'abbé Trentin à Venise ; les savons de cette dernière ville et de Troppau ; les pendules de Vienne ; la quincaillerie de Vienne, Prague, Steyer, etc.; les modes et la porcelaine de Vienne ; cette dernière est remarquable autant par la qualité de la composition que par la beauté des peintures ; les ouvrages de bois sculptés du Tyrol ; les articles d'orfèvrerie de Vienne, Milan, Prague et Venise ; la thériaque et la crême de tartre de Venise ; les *rosolio* de Zara et de Trieste ; la céruse de Vienne ; les beaux équipages de Vienne, Milan, Padoue ; les souliers de

Vienne, qui forment un article important d'exportation pour l'Europe orientale et qui sont recherchés dans plusieurs provinces de l'empire.

COMMERCE. Malgré le désavantage d'une position presque entièrement continentale, désavantage augmenté par la position de la chaîne de montagnes qui, à l'exception d'une partie du gouvernement de Venise, sépare la côte de l'intérieur de l'empire, cet état fait un commerce très étendu et très important. Ses principaux articles d'*exportation* sont : produits du règne minéral, fabriques ou en état naturel, toileries, draps, verrerie, soie en fil ou en étoffe, grains, vins, bois merrain, sangsues, huile d'olives pour fabrique, laine, chanvre filé et étoupes, éponges; les autres moins importans sont : tabac, ouvrages en bois, instrumens de musique et de mathématiques, miel, cire, goudron, noix de galle, potasse, savon, thériaque, térébenthine, porcelaine, papier, chapeaux de feutre et de paille, etc. Les principaux articles d'*importation* sont : sucre brut et raffiné, garance moulue, vins et surtout vins de Chypre, eau-de-vie de vin, café, cacao et autres denrées coloniales, fil de coton anglais et de Turquie, bestiaux, peaux tannées et non tannées, bois de teinture et pour ouvrages d'ébénisterie, lin, pierres à feu, poivre et piment; etc. Le commerce de commission est aussi vaste qu'avantageux à cet empire, vu qu'une grande partie des marchandises qui passent de l'Europe orientale et méridionale dans l'Europe occidentale et septentrionale traversent cet état.

Les principales villes maritimes sont : Trieste, qui est le premier port marchand de l'empire; cette ville a de vastes chantiers de construction estimés pour leur solidité et l'excellente qualité du chêne de la frontière de Hongrie ; elle est située à l'extrémité N.-E. de la mer Adriatique, à 492 kilom. S. de Vienne. Son port est franc et a des relations toujours croissantes avec le Levant ; Venise, bâtie entièrement sur pilotis, à qui l'établissement du port franc qu'on lui accorda en 1828, redonnera en grande partie le commerce florissant dont elle a été en possession par le passé ; Fiume, qui est le débouché des denrées des pays Hongrois et le port par où se font les importations dans ces contrées ; Raguse, qui, avec Spalatro et Cattaro, partage le commerce du royaume de Dalmatie avec l'empire Ottoman ; Rovigno, qui est la ville la plus florissante de l'Istrie.

Les principales villes commerçantes de l'intérieur sont : Vienne, qui est le centre du commerce de tout l'empire ; Prague, entrepôt de celui de la Bohême ; Pesth, Debreczin et Semblin, de la Hongrie ; Brody et Lemberg, de la Galicie. Viennent ensuite : Linz, Steyer et Salzbourg, en Autriche ; Grætz, en Styrie ; Botzen et Roveredo, dans le Tyrol ; Milan, Bergame, Brescia, Schio, Bassano, Vicence, Padoue et Vérone, dans le royaume Lombard-Vénitien ; Ædenbourg, Szegedin, Theresianopel, Carlstadt, Agram, Kaschau et Temeswar, en Hongrie et dans les Confins Militaires ; Hermannstadt et Kronstadt, en Transylvanie ; Brünn, Olmütz, Troppau et Bielitz, en Moravie et Silésie ; Podgorze, Taraslaw et Suczawa, en Galicie ; Reichenberg, Budweis, Rumburg et Pilsen, en Bohême. Il faut aussi observer que Vienne, Milan et Venise font un commerce de librairie très étendu qui s'élève à plusieurs millions, et que celui de Milan est devenu depuis quelques années le plus important de toute l'Italie.

VIENNE (*Wien*), capitale de l'empire et de l'archiduché d'Autriche, sur la rive droite du Danube, au confluent de deux petites rivières, la Vienne et l'Alster, au milieu d'une vaste plaine aussi fertile que pittoresque, à 1,120 kilom. E. de Paris. La cité proprement dite est très petite; elle était autrefois place forte, et ne contenait en 1827 que 1,229 maisons; les 34 faubourgs qui l'environnent et qui en sont séparés par un espace de 800 mètres de large, en contenaient 7,415. Les maisons de la ville sont, en général, très hautes et forment des rues étroites, mais bien pavées et très propres; celles des faubourgs sont moins hautes et se trouvent sur des rues larges, propres et bien alignées. Les faubourgs renferment un grand nombre de jardins et même des champs en culture; ces derniers font place de jour en jour à des constructions nouvelles. Pendant la seule année de 1826, on y a bâti près de 600 maisons; aussi Vienne n'est-elle plus reconnaissable depuis 30 ans; sa population, augmentée d'un tiers, s'élève à 325,000 habitans, et des constructions magnifiques et de grands embellissemens, dûs au dernier monarque, en ont fait une des plus belles villes de l'Europe.

Parmi les nombreux bâtimens publics qui ornent Vienne, on doit surtout mentionner les suivans : le Burg ou le Palais impérial, édifice immense, d'une construction irrégulière, mais offrant néanmoins des parties remarquables par leur magnificence et par la beauté de leur architecture. L'empereur habite la partie nommée Schweitzerhof; la magnifique Bibliothèque impériale, qui ne compte pas moins de 300,000 volumes; les deux salles de redoute, la chapelle de la cour, le théâtre impérial, la ci-devant Chancellerie de l'empire et l'École d'équitation, véritable chef-d'œuvre d'architecture, en font partie. Viennent ensuite : la Monnaie, la Chancellerie de la cour, l'Hôtel du Conseil de guerre, les palais magnifiques où se trouvent les bureaux des chancelleries d'Autriche et de Bohême, de la Hongrie, de la Transylvanie, le Palais de l'archevêché, l'Hôtel-de-Ville, le bâtiment de l'Université, celui de l'Académie des beaux-arts, l'Observatoire, le Palais où s'assemblent les états d'Autriche, bâti dans le style gothique; l'Arsenal impérial et l'Arsenal de la ville; l'Hôtel de la Banque, celui de la Douane, et le vaste bâtiment construit en 1819 sur l'emplacement du couvent de Saint-Laurent pour les bureaux de la Chambre des Comptes et de la Censure générale des livres, etc.

Parmi les bâtimens appartenant à des particuliers, qui, presque tous, contiennent de riches biblicthèques, des médailliers et des collections magnifiques de tableaux et d'objets d'histoire naturelle, je me bornerai à citer les suivans : le palais du feu duc Albert de Saxe-Teschen, appartenant aujourd'hui à S. A. I. l'archiduc Charles; celui de feu l'archiduchesse Béatrix, duchesse de Massa et Carrara; le palais du prince de Liechtenstein, avec un magnifique manége, un beau théâtre, etc.; les palais des princes Esterhazy, Lobkowitz, Schwarzenberg, Barthyany, Kinsky, Lubomirsky, et ceux des comtes Festedt, Harrach, Schœnborn.

On doit aussi nommer la maison Tratner, bâtie sur une grande échelle; elle est habitée par 400 locataires et produit annuellement plus de 156,000 francs; le Burger-Spital, jadis hôpital bourgeois, changé et étendu par Joseph II, pour l'usage des particuliers qui veulent y loger ; c'est une espèce de petite ville, ayant 10 cours, 220 habitations, plus de 1,500 locataires et d'un revenu de plus de 312,000 francs par an.

Parmi les églises qui méritent le plus de fixer l'attention, je citerai les six principales ; ce sont : l'église de Saint-Etienne, qui jouit du titre de cathédrale, vaste et bel édifice gothique ; dans sa tour, qui est une des plus élevées de l'Europe, il y a une cloche qui pèse 18,000 kilogrammes ; on remarque dans cette église les tombeaux de l'empereur Frédéric IV, du prince Eugène de Savoie, etc. ; celle de Saint-Pierre, bâtie sur le modèle de la magnifique basilique de ce nom, à Rome ; elle a une coupole couverte en cuivre ; celle des Augustins, remarquable par son étendue et par le mausolée de l'archiduchesse Christine, élevé par l'immortel Canova, et par celui de Léopold II, par Zauner ; une chapelle de ce temple est destinée à conserver les cœurs des membres de la famille impériale ; celle des Capucins, dont le vaste souterrain sert de sépulture aux princes de la maison d'Autriche ; il renferme 74 cercueils, à commencer par celui de Mathias ; celle de Saint-Rupert, remarquable par son antiquité, ayant été bâtie en 740, et restaurée en 1436 et 1703, et celle de Saint-Charles-Borromée, près du faubourg de Wieder : c'est la plus régulière de toutes ; elle fut construite en accomplissement d'un vœu fait par l'empereur Charles IV pour faire cesser la peste de 1713.

Il existe à Vienne un singulier usage, relativement à la sépulture des membres de la famille impériale : bien que leurs corps soient déposés aux Capucins, leurs entrailles sont portées dans l'église de Saint-Etienne et leurs cœurs dans celle des Augustins, comme il a été dit plus haut.

Parmi les dix-huit places qu'on compte à Vienne, il n'y a que les six suivantes qui méritent cette qualification, les autres étant étroites et irrégulières ; ce sont : le Hof, sur laquelle s'élève la statue colossale de la Sainte-Vierge et deux belles fontaines ornées de figures allégoriques ; le Burg-Platz, qui se développe devant le Burg ou palais impérial ; le Hohe-Markt, décorée de deux fontaines et autres ornemens ; la Josephsplatz, sur laquelle s'élève la statue équestre, en bronze, de dimension colossale, de Joseph II, due au talent de Zauner ; le Neue-Markt, remarquable par une belle fontaine dont les quatre figures en plomb représentent les quatre principales rivières de l'Autriche ; le Graben, située presque au centre de la ville, décorée de deux fontaines ornées de statues en plomb et d'un monument consacré à la Sainte-Trinité, en commémoration de la peste. Sur cette place et sur le Kohlmark, grande et belle rue qui y aboutit, se trouvent les principaux magasins de modes et de nouveautés ; c'est le rendez-vous des élégantes Viennoises. On doit aussi mentionner le nouveau Burgthor, qu'on vient de finir, qui est la plus belle porte de Vienne et un des plus beaux bâtimens en ce genre de l'Europe.

D'autres édifices non moins remarquables se trouvent dans les faubourgs ; ce serait un séjour des plus agréables si toutes les rues de ces faubourgs étaient pavées ; dans celui de Landstrasse, est situé le Belvéder, bâti par le prince Eugène, et appartenant aujourd'hui à l'empereur : c'est le plus beau bâtiment de la capitale ; l'Hôtel des Invalides ; le magnifique bâtiment de l'Institut polytechnique, bâti en 1816 ; celui du collége *Theresianum*, jadis nommé Favorite, lorsqu'il servait de séjour d'été à l'empereur Charles VI; le *Starembergsches–Freyhaus*, avec 6 cours, 300 habitations et plus de 1,200 locataires; le Théâtre sur la Vienne, un des plus grands de la ville; le bâtiment de l'Académie Joséphine de chirurgie et de médecine; le grand Hôpital, ou l'Hôpital commun, édifice remarquable par ses dimensions et par sa belle tenue, renfermant 7 cours plantées d'arbres, 111 salles contenant 2,000 lits et recevant par an de 15 à 17,000 malades; le terme moyen de la mortalité est à Vienne de un sur quinze, tandis qu'à Londres il n'est que de un sur trente; le vaste bâtiment de la Fabrique impériale de porcelaine, qui emploie 150 peintres et 1,500 ouvriers; enfin les palais d'été des princes de Schwarzenberg, Esterhazy, Auesberg, Liechtenstein, avec de magnifiques jardins, dont quelques-uns sont ouverts au public; celui du prince Basoumowfski, avec des dépendances magnifiques et un jardin délicieux.

La consommation des denrées est, à proportion, plus considérable à Vienne que partout ailleurs, à cause du penchant décidé de ses habitans pour la bonne chère; il est peu de pays où l'on mange autant. L'aisance générale donne aux Viennois la facilité de satisfaire leur passion gastronomique; un autre goût non moins vif chez eux est celui de la promenade; aussi la capitale de l'Autriche en offre-t-elle plusieurs superbes, qui permettent à ses habitans de goûter ce plaisir : la plus belle et la plus renommée est le Prater, forêt naturelle de chênes et de hêtres dans une île du Danube, que partage une belle allée de 4 kilomètres de long; c'est le lieu où tout le monde se porte en foule, surtout au printemps, et où les riches étalent leurs magnifiques équipages en parcourant en tous sens la grande allée qui aboutit à un pavillon qui est le but des courses : là, on trouve le Danube dont les bords sont plantés d'arbres ; un Panorama, un Cirque gymnastique, des balançoires et plusieurs autres jeux populaires, de beaux feux d'artifices, etc., ajoutent au mouvement et aux plaisirs offerts par cette promenade, qui rappelle, mais sur une échelle beaucoup plus grande, les Tivoli de Paris et le Thiergarten de Berlin ; on y trouve aussi un manége et une école de natation. Les autres promenades les plus remarquables sont : l'Augarten, grand parc à belles allées et à bosquets dans la même île, consacré, par Joseph II, aux plaisirs de tout le monde ; le Brigitten-Au, qui fourmille de monde le jour de Sainte-Brigitte ; le Rempart ou les Bastions, la promenade la plus fréquentée, et le Volksgarten, jardin délicieux que le dernier empereur a ouvert au public dans ces dernières années, en reculant sur le glacis près du Burg, le mur de la ville ; on y admire, dans un temple, la belle statue de Thésée, l'un des chefs-d'œuvre de Canova.

Parmi le grand nombre d'établissemens publics qu'offre Vienne, les suivans méritent une mention particulière : l'Université, une des principales de l'Europe, spécialement pour la médecine, avec des collections magnifiques, surtout celle d'anatomie, une riche bibliothèque et un beau théâtre anatomique ; l'École des Orientalistes, destinée à former des interprètes pour faciliter les relations de l'Autriche avec l'Orient et surtout avec la Turquie ; le *Theresianum*, excellent Institut fondé par Marie-Thérèse pour avoir des employés instruits, et réorganisé sus un plan plus vaste et meilleur par le dernier empereur ; l'Académie Joséphine de chirurgie et de médecine, pour fournir aux armées des chirurgiens et des médecins habiles; l'Académie réunie des beaux-arts, avec des collections magnifiques, un grand nombre de professeurs, et présidée par le prince de Metternich ; l'Institut polytechnique, un des plus beaux établissemens qui existent en ce genre ; l'Ecole normale, pour donner à la jeunesse des maîtres habiles ; l'Ecole militaire ; l'Ecole vétérinaire, une des meilleures de l'Europe ; celle de musique ou le Conservatoire, un des principaux établissemens de ce genre ; les cinq Gymnases ou Colléges, parmi lesquels se distingue celui de Lævenburg ; le nouvel Observatoire, dû à la munificence du dernier empereur, qui y a joint une école d'astronomie pour encourager l'étude de cette science et la relever de l'état d'abandon où elle se trouvait ; quatre élèves y sont entretenus aux frais de l'état ; le beau jardin botanique de l'Université, celui du Belvéder, consacré à la Flore autrichienne, et le jardin particulier de l'empereur. La Bibliothèque impériale, déjà mentionnée, avec une collection de gravures de 800 volumes et 217 volumes de portraits, et 12,000 manuscrits; elle possède, en outre, parmi ses manuscrits, des hiéroglyphes Mexicains ; un manuscrit de Dioscorides avec des dessins de plantes sur vélin, peintes au Ve siècle ; l'original du sénatus-consulte qui régularisa les bacchanales, l'an 567 de Rome ; le manuscrit du Tasse, de la *Jérusalem délivrée*. La galerie de tableaux, au Belvéder ; le Cabinet impérial d'antiques, de pierres gravées et de médailles et le Cabinet d'histoire naturelle, auquel l'empereur a ajouté dernièrement un Musée Brésilien ; tous ces derniers établissemens figurent parmi les premiers de ce genre que possède l'Europe.

Les arsenaux de Vienne contiennent une très riche

et très curieuse collection de machines de guerre anciennes et modernes. Les murs extérieurs de l'édifice sont entourés d'une chaîne prodigieuse qui a 400 mètres de longueur, et dont chaque chaînon pèse 12 kilogrammes. Ce n'est qu'un fragment d'une chaîne que les Turcs avaient jetée sur le Danube, près de Bude, en Hongrie, pour empêcher les chaloupes canonnières des Autrichiens d'en approcher. Parmi les restes d'armures antiques qu'on trouve dans ces édifices, on remarque : le bonnet de velours rouge de Godefroi de Bouillon, le gilet de peau de buffle de Gustave-Adolphe, roi de Suède, percé au côté droit par la balle qui termina l'existence de ce prince à la bataille de Lutzen, en Saxe, en 1682 ; et le Ballon, à l'aide duquel les Français gagnèrent la bataille de Fleurus.

Plusieurs châteaux de plaisance et plusieurs jolies petites villes embellissent, sur un rayon très étendu, les environs de Vienne; je citerai :

Schoenbrünn, remarquable par la grandeur des bâtimens, par le magnifique jardin botanique et par sa ménagerie. C'est dans ce superbe château que Napoléon séjourna deux fois, entouré de tous les prestiges de la gloire, et où son fils, le duc de Reichstadt, est mort en 1832, à l'âge de 21 ans. Population : 400 habitans.

Hitzing ou Maria-Hitzing, charmant village près de Schœnbrünn, avec un théâtre et un établissement de bains.

Laxemburg, joli petit bourg d'environ 1,000 habitans. A son extrémité se trouve un château où l'empereur passe tous les ans quelques semaines de l'été.

Cette résidence impériale n'offre rien de remarquable ni sous le rapport de l'architecture, ni sous celui de l'étendue ; mais elle mérite de fixer l'attention des voyageurs par la grandeur et la beauté de son parc, un des plus beaux de l'Europe. C'est au milieu de ce dernier que s'élève un château gothique entouré de fossés et de murailles crénelées, qui, par les embellissemens faits par la dernière impératrice et par le dernier empereur, est devenu une des curiosités principales de l'Allemagne. La disposition des appartemens, leurs meubles, leurs ornemens, tout y retrace fidèlement les usages et les coûtumes des chevaliers du moyen-âge.

Baden, jolie petite ville, d'environ 5,000 habitans domiciliés, fréquentée annuellement par 4 à 5,000 étrangers qui viennent y prendre les eaux ou jouir des amusemens qu'elle offre dans la saison des bains. C'est dans les environs de cette petite ville qu'est situé Weilburg, magnifique palais, construit dernièrement par l'archiduc Charles ; la beauté des décorations, la richesse et l'élégance des ameublemens, les jardins et surtout la beauté des environs qui offrent les sites les plus pittoresques, font de cet endroit une des plus belles maisons de plaisance de l'Allemagne ; la délicieuse vallée de Sainte-Hélène qui en forme partie, devient tous les dimanches le rendez-vous de tout le beau monde de Baden.

Eisenstadt, petite ville de la Hongrie, remarquable par le beau château du prince Esterhazy, et par son magnifique jardin botanique dont les serres sont peut-être les plus belles et les plus grandes qui existent. Population : 3,000 habitans.

Bruck, sur le Leitha, remarquable par sa fabrique de machines anglaises pour filer, et surtout par le beau château du comte de Harrach, dont le jardin botanique est regardé comme le plus beau de l'empire d'Autriche. Population : 2,500 habitans.

Les environs de Vienne sont peut-être les plus beaux de toutes les capitales de l'Europe, en ce qui concerne les parcs, et surtout le grand nombre de jardins botaniques, sur un même espace donné. Cette ville doit cet avantage au goût éclairé du dernier empereur et des archiducs Jean, Charles, Antoine et Rainier pour la botanique, aux magnifiques établissemens que ces princes ont créés près de tous leurs palais et de leurs maisons de plaisance, ainsi qu'aux encouragemens de tous les genres accordés par cet empereur pour propager ce genre de connaissances utiles; en moins de dix ans, on vit naître les magnifiques jardins des comtes Palfy et Harrach, des princes Liechtenstein, Schwarzenberg, Esterhazy, des barons de Pronay, de Lang et vingt autres. Pour encourager cette culture et pour en propager de plus en plus le goût, on y a institué dernièrement une exposition annuelle botanique avec de riches prix accordés aux propriétaires des plantes les plus rares et les plus belles. Enfin, plusieurs de ces jardins particuliers sont tellement importans, soit par le nombre et la variété des espèces qu'on y cultive, soit par la magnificence des serres qui les accompagnent, que, sous l'un ou sous l'autre de ces deux rapports, quelques-uns non seulement rivalisent, mais surpassent même presque tous les plus beaux établissemens semblables qui ornent les principales métropoles de l'Europe.

CONSULS *de France à :*

Triest, dans le royaume d'Illyrie ;

Milan et *Venise*, dans le royaume Lombard-Vénitien.

BELGIQUE.

ROYAUME DE BELGIQUE.

POSITION ASTRONOMIQUE. Longitude orientale, entre 0° 15′ et 3° 46′. Latitude, entre 49° 32′ et 51° 28′.

POPULATION. 4,262,260 habitans.

CONFINS. Au nord, le royaume de Hollande ; à l'est, le même royaume et les provinces rhénanes de la monarchie Prussienne ; au sud, la monarchie Française ; à l'ouest, cette même monarchie et la mer du Nord.

PAYS. Le royaume de Belgique est formé des pays suivans :

1° Presque tous les PAYS-BAS AUTRICHIENS, ainsi nommés parce que depuis 1477 ils appartenaient à la maison d'Autriche, qui les posséda pendant 318 ans, c'est-à-dire jusqu'en 1795. A cette époque, elles furent réunies à la France qui les conserva jusqu'en 1814. Ils renfermaient neuf des dix-sept anciennes provinces des Pays-Bas, quoique, sous le rapport administratif, on n'en comptât que sept seulement, savoir : les comtés de Flandre, de Hainaut et de Namur; le duché de Brabant avec la seigneurie de Malines et le marquisat d'Anvers; une partie des duchés de Limbourg et de Luxembourg;

2° Les PAYS qui formaient partie de L'EMPIRE GERMANIQUE; ils embrassent presque tout l'évêché souverain de Liége et la plus grande partie de l'abbaye souveraine de Stablo. Dans le premier on trouve Liége, Hasselt, Saint-Trond, Looz, Tongres, Maeseyk, Verviers, Spa, Huy, Dinant, Thuin, Florennes et Couvin;

3° Les PAYS qui appartenaient à la FRANCE; ce ne sont que des fractions de territoire cédées par cette puissance en 1815, savoir : Marienbourg, Philippeville et Chimay, détachés du ci-devant Hainaut français, et le petit duché de Bouillon, du ci-devant gouvernement général de Metz.

ETHNOGRAPHIE. En ne tenant pas compte des Juifs, qui ne forment qu'une très petite fraction de la population du royaume, on peut partager tous les habitans de cet état entre les deux souches suivantes : SOUCHE GERMANIQUE, à laquelle appartiennent les Belges ou Néerlandais, qui parlent le flamand, dialecte de la langue Néerlandaise, et le très petit nombre d'Allemands, parlant allemand. SOUCHE GRECO-LATINE, à laquelle appartiennent tous les Wallons ou

Belges parlant le français-flamand et le wallon, deux dialectes de la langue française.

RELIGION. Tous les cultes sont professés librement. La presque totalité des habitans professe la religion catholique; une petite fraction de la population est juive, et une encore plus petite est luthérienne. Le roi est attaché aux dogmes de cette dernière.

GOUVERNEMENT. Il est constitutionnel et ressemble beaucoup à celui du royaume de Hollande; il y a deux chambres: celle des sénateurs et celle des députés.

INDUSTRIE. Les Belges se distinguent depuis longtemps par leur industrie, dont les principaux articles sont: les dentelles de Bruxelles, Malines, Bruges, Gand, Saint-Trond, etc.; les toiles de Flandre, du Brabant et du Hainaut; les cotons imprimés de Gand, de Bruxelles et de plusieurs autres villes; les blanchisseries de Courtray; les tapis de Tournay; les papiers des environs de Liége; les draps de Verviers; les tanneries de Liége et de Gand; la faïence de Tournay; les fabriques d'armes et la coutellerie de Liége, de Namur, de Charleroi; l'orfèvrerie de Gand, de Bruxelles, d'Anvers; les livres et les gravures de Bruxelles; les ouvrages en fer, en acier, en cuivre et en laiton de Namur et de Liége; les machines à vapeur de Seraing, près de Liége; les brasseries de Louvain et de Bruxelles.

COMMERCE. Le commerce de la Belgique avait pris un grand développement depuis le commencement de ce siècle jusqu'à l'époque des évènemens qui l'ont séparée de la Hollande. Ses principales *exportations* consistent dans les produits de sa florissante agriculture et de ses nombreuses fabriques : les grains, la bière, la houille, l'huile, les dentelles, les draps, les toiles de coton, de lin et de chanvre, les armes, la coutellerie et la quincaillerie, les laines, les chevaux, les moutons, les vaches, les cochons de lait et le beurre fournissent les principaux articles. Les denrées coloniales, les vins et les fruits du midi, ainsi que les matières premières nécessaires à ses fabriques, forment la grande masse de ses *importations*. Cette prospérité si remarquable a beaucoup diminué par les troubles qui ont agité cette belle contrée ; mais espérons que la continuation de la paix lui rendra bientôt la prospérité qui l'avait fait ranger parmi les contrées les plus florissantes du monde.

Mais on ne doit pas passer sous silence une autre branche de commerce qui, de nos jours, est devenue très importante : je veux parler de l'immense accroissement du commerce de la librairie, surtout de Bruxelles. Un seul des nombreux ateliers d'imprimerie de cette ville fournit, dans une semaine, autant que produisaient toutes les presses réunies, dans une année, pendant la domination française.

Les principales villes commerçantes du royaume sont : Bruxelles, Gand, Liége, Namur, Tournay, Ypres, Mons, Louvain, Verviers, Malines. Parmi les villes maritimes qui font le plus grand commerce, on doit citer : Anvers, Ostende, Bruges et Nieuport. Et parmi les principales places fortes, je nommerai : Anvers, Namur, Charleroi, Tournay et les citadelles de Gand et de Liége.

BRUXELLES (*Brussel*), semblable à Paris qui

prit naissance dans la Cité, cette ville dut son élévation à quelques cabanes en terre qui furent bâties dans l'île Saint-Géry, entre les deux bras de la Senne, il y a environ neuf cents ans. Le terrain qu'elle occupe faisait partie de la forêt de Soigne.

Bruxelles, à 305 kilomètres N. de Paris, est bâtie moitié dans une plaine, moitié sur des collines, sur les bords de la Senne, capitale du royaume. Sa partie basse, la moins saine et la moins régulière, renferme beaucoup de maisons dans le goût gothique ; mais le quartier du Parc, qui n'est habité que par les grands de la cour, les ministres, les banquiers, et, en général, par la haute noblesse, offre des rues larges, bien alignées, et des maisons élégamment bâties. La Place Royale, dont l'enceinte quadrangulaire présente plusieurs beaux édifices, et celle de Saint-Michel, remarquable par les bâtimens qui la décorent, sont les principales.

Plusieurs belles fontaines ornent cette ville : je me bornerai à citer celle du *Mannken-Piss*, qui est un petit garçon, haut de deux pieds ; le palladium des Brabançons, à qui Joseph II accorda la décoration ; l'archiduc Maximilien, Louis XV et d'autres princes lui donnèrent de riches habits. En 1747, Louis XV le décora de la croix de Saint-Louis.

Bruxelles possède des promenades d'une rare beauté ; celle du Parc, enrichie de magnifiques statues, est regardée comme une des plus belles de l'Europe ; elle est pour Bruxelles ce que le Jardin des Tuileries est pour Paris. Celui-ci ne doit sa réputation qu'au talent du jardinier ; celui-là tient ses beautés de la nature. Le Parc faisait partie autrefois de la forêt de Soigne :

l'Allée-Verte offre trois avenues de deux kilomètres de long, qui se prolongent jusqu'au pont de Lacken; et les Nouveaux Boulevards, construits sur l'emplacement des anciens remparts. On ne doit pas oublier Tivoli, établissement dont les plaisirs et les amusemens rappellent ceux qu'offre celui de Paris.

Bruxelles, autrefois capitale des Pays-Bas Autrichiens, est la résidence du roi et des grands corps de l'état, chef-lieu du Brabant méridional, et siége d'une des deux cours suprêmes de justice. Cette ville s'est beaucoup agrandie dans ces dernières années, et plusieurs magnifiques bâtimens ont été ajoutés à ceux qui la décoraient déjà. Les édifices les plus remarquables sont : le Palais du Roi, bâti récemment; celui du prince royal; le Palais des États; le Palais de Justice; la nouvelle Salle de Spectacle ou le Théâtre royal; l'Hôtel-de-Ville, surmonté d'une tour gothique d'une grande élévation et couronnée par la statue colossale de Saint-Michel, tournant sur un pivot au moindre vent; les magnifiques serres du Jardin d'horticulture, qui peuvent être comparées à tout ce qu'il y a de plus beau en ce genre; l'Observatoire, qui est un des plus beaux de l'Europe; l'Hospice des Vieillards, vaste et beau bâtiment achevé depuis quelques années; l'Entrepôt; le Marché aux grains; le Mont-de-piété; le magnifique local destiné à recevoir les collections scientifiques, d'industrie et des beaux-arts. Parmi ses églises, je citerai celles de Sainte-Gudule, du Sablon, de la Chapelle, de Notre-Dame et de Saint-Jean-Baptiste au Béguinage.

Un grand nombre d'établissemens scientifiques ajoutent à l'importance de la capitale de la Belgique; je me bornerai à citer : l'Académie des sciences et belles-lettres ; la Société royale des beaux-arts ; la Société de Concordia, pour la littérature nationale ; la Société de botanique ; l'Athénée, espèce de Collége royal ; l'École supérieure de commerce et d'industrie ; l'Observatoire, fourni d'instrumens sortis des meilleurs ateliers français, anglais et allemands ; le Jardin botanique, un des plus beaux de l'Europe ; le Musée national pour l'industrie et les arts, créé dernièrement, et comparable à ce que l'Europe a de mieux en ce genre ; le Musée de l'ancienne cour, où des professeurs habiles donnent des cours publics, et où se trouve la Bibliothèque publique et les Collections d'histoire naturelle et de tableaux.

Bruxelles offre tous les genres de professions qu'attirent les capitales ; elle est, pour le royaume, une sorte d'entrepôt des objets de goût et de luxe. Son commerce est très actif. En 1823 s'est formée la Société générale des Pays-Bas pour favoriser l'industrie nationale, avec un capital de 20 millions de florins hollandais en biens-fonds.

On a vu que cette ville est le centre d'un commerce de librairie très considérable. Sous ce rapport, ainsi que sous celui de l'activité de ses presses, elle n'a pas d'égale dans le royaume, et se place avantageusement à côté des villes principales de l'Europe.

Il y a des expositions publiques des produits de l'industrie nationale à Bruxelles.

Sa population s'élève à 103,000 habitans.

Dans les environs immédiats de Bruxelles, on trouve :

Lacken, beau village remarquable par le magnifique château où le roi passe la belle saison et par les maisons de campagne des Bruxellois les plus riches.

Waterloo, Quatre-Bras, la Belle-Alliance et Mont-Saint-Jean, villages célèbres dans les fastes de la stratégie de nos jours.

Tervuren, maison de plaisance qu'habitait le prince d'Orange.

Vilvorde, remarquable par sa grande Maison de correction.

Louvain, belle ville, très florissante et très peuplée dans le XIVe siècle, à cause de ses fabriques de draps, et remarquable encore par son Université, la plus fréquentée du royaume ; par ses établissemens littéraires ; par son Hôtel-de-Ville, superbe monument gothique, qui est, sans aucune contestation, le plus beau et le plus parfait entre tous ceux des Pays-Bas : il a été construit au milieu du XVe siècle ; par son vaste Hôtel des Invalides et par sa grande fabrication d'excellente bière. Population : 26,000 habitans.

Malines, jolie ville de 24,000 habitans, dont on admire la magnifique cathédrale ; son archevêque est le primat du royaume. Importante par ses nombreuses fabrique de dentelles-malines.

Saint-Bernard, petit endroit important par sa Maison de correction, qui est la plus grande de tout le royaume. Au 31 décembre 1837, elle renfermait 1,592 individus.

CONSULS *de France à :*

Anvers et à *Ostende*.

DANEMARCK.

MONARCHIE DANOISE.

POSITION ASTRONOMIQUE. Longitude orientale, entre 5° 45′ et 10° 14′. Latitude, entre 55° 22′ et 57° 45′.

POPULATION. 1,950,000 habitans en Europe ; et, en y comprenant les possessions dans les autres parties du monde, 2,000,000.

DIMENSIONS. La configuration de ce royaume, formé en grande partie d'îles, et la méthode suivie pour déterminer les dimensions des autres états, m'obligent à ne faire entrer dans ces calculs que les seules possessions Allemandes et la péninsule du Jutland, ce qui diminue de beaucoup les deux plus grandes lignes qu'on peut tracer dans la partie européenne de la monarchie Danoise. Plus grande longueur : depuis Skagen, dans le bailliage d'Aalbourg, jusqu'à la rive droite de l'Elbe dans le Ditmarschen, 233 milles. — Plus grande largeur : depuis les environs d'Agger, sur la mer du Nord, dans le bailliage de Thisted, jusque dans les environs d'Aalsoe, sur le Cattegat, dans le bailliage d'Aarhuus, 95 milles.

CONFINS. Au nord, le Skager-Rack, dit aussi mer de Danemarck par quelques géographes, et le Cattegat. A l'est, le Cattegat, le détroit du Sund, la mer Baltique et les possessions de la maison de Mecklembourg dans la Confédération Germanique. Au sud, le royaume de Hanovre dans la Confédération Germanique. A l'ouest, la mer du Nord.

PAYS. Le royaume de Danemarck proprement dit, formé de l'archipel Danois, y compris l'île Bornholm et du Jutland septentrional; le duché de Schleswig, ou le Jutland méridional; l'archipel de Fœrö; les duchés de Holstein et de Lauenbourg avec la seigneurie de Pinneberg, le comté de Ranzau et la ville d'Altona, pays compris dans la Confédération Germanique. Pendant la guerre de la Révolution française, le Danemarck perdit l'île d'Helgoland qu'il céda à l'Angleterre, et le royaume de Norwége qu'il céda à la Suède; il reçut en dédommagement la Poméranie ci-devant Suédoise, qu'il céda au roi de Prusse pour le duché de Lauenbourg et une somme d'argent. Mais, afin de signaler une erreur répétée dans presque toutes les géographies, je dois ajouter que la prétendue souveraineté de la ville de Ratzebourg, que les géographes partagent entre le roi de Danemarck et le grand-duc de Mecklembourg-Strelitz, n'est en réalité qu'une propriété domaniale de ce dernier ; elle ne comprend que la cathédrale (*Dom*) de cette ville et le Palmberg, petite place qui en est voisine. La partie de ce duché, sur laquelle ce prince exerce réellement les droits de souveraineté, a pour chef-lieu la petite ville de Schonberg.

ETHNOGRAPHIE. On peut dire que tous les habitans du royaume appartiennent à la SOUCHE GERMANIQUE, dans laquelle il faut distinguer : les Danois, qui forment la grande masse de la population ; ils occupent l'archipel Danois, tout le Jutland septentrional et environ les trois quarts du Jutland méridional ou duché de Schleswig ; les Allemands, qui vivent dans les duchés de Holstein et de Lauenbourg et dans une partie du duché de Schleswig, savoir : dans la plus grande partie des bailliages de Hytten et Husum et dans la moindre partie de ceux de Tondern et de Gallop, ainsi que dans les districts séparés de Daenischwald, Svansen, Stapelholm et Eiderstedt ; les Frisons, qui occupent les îles le long de la côte occidentale du Jutland, et une partie du bailliage de Husum. Les Juifs, qui appartiennent à la SOUCHE SEMITIQUE, ne forment qu'une très petite fraction de la population de cet état ; presque tous vivent à Altona et à Copenhague.

RELIGION. Le luthéranisme est la religion de l'état et de la presque totalité de ses habitans, qui, sous ce rapport, jouissent de la plus grande liberté. Le gouvernement est si tolérant en matières religieuses, qu'on peut y obtenir des emplois et des dignités sans professer la croyance du pays. On y trouve un petit nombre de Catholiques et un autre encore moindre de Hernhuters, de Calvinistes et de Mennonites. Les Juifs, quoique en petit nombre relativement à la population générale du royaume, sont encore plus nombreux qu'aucune des quatre dernières religions que je viens de nommer, prise séparément.

GOUVERNEMENT. Depuis la révolution de 1660, le gouvernement Danois est une monarchie absolue pour les pays qui forment le royaume de Danemarck proprement dit. Dans les deux duchés de Holstein et de Lauenbourg, qui forment partie de la Confédération Germanique, la noblesse jouit encore de grands priviléges. Les Ditmarsches, dans le Holstein, et les habitans de la ville d'Altona, jouissent de grands priviléges et de grandes libertés; entre autres, ils ne sont pas soumis au système des douanes, qui régit tout le reste de la monarchie Danoise.

INDUSTRIE. Malgré les progrès faits depuis un demi-siècle, les manufactures et les fabriques sont encore bien loin d'avoir atteint tout l'essor dont elles sont susceptibles. Les manufactures de draps, de soie et de porcelaine de Copenhague; celles de toile à voiles de cette ville et de plusieurs autres; les tanneries et les gants de Randers et d'Odensee; le papier de Seeland, du Holstein; la fabrique d'armes de Frederiksværk et d'Hellebeck dans le Seedland: de tabac, surtout à Copenhague, Frederits et Altona; les dentelles de Tondern et de Lygumkloster; les batistes de Schleswig et l'eau-de-vie et la bière qui se font dans toutes les villes marchandes du royaume, surtout à Copenhague, Altona, Flensborg et Odensee, où la bière est d'une qualité supérieure, me paraissent être les principaux articles de l'industrie de cet état, où l'horlogerie, la bijouterie, la carrosserie, la sellerie, la mégisserie, les instrumens de musique et de mathématiques, et les travaux du tourneur, du chapelier, du teinturier et du cordonnier, ont fait aussi depuis quelque temps de grands progrès. Le paysan, dans les îles et dans le Jutland, fabrique encore souvent lui-même tout ce qui sert pour son habillement et pour meubler son habitation.

Les villes qui se distinguent le plus par leur industrie, sont : Copenhague, Altona, Rendsbourg, Flensborg, Itzehoe et Kiel. Viennent ensuite celles de Rönne, Husum, Randers, Fridericia, Aarhuus, Aalborg, Ribe, Odensee et Töndern.

COMMERCE. Peu d'états ont une position plus favorable pour le commerce. Aussi celui du Danemarck est-il très important, relativement à l'étendue de son territoire. Il avait pris un grand essor pendant les premières années de la guerre de la Révolution française ; mais, depuis 1807 jusqu'à 1814, ses pertes furent immenses. Depuis la paix générale, et surtout dans les quinze dernières années, il a repris une nouvelle vie, et actuellement il est assez florissant ; ses progrès ont été plus sensibles dans les villes et provinces, tels qu'à Altona, Aarhuus, Aalborg, Faaborg, etc., que dans la capitale. Les principaux articles de ses *exportations* consistent en céréales, beurre, farine, fromage, bœufs et chevaux, cuirs, suifs, viande salée et lard, poissons salés, laine, eau-de-vie de grains. Les principaux articles d'*importation* sont : vins, sel, bois de charpente, goudron, charbon de terre, fruits de l'Europe méridionale, sucre brut, café et autres denrées coloniales, coton, soie, verrerie, métaux bruts et travaillés, draps fins, étoffes de soie, fils de coton et beaucoup d'articles de modes et de quincaillerie. Le *commerce de commission* fait gagner des sommes considérables au Danemarck, dont la marine marchande augmente tous les jours.

Les principales villes de commerce sont : Copenhague, Altona, Elseneur, Flensborg et Aarhuus. Viennent ensuite Kiel, Rendsbourg, Tönningen et Glückstadt, Aalborg, Randers, Tondern, Schleswig, Horsens, Haderslev, Apenrade, Fridericia, Kallundborg, Faaborg.

Les trois places militaires principales sont : Copenhague, avec la citadelle de Frederikshavn et le fort de Trekroner (Trois Couronnes), Rendsborg et Kronborg, près d'Elseneur. Copenhague est le principal port militaire de toute la monarchie, et la station ordinaire de la flotte et de la flotille.

COPENHAGUE (en danois *Kiobenhavn*), bâtie, près le détroit du Sund, sur les îles de Seeland et d'Amak, séparées par un petit bras de mer qui y forme un port vaste et superbe. Cette capitale, située à 1,088 kilom. N.-E. de Paris, est une des plus belles de l'Europe, non seulement par la beauté de sa position, mais aussi par la régularité de ses rues, la beauté de ses places et le grand nombre de bâtimens remarquables qui la décorent. La partie la plus petite, située sur l'île d'Amak, est nommée Christianshavn ; tout le reste porte le nom de Kiöhenhavn ; l'usage distingue encore dans cette dernière la Ville-Vieille et la Ville-Nouvelle ; celle-ci, nommée Friderikstad dans les papiers officiels, est vraiment superbe, et peut être comparée aux plus beaux quartiers des grandes résidences de l'Europe. Les deux grands incendies de 1795 et de 1807, qui ont occasioné de si grandes pertes à Copenhague, ont beaucoup contribué à l'embellir par le soin qu'a pris le gouvernement d'établir des règles d'après lesquelles devaient se faire les nouvelles constructions. Plusieurs rues ont des canaux, des quais, et toutes ont des trottoirs en dalles de granit.

Les plus belles rues sont : Gothersgade et Nyhavn, Bredgade, Store, Kongensgade, Amaliegade, Frederiksgade, Kronprindsessegade, Östergade, Dronningenstvergade et Holmens Canal.

Les places les plus remarquables sont : la superbe place Kongers Nytorv (Place Neuve-Royale), où s'élève la statue équestre de Christian V ; Amalienborg, décorée par la statue équestre de Frédérik V ; Gammeltorv, ornée d'une belle fontaine, et Amagertorv. On ne doit pas oublier la magnifique colonne ornée de belles sculptures et de quatre statues élevées à la fin du siècle passé devant la porte d'Ouest (*Vesterport*), sur la route de Frederiksberg, pour conserver le souvenir de la liberté donnée aux paysans.

Parmi le grand nombre d'édifices qui ornent cette métropole, je citerai : le magnifique château de Christiansborg, qui, après avoir été entièrement détruit par l'incendie de 1795, a été rebâti plus beau qu'auparavant ; il est destiné à loger la famille royale ; c'est un édifice aussi remarquable par son architecture que par ses dimensions ; on y admire surtout la belle chapelle ornée de bas-reliefs et d'arabesques de la main de Thorvaldsen ; la superbe galerie de tableaux, la grande bibliothèque du roi et autres établissemens y ont déjà été transférés ; l'Amalienborg, devenu résidence royale depuis l'incendie de 1795 ; il se compose de quatre palais distincts séparés par des rues larges et bien alignées ; ils renferment la grande place d'Amalienborg, ornée de la statue équestre du roi Frédérik V : la tête du cheval est un véritable chef-d'œuvre de sculpture ; le château royal de Rosenborg, bâtiment gothique, où l'on conserve une foule d'objets curieux d'un grand intérêt historique, surtout du roi Christian IV; et la grande collection numismatique, une des plus riches de l'Europe; son beau jardin sert de promenade publique; le Palais du Prince, où réside provisoirement le tribunal suprême jusqu'à ce que le Christiansborg soit entièrement achevé; Charlottenborg, autre palais royal, d'une noble simplicité, où l'on a établi l'Académie des beaux-arts et les écoles de dessin; les bâtimens qui en dépendent forment un établissement séparé; on y trouve le Jardin botanique, un des plus riches de l'Europe, et les belles salles où l'on fait des cours sur cette science; c'est aussi dans ce palais qu'on a établi l'exposition annuelle des produits des beaux-arts, et tous les cinq ans l'exposition générale. Viennent ensuite les vastes bâtimens de l'Université; l'Hôtel-de-Ville, qui a été rebâti sur des dimensions beaucoup plus grandes que l'ancien, et dans un style beaucoup plus beau; on y a établi les bureaux de la municipalité et ceux de la police; le Palais du prince Frédérik-Ferdinand, ci-devant palais de Bernstorff; le Palais des Postes; la Monnaie, remarquable par les belles machines employées dans la fabrication des monnaies; le Théâtre; la Bourse; l'hôpital dit de Frédérik; l'hôpital général (*Almindelig Hospital*) et le grand hôpital militaire; la grande caserne d'infanterie, où logent près de 6,000 hommes; les casernes de la marine, qui, quoique petites, forment, par le nombre, tout un quartier de la ville nommé Nyboder, où demeurent les artisans employés dans les chantiers. Plusieurs palais magnifiques, appartenant à des particuliers, ajoutent à la beauté de cette ville; je citerai : le palais de la famille Thott, et ceux du comte de Schimmelmann, du duc de Glückstadt (Decazes), de M. Makvay et de M. Eriksen.

Parmi les églises, on doit citer celle de Notre-Dame, finie en 1829 et rebâtie après avoir été brûlée en 1807 ; son ancienne tour était plus haute que la fameuse tour de Saint-Michel à Hambourg ; on peut regarder ce beau temple comme un musée de sculpture par ses treize statues colossales de Thorvaldsen, représentant Jésus-Christ et les douze apôtres ; ceux-ci ne sont encore qu'en plâtre ; mais le Christ est en marbre de Carare ; l'église du Sauveur, regardée comme la plus belle de la ville, et remarquable par sa tour d'une architecture magnifique ; l'église de la Trinité, dont le beau dôme contient la bibliothèque de l'Université et le grand globe de Tycho-Brahé ; sa tour, connue sous le nom de la Tour-Ronde (*Runde-Taarn*), sert d'observatoire ; on peut y monter en voiture ; l'église de la garnison, et la magnifique chapelle dans le Christiansborg, dont j'ai parlé.

Copenhague étant depuis longtemps à la tête de la civilisation du nord de l'Europe, et étant la capitale d'un royaume où l'instruction est peut-être plus répandue dans toutes les classes de la population que partout ailleurs, grâce aux nobles efforts et aux généreux encouragemens de toute espèce prodigués, pour en faciliter les progrès, par le dernier souverain, d'abord comme prince royal et ensuite comme roi, il ne faut pas s'étonner si cette ville compte non seulement un très grand nombre d'établissemens scientifiques et littéraires, mais même si quelques-uns sont supérieurs aux établissemens correspondans de presque toutes les grandes métropoles de l'Europe. Je vais seulement nommer les principaux ; ce sont : l'Université, une des plus richement dotées de l'Europe, des plus florissantes, et remarquable par les beaux établissemens qui en dépendent, tels que sa magnifique Bibliothèque, le Jardin botanique, l'Observatoire, etc.; la nouvelle Ecole polytechnique; la grande Ecole métropolitaine; l'Ecole militaire de la marine ; l'Ecole normale pour l'enseignement mutuel et l'Institut royal de la gymnastique, qui, pour leur excellente organisation, due à un philantrope ardent et éclairé, à M. d'Abrahamson, peuvent servir de modèle à tous les autres établissemens de ce genre créés de nos jours dans plusieurs capitales; l'Académie de chirurgie et l'Ecole vétérinaire, renommées dans tout le nord et fréquentées par beaucoup de Suédois et même d'Allemands; l'Institution royale des Sourds-Muets, qui, unique dans son genre, prend soin, sans exception, de tous les sourds-muets du royaume ; l'Ecole pour l'enseignement des hautes sciences militaires, créée dernièrement sur un plan tellement vaste, qu'on peut la comparer aux meilleurs établissemens de ce genre de Paris, de Berlin, de Neustadt en Autriche, de Varsovie et de Saint-Petersbourg. La Bibliothèque du Roi, qui, pour le nombre des volumes, est la troisième de l'Europe : celle de l'Université, déjà mentionnée ; la bibliothèque de Classen, remarquable surtout par ses superbes collections de livres d'histoire naturelle, de médecine, de géographie et de sciences militaires; la Bibliothèque particulière du Roi, où se trouve entre autres choses une des plus riches collections de cartes géographiques qui existent; la Galerie royale des tableaux de Christiansborg, une des plus riches du monde; on y admire la seule collection connue des peintres Danois, la première collection de l'école hollandaise et une précieuse collection de miniatures; le Musée d'histoire naturelle, établissement classique pour les productions des pays du nord, où il occupe le premier rang parmi les établissemens de ce genre ; la collection des oiseaux d'Europe fait son principal ornement ; c'est une des plus riches qui existent, par les belles suites représentant l'oiseau dans ses différentes livrées, et remarquable surtout par l'élégance et le goût admirable avec lesquels les oiseaux y sont montés ; le Musée des antiquités du nord, qui ne compte pas moins de 7,000 articles et qui est le plus riche en ce genre ; le Musée des arts, superbe collection qui occupe à elle seule un vaste hôtel et qui se compose de plusieurs collections spéciales, telles que : objets d'art de toute espèce anciens et modernes, en or, argent, ivoire ; camées et pierres taillées ; antiquités égyptiennes, étrusques, grecques, carthaginoises et romaines ; et objets divers provenant des peuples sauvages ou à demi-civilisés ; ces derniers seulement occupent deux salles, dont une fort grande ; le magnifique Médaillier du Rosemborg, déjà mentionné ; le grand Musée de sculpture dans le Charlottenborg, remarquable par le salon dit de Thorvaldsen ; le Cabinet minéralogique et le Musée d'antiquités romaines et étrusques du prince Christian-Frédérik, existant dans le palais de ce prince.

Parmi les sociétés savantes, on doit citer : la Société royale des sciences, divisée en quatre classes : sciences mathématiques, sciences physiques, sciences historiques et sciences philosophiques ; le roi lui a confié l'exécution de deux grands ouvrages qui sont presque achevés : les Cartes particulières du royaume et le Dictionnaire danois ; la Société royale pour l'histoire et la langue de la patrie, à laquelle s'est jointe en 1810 la Société généalogique ; l'Académie royale des beaux-arts ; le roi y a joint plusieurs cours pour l'enseignement des sciences nécessaires aux jeunes artistes ; la

Société royale de médecine, à laquelle s'est réunie la Société littéraire dite Classéenne; la Commission royale pour la conservation et la description des antiquités, instituée en 1807 et composée des antiquaires les plus célèbres du royaume; la Société pour les anciens manuscrits du nord, qui, en 1828, a pris le titre de Société royale des Antiquaires du Nord; la Société pour la littérature scandinave; la Société royale pour l'art vétérinaire; la Société royale pour l'agriculture, les métiers et les arts mécaniques; son Conservatoire de modèles et son Cabinet de physique et de chimie sont ouverts au public; la Société pour la propagation des sciences naturelles; elle fait les frais de cours où d'habiles professeurs, tant à Copenhague que dans les autres villes les plus importantes du royaume, enseignent les différentes parties des sciences naturelles; la Société des belles-lettres; la Société littéraire Islandaise, pour la conservation en Islande de l'ancienne langue des pays du nord, que l'on parle encore dans cette île, presque sans altération, après tant de siècles; elle est divisée en deux classes, dont l'une réside à Copenhague et l'autre à Reikevig, capitale de l'Islande. On doit remarquer que toutes ces sociétés publient des mémoires plus ou moins volumineux, mais tous importans.

A l'avantage d'être la capitale du royaume, Copenhague joint celui d'être le centre du commerce, de l'industrie de la monarchie, la résidence d'un évêque luthérien, dont le diocèse embrasse toutes les îles et les colonies; elle l'est aussi du tribunal d'appel, dont le ressort s'étend sur tous ces mêmes pays.

De grands ouvrages ajoutent à l'importance de ses fortifications; les plus remarquables sont la citadelle de Frederikshavn et le fort détaché dit les Trekroner (les Trois-Couronnes); ce dernier est bâti à l'entrée du port, sur un banc de sable, à 3,200 mètres de la ville; c'est un ouvrage du premier ordre; on y admire surtout la belle jetée, les immenses blocs de granit employés dans sa construction, les vastes casemates pour la garnison et les magasins à l'épreuve des bombes. Les établissemens pour la marine militaire sont aussi beaux qu'importans : on doit citer surtout le port pour les vaisseaux de ligne, près duquel se trouvent les chantiers, les ateliers et les arsenaux dans les îles et presqu'îles nommées Nyholm et Gammelholm; chaque vaisseau a son magasin particulier près du lieu où il est ancré. La forme ou le bassin de réparation pour les vaisseaux de guerre à Christianshavn est remarquable.

Malgré les pertes graves que cette capitale a éprouvées en 1807 et les années suivantes, sa population s'est relevée; elle augmente sensiblement tous les ans et elle dépasse aujourd'hui 125,000 habitans.

Les alentours immédiats de Copenhague sont d'une grande beauté, et se distinguent surtout par des campagnes très bien cultivées et par plusieurs fabriques et manufactures dont les ateliers ne sont pas soufferts dans la ville; il y en a surtout beaucoup dans les trois faubourgs entremêlés de trois lacs; on y trouve aussi deux théâtres; tout près est situé le beau château royal de *Frederiksberg*, remarquable par sa noble simplicité et sa situation élevée; le roi y passe la plus grande partie de l'été; son beau jardin, ouvert au public, est le rendez-vous des promeneurs dans cette saison.

En décrivant un cercle plus vaste autour de Copenhague, on trouve plusieurs petites villes et endroits remarquables; je citerai :

ROSKILDE, petite ville d'environ 1,200 habitans, remarquable par sa cathédrale, estimée le plus beau monument des temps gothiques du Danemarck ; on y voit les caveaux de la famille royale ; elle a été la capitale de la monarchie depuis le Xe jusqu'à la moitié du XVe siècle ; son évêché a été transféré à Copenhague, mais elle possède encore une riche Bibliothèque et un Lycée. — Peu loin se trouve le village de Leire, remarquable parce qu'il a été la résidence des rois de la monarchie depuis son commencement jusqu'au Xe siècle.

FREDERIKSBORG, château royal, remarquable surtout par sa galerie de portraits historiques ; c'est le lieu où sont couronnés les rois de Danemarck.

HILLERÖD, très petite ville, importante par son Lycée et son grand Haras royal.

JAEGERPRIIS, remarquable par sa Bergerie royale et par son château, jadis habité par le roi.

HELSINGÖR ou ELSENEUR, petite ville d'environ 7,000 habitans, située sur le Sund, avec un lycée et un port artificiel, construit dernièrement ; c'est, pour ainsi dire, le grand chemin pour aller de la mer Baltique dans la mer du Nord et *vice versâ*, et pour aller du Danemarck en Suède et de Suède en Danemarck, ce qui la rend très commerçante. Les bâtimens doivent s'y arrêter, et y paient les droits du Sund et des fanaux. Cette petite ville est à 32 kilom. N. de Copenhague. Tout près se trouve la magnifique forteresse e Kronborg, dont toute la population est militaire ; elle n'a été prise qu'une seule fois, et encore par trahison.

CONSULS *de France à :*

Copenhague et à *Elseneur.*

ESPAGNE.

MONARCHIE ESPAGNOLE.

POSITION ASTRONOMIQUE. Longitude, entre 1° orientale et 12° occidentale. Latitude, entre 36° et 44°.

POPULATION. 18,000,000 habitans, colonies comprises.

DIMENSIONS. Plus grande longueur : depuis Llanza, au nord des Roses, en Catalogne, jusqu'à Ayamonte, à l'embouchure de la Guadiana, dans l'intendance de Séville, 580 milles. — Plus grande largeur : depuis le cap de Priore, près de Ferrol, en Galicie, au cap Gate, dans l'intendance de Grenade, 502 milles.

CONFINS. Au nord, l'Océan Atlantique et les

Pyrénées, qui la séparent de la France, et la petite république d'Andorre. A l'est, la Méditerranée. Au sud, la Méditerranée, le détroit de Gibraltar et l'Océan Atlantique. A l'ouest, le Portugal et l'Océan Atlantique.

PAYS. Les pays qui formaient autrefois le royaume de Castille ; ceux qui dépendaient de la couronne d'Aragon avec les îles Baléares ; le royaume de Navarre ; les provinces Basques et le territoire d'Antequera forment aujourd'hui le royaume d'Espagne. On doit ajouter la place forte d'Olivença avec la fraction du territoire ci-devant portugais qui l'environne sur la rive gauche de la Guadiana, acquisition faite en 1801.

ETHNOGRAPHIE. A une très petite portion près, on peut dire que toute la population de l'Espagne appartient à deux souches principales. La très grande majorité de ses habitans est comprise dans la SOUCHE GRECO-LATINE ; ce sont les Espagnols qui vivent dans les Deux-Castilles, le royaume de Léon, la Galicie, les Asturies, l'Estramadure, l'Andalousie, la Grenade, la Murcie et l'Aragon ; les Romans, subdivisés en Catalans, Valenciens et Majorquains, qui habitent la Catalogne, le royaume de Valence et les îles Baléares. Un dix-neuvième à peu près de la population appartient à la SOUCHE BASQUE ; ce sont les Basques ou Escualdunac ; ils occupent la Biscaye et la Navarre. Quelques milliers des habitans de l'Espagne, les Bohémiens, appartiennent à la SOUCHE HINDOUE ; cette petite fraction de la population, vulgairement appelée *Gitanos*, mérite de fixer l'attention du philologue et du philosophe : on la voit sans cesse occupée à lutter contre la misère et la persécution, sans songer à quitter un pays où elle ne participe à aucun des bienfaits de la civilisation. Ces parias de l'Espagne sont la plupart maquignons, tondeurs de chevaux et de mulets, et presque tous voleurs. Ils n'ont aucune propriété et sont relégués dans les extrémités des faubourgs; mais la plus grande partie est nomade et court de foire en foire vendre et acheter des bestiaux de rebut. Leur langage, quoique abâtardi, conserve encore quelques sons qui rappellent l'origine de ce peuple : leur prononciation est vive et gutturale, et leur chant n'est pas tout-à-fait dépourvu de noblesse et d'harmonie. Leur physionomie est généralement régulière et caractéristique. Quant aux Maures, jadis si nombreux et compris dans la SOUCHE SÉMITIQUE, on prétend qu'il en existe encore quelques familles dans les montagnes de la Sierra-Morena. La SOUCHE GERMANIQUE ne compte que quelques milliers d'Allemands établis dans les nouvelles colonies de la Sierra-Morena; mais leur nombre, déjà très petit, diminue tous les jours.

RELIGION. La religion catholique est la seule que professent les habitans de l'Espagne; le culte de toute autre religion est défendu aux Espagnols. Cependant, les Bohémiens nomades ont conservé une espèce de culte qui se rattache à celui de l'idolâtrie.

GOUVERNEMENT. Il est monarchique constitutionnel. Le roi prend le titre de Majesté Catholique.

INDUSTRIE. Quoique l'Espagne ne puisse pas être comparée, sous ce rapport, aux principaux états de l'Europe, elle est néanmoins au dessus de l'état arriéré où l'on se plaît à la représenter. On peut dire même que les fabriques de mégisserie de Valladolid, Séville, Grenade, Malaga, Arcos et Miguel-Turra peuvent soutenir la concurrence pour la perfection du travail, avec tout ce que l'on trouve de mieux chez l'étranger ; que les draps fins de Tarraza, Manreza et Ezcaray soutiennent avantageusement la comparaison avec les draps de Carcassonne et des autres villes du midi de la France ; que les glaces de la manufacture de Saint-Ildephonse étaient, il n'y a pas longtemps, renommées dans toute l'Europe par leur qualité et par leurs énormes dimensions ; que les papiers d'Alcay et ceux de la fabrique de M. Grimaud, de Madrid, rivalisent avec les meilleurs produits connus en ce genre ; que les fabriques de nankins de Barcelone, celle de toiles peintes de Madrid, récemment établie par un Français, les manufactures de faïence et de porcelaine d'Alcora et de Moncloa et celles de chapeaux de Badajoz, de soie filée et de tissus de soie de la Catalogne, de Valence, de Murcie et de Talavera, et des toiles cirées de Barcelone, fournissent des produits d'une grande beauté et presque parfaits.

Je ne dois pas omettre de faire mention de l'exposition publique périodique des produits de l'industrie nationale à Madrid. Ce fait est d'autant plus important qu'il dénote les progrès sensibles de l'industrie espagnole et sa tendance à imiter les nations les plus industrieuses, telles que la France, la Belgique, etc., où ont lieu de semblables expositions.

Je dois aussi faire observer que les fabriques de Sparterie, autrefois si nombreuses et si florissantes, semblent être presque anéanties ; mais qu'en revanche, depuis le commencement du XIXe siècle, on cultive en grand le coton dans les provinces de Valence, de Grenade et surtout dans les environs de Motril ; que l'on est parvenu à rendre indigène la cochenille, par d'immenses plantations de nopals (1) dans les environs de Malaga, de Cadix et de Murcie, et que la culture de la canne à sucre, dans les provinces de Malaga, de Valence et de Grenade, paraît vouloir prendre un grand essor et renouveler les beaux temps où elle formait un des principaux produits de la Péninsule. En parcourant les principales branches de l'industrie espagnole, je citerai, parmi les villes et les provinces qui se distinguent le plus par leur activité manufacturière : Guadalaxara, Burgos, Bejar, Ezcaray, Ségovie, etc., etc., pour les draps fins ; Olot, Barcelone, Alcoy, Albacete, Burgos, etc., etc., pour les draps ordinaires ; la Galicie, ensuite la Catalogne, Valence, Cuenca et l'Estramadure pour les toiles en général ; La Corogne et Bayona en Galicie, et Soria pour les services de table ; Almagro et Martorell pour les dentelles ; La Corogne, Mataro, Bilbao, Saint-Sébastien, Santander et Carthagène pour la toile à voile ; Barcelone, Manresa, Mataro, Reus et Olot dans la Catalogne, Valence, Séville, Madrid, Tolède, Talavera, Valladolid, Malaga, Sarragosse et Grenade pour les étoffes de soie ; Barcelone, ensuite Mataro, Reus et Olot, Alicante et Avila pour les toiles de coton et toute la bonneterie ; la Catalogne, Valence et Cuenca pour le papier à écrire et à imprimer ; et pour les papiers à tenture, Madrid ; Barcelone, Malaga, Séville, Madrid, Badajoz, La Corogne, Santander, Burgos, Igualada et Reus pour les chapeaux ; la Biscaye proprement dite, le Guipuscoa, Santander et l'Alava, Cuenca et Avila pour forger le fer ; Eybar, Plasencia, Mondragon, Alagon, Tolède, Utrillas dans

(1) Espèce de cactier qui nourrit la cochenille.

l'Aragon, Guadix, Ripoll et Albacete pour les fabriques d'armes ; Madrid, Eybar et Plasencia (Guipuscoa), Séville, Barcelone, Valence, Cadix, pour l'orfèvrerie et la quincaillerie ; Valence, la Catalogne, l'Estramadure, Ségovie, Cuenca et Tolède, et surtout les villes d'Ocaña, Ontigola, et Mataro pour la fabrication du savon ; Moncloa, Andujar, Alcora, Caceres, Villaropedo, etc., pour la poterie et la faïence.

Ce que je viens de dire sur l'industrie espagnole, a été presque anéanti pendant ces huit dernières années, à cause de la guerre intérieure qui a éclaté, à la mort de Ferdinand VII, arrivée en 1833, entre les partisans de la reine Isabelle II et ceux de don Carlos. Mais espérons qu'une paix durable rendra, à cette nation, son ancienne activité industrielle et commerciale et une plus grande prospérité.

COMMERCE. Le manque de bons chemins, le petit nombre de fleuves navigables, de canaux et d'ouvrages hydrauliques propres à remédier à ce défaut du sol, ainsi que le peu de sûreté sur les grands chemins, rendent presque nul le commerce intérieur de l'Espagne. Cependant, il est juste d'observer que le *commerce du petit* et *du grand cabotage* est des plus animés depuis le cap de Creus jusqu'à Cadix sur la Méditerranée et l'Océan, et depuis Saint-Sébastien jusqu'au cap Finistère sur l'Atlantique. Relativement, il est même plus considérable que celui de France : on conçoit facilement qu'il en doit être ainsi, car la conformation topographique de l'Espagne présentant une surface côtière immense, et les chemins de l'intérieur étant presque impraticables et toujours infestés de bandits, les négocians trouvent, dans ce moyen de transport, de grandes facilités et surtout beaucoup plus de sécurité. La pêche de la sardine et de l'anchois entretiennent l'activité de ses marins intrépides, ainsi que l'exploitation de quelques bancs de corail situés sur les côtes de la Catalogne, au dessous du cap de Tarsuella-de-Mongril, à l'entrée du golfe de Roses. La navigation à long cours, si importante avant les évènemens qui ont fini par arracher à cette monarchie presque toutes ses superbes possessions d'Amérique, a bien diminué depuis quelques années. Les principaux *articles exportés* pour l'Europe et principalement pour la France, sont : vins et eau-de-vie, huile, laine, oranges, citrons, raisins secs, figues, amandes et autres fruits, soies gréges, sel, soude, liége brut et bouchons; vins de liqueurs, sardines en saumure, mérinos, chevaux d'Andalousie, soufre brut, mercure, safran, peaux brutes, nattes et tissus de paille, plomb sulfuré, fer, cuivre, roseaux d'Europe, bois merrain et carthame. L'Espagne exporte aussi beaucoup d'articles pour les colonies qui lui sont restées, soit du produit de son industrie, soit provenant des fabriques étrangères. Ce sont surtout des toiles, des étoffes de laine et de soie, de la quincaillerie, des glaces et autres objets de luxe et de première nécessité. Les principaux *articles importés* en Espagne sont, outre les denrées coloniales, telles que cacao, sucre, café, canelle, etc., blé, poissons secs et salés, draps fins et ordinaires, toiles, dentelles, étoffes de coton et de soie, quincaillerie, bijouterie, articles de modes, lin, chanvre, volaille, viandes salées, beurre, fromage, bois de construction, étain, machines et mécaniques, une grande quantité d'ouvrages en bois, une foule d'articles de verrerie et beaucoup de gibier, de porcs et de mulets de France.

Système métrique décimal en vigueur.

Les principales places commerçantes de l'intérieur sont : Madrid, Burgos, Sarragosse, Valladolid, Badajoz, Cordova, Xéres de la Frontière, Grenade, Albacete, Murcie et Olot.

Les principales places de commerce maritime, soit ports de mer proprement dits, soit regardées comme villes maritimes à cause du voisinage de la mer, sont : Malaga, Almeria, Carthagène, Alicante, Valence, Castellon de la Plana, Alfaques de Tortosa, Reus, Barcelone et Mataro sur la mer Méditerranée; Cadix, Séville, Vigo, La Corogne, Ferrol, Gijon, Santander, Bilbao et Saint-Sébastien sur l'Océan.

Le Code de commerce promulgué le 1er janvier 1830 est commun aux Espagnes. C'est le même que celui des Français.

MADRID, capitale du royaume et de la capitainerie générale de la Nouvelle-Castille, à 1,110 kilom. S.-O. de Paris, bâtie sur la rive gauche du Manzanarès, au milieu d'une plaine sablonneuse et stérile, entourée de montagnes ; à environ 700 mètres au dessus du niveau de la mer, et presque au centre du royaume, position qui lui a valu l'honneur d'être nommée capitale du royaume par une ordonnance de Philippe II. La partie moderne, qui est de beaucoup la plus etendue, peut passer pour une fort belle ville, à cause de plusieurs maisons d'une belle apparence, de ses rues bien alignées, pavées en silex et garnies de larges trottoirs. C'est aussi celle qui est la plus propre. Quatre rues surtout sont remarquables par leur beauté : ce sont celles d'Alcala, d'Atocha, de San-Bernardo et de Fuencarral.

Parmi ses 42 places, on doit nommer : la Plaza-

Major (Grande-Place), dont les géographes exagèrent la grandeur et la beauté; la place du Palais-Royal, embellie par ce vaste et magnifique édifice; la *Plaza del Sol* (Place du Soleil), espèce de carrefour où aboutissent les cinq plus belles rues de la ville; c'est le rendez-vous ordinaire des oisifs, des gens d'affaires et des étrangers; la Place où se font les combats de taureaux.

Parmi les bâtimens publics qui décorent Madrid, le plus beau et le plus remarquable est le nouveau Palais du roi, qui est peut-être la plus belle résidence royale de l'Europe; on loue surtout la magnifique Salle des ambassadeurs et la Chapelle; le palais de Buen Retiro, qui a été tant endommagé pendant la guerre de l'indépendance, et est encore remarquable par ses beaux jardins qui manquent au premier; le Palais des Conseils (*de los Consejos*) ou du Gouvernement; le superbe édifice du Musée royal des beaux-arts, restauré par le roi Ferdinand, père de la reine Isabelle II, avec des frais énormes; celui non moins remarquable du Musée des sciences naturelles; l'Hôtel des Postes; la Douane; le *Panaderia*, où réside l'Académie de l'histoire; *Buena-Vista*, où se trouve le Musée royal d'artillerie, dont les salles offrent une superbe collection de modèles de machines, de plans de places fortes, de villes, etc.; l'Arsenal (*Armeria Real*), où l'on conserve un grand nombre d'objets curieux; la Monnaie; la Prison de cour (*Carcel del corte*) et le *Saladero*; le couvent de Saint-Philippe et le Grand-Hôpital.

Madrid possède trois théâtres.

On pourrait presque dire que cette ville n'offre aucune église qui, sous le rapport architectural, puisse être comparée aux beaux édifices de ce genre que possèdent les autres capitales de l'Europe et même plusieurs des chefs-lieux des provinces de l'Espagne. Je citerai cependant comme les plus remarquables : l'église du couvent des Salésiennes, réputée la plus grande de Madrid ; celle de Saint-Isidore, qui appartenait aux Jésuites, et celles de Sainte-Isabelle, Saint-Pascal, Saint-Martin, Saint-François de Sales et des Dominicains. Ce que j'ai dit des églises, je le répèterai pour les bâtimens des particuliers, qui ne sont remarquables que par leur étendue et par les précieuses collections d'objets de sciences et d'arts que plusieurs renferment. Les principaux édifices de ce genre sont les palais des ducs de Berwick, d'Alba, de l'Infantado, de Medina-Cœli et d'Ossuna.

Malgré le reproche sévère qu'on adresse sans cesse aux Espagnols, de négliger les sciences, Madrid possède plusieurs établissemens scientifiques, qui, par leur importance, lui assignent une place distinguée à côté des premières capitales de l'Europe ; je citerai : le Musée des sciences naturelles, où des professeurs habiles font des cours publics de minéralogie, de zoologie, de mathématiques, d'agriculture et de botanique, et auquel appartiennent le Cabinet d'histoire naturelle et surtout la Collection des minéraux comptée parmi les principaux établissemens de ce genre, ainsi que le Jardin botanique, le plus riche de toute la Péninsule ; on y conserve la *Flora de Bogota*, collection précieuse qui n'a pas encore été publiée, et la Cérès Espagnole ; le Conservatoire des arts et métiers, institué dans le même but que celui de Paris ; on y enseigne la géométrie, le dessin des machines, la physique, la mécanique et la chimie appliquées aux arts ;

la Direction des mines, où l'on donne des cours de chimie docimastique ; l'École de pharmacie, où la chimie, la physique, la minéralogie, la zoologie, la botanique, la pharmacie expérimentale et la matière médicale sont enseignées avec tous les développemens convenables ; le Laboratoire, le Cabinet de physique, les Collections d'histoire naturelle, sont dignes de ce vaste et bel établissement ; le magnifique Institut de Saint-Isidore, espèce d'université qui compte seize professeurs ; l'École de médecine pratique. Viennent ensuite le Collége de chirurgie médicale de Saint-Charles ; l'École des ingénieurs géographes ; le Collége royal des nobles, avec vingt-trois professeurs et maîtres ; l'École vétérinaire ; l'École des poinçons, annexée à l'hôtel des monnaies.

Madrid compte actuellement treize académies ou sociétés savantes, parmi lesquelles se distinguent les Académies des beaux-arts, de la langue espagnole, de l'histoire d'Espagne, d'économie et de médecine. On doit ajouter la Bibliothèque royale, une des plus riches de l'Europe ; celle de Saint-Isidore ; le Médailler ; l'Observatoire ; la magnifique Collection de tableaux établie dans le local du Musée royal des beaux-arts, qui est une des plus nombreuses et des plus belles du monde ; elle compte environ 2,000 tableaux. La Bibliothèque particulière du roi, qui a été dernièrement enrichie de tous les ouvrages les plus importans publiés récemment, ainsi que sa superbe Collection d'estampes. J'ai déjà mentionné les belles collections scientifiques du Musée des sciences naturelles et celles du Musée d'artillerie.

Madrid possède plusieurs belles promenades, parmi lesquelles se distingue le *Prado*, qu'on peut comparer aux plus belles de l'Europe ; le *Paseo de las Delicias*, avec de longues allées et un grand pré le long du Manzanarès ; et les jardins de *Buen Retiro*, fréquentés par les personnes les plus distinguées.

On ne doit pas passer sous silence le majestueux Arc-de-triomphe qu'offre la porte à laquelle aboutit la belle rue d'Alcala et le magnifique pont de Tolède sur le Manzanarès : ce sont deux monumens superbes.

La population de Madrid s'élève à 200,000 habitans.

Les Français sont entrés dans cette ville en 1808, commandés par le grand-duc de Berg, et en 1823, sous le commandement du duc d'Angoulême, neveu de Louis XVIII.

Les alentours de cette métropole sont ornés de plusieurs maisons royales : *La Casa del Campo*, *la Florida*, *El Pardo* et *Zarzuela*.

Les autres lieux les plus remarquables sont :

L'Escurial (*Escorial*), très petite ville d'environ 2,000 habitans, à 30 kilomètres de Madrid, dans l'intendance de Ségovie, bâtie dans une solitude, sur le versant méridional de la chaîne de Guadarrama, mais remarquable par le monastère de ce nom, le plus magnifique du monde, et construit par Philippe II à la suite d'un vœu fait à la bataille de Saint-Quentin qu'il gagna. La bataille s'était donnée le 9 août 1557 : Philippe le mit sous l'invocation de Saint-Laurent, patron de ce jour. Ce monastère possède une belle Collection de tableaux, une riche Bibliothèque, qui contenait autrefois une collection sans pareille de livres rares et de manuscrits latins, grecs, arabes, indous et chinois. Le feu en a dévoré une grande partie ; cependant, elle contient encore aujourd'hui 30,000 volumes, dont 5,000 manuscrits ; un Collège, et les somptueux caveaux où sont déposés les restes des rois et des reines d'Espagne, ajoutent à l'importance de ce superbe monument, dont la solidité et la masse soutiennent la comparaison avec les plus grands édifices anciens et modernes. L'Escurial, malgré la tristesse de sa position, est une des trois résidences royales.

Saint-Ildefonse, dans la même intendance, mais beaucoup plus loin et sur le versant septentrional de la chaîne de Guadarrama ; autre petite ville, avec une population permanente d'environ 4,000 habitans, remarquable par sa manufacture royale de glaces renommée dans toute l'Europe, et encore plus par le superbe palais royal bâti par Philippe V, avec des frais énormes. Ses lacs, ses cascades et ses gerbes jaillissantes, qui surpassent ses beaux arbres en hauteur, passent généralement pour être supérieurs à tout ce que l'on a fait en ce genre ; ici, comme à Versailles, l'art a vaincu la nature. Saint-Ildefonse est la résidence royale la plus élevée de l'Europe, étant placée à 1,160 mètres au dessus du niveau de la mer.

Tolède, près de la rive gauche du Tage, sur un monticule, à 48 kilomètres de Madrid ; importante par sa vaste cathédrale, par son Alcazar, palais où résidaient les rois Maures, considérablement embelli par Charles-Quint ; par son Université et par la résidence d'un archevêque, qui prend le titre de primat des Espagnes. Population : 15,000 habitans.

Aranjuez, jolie petite ville, bâtie dans le genre hollandais, sur le Tage, près de l'embouchure de la

Xarama. C'est une autre résidence royale, remarquable par ses jardins délicieux et l'élégante architecture de son château, que baigne le Tage, en formant au pied de sa terrasse une cascade de toute la largeur de son cours. Population : 4,000 habitans. La cour y séjourne ordinairement depuis Pâques jusqu'à la fin de juin.

ALMADEN, importante par ses mines de mercure, estimées les plus riches de l'Europe. Population : 10,000 habitans.

MALAGA, assez belle ville, de 52,000 habitans ; bâtie au fond d'un golfe, à 314 kilom. S. de Madrid, au milieu d'une campagne délicieuse, renommée par la bonté de ses vins, ses raisins secs, ses amandes et autres fruits dont l'immense exportation forme le principal article de son commerce florissant, et dans laquelle on vient d'acclimater la cochenille. Le port de Malaga est supérieurement construit et a l'avantage de posséder un superbe fanal tournant à la pointe du quai.

SANTIAGO, assez grande ville, d'environ 28,000 habitans ; siége d'un archevêché et de l'*Audiencia real* de la Galicie, ce qui l'a fait prendre pour la capitale de cette grande province. Sa vaste cathédrale, qui se compose de deux églises, une supérieure, consacrée à Saint-Jacques-Majeur et l'autre inférieure ou souterraine, dédiée à Saint-Jacques-Mineur ; le trésor de ce sanctuaire, le concours des pélerins qui viennent visiter ce temple, et qui, autrefois, était immense ; le grand commerce d'images et de chapelets, ont donné une grande célébrité à cette ville.

Foires d'ânes, de mules et de mulets les plus considérables de l'Espagne : Aron Vallée, Barcelone, Ciudad-Real, Corus, Lerida, Pont de Suerte, Prades, Salas, Verdun, Villalier. Les mules du Poitou se vendent 1,000 fr. par tête, les autres 600 fr.

CONSULS *de France à :*

Madrid, Alicante, Almeria, Barcelone, Benicarlo et *Vinaroz, Bilbao, Cadix, Carthagène, Corogne* (la), *Ferrol* (le), *Malaga, Santander, Valence, Palma* (île Majorque).

VICE-CONSULS *à :*

Denia et à *Iviça* (île d'Iviça).

HOLLANDE.

MONARCHIE HOLLANDAISE.

POSITION ASTRONOMIQUE. Longitude orientale, entre 1° et 4° 48′. Latitude, entre 51° et 53°.

POPULATION. Du royaume, 2,837,400 habitans; de la monarchie entière, 12,000,000 habitans.

CONFINS. Au nord, la mer du Nord. A l'est, la Confédération Germanique (le royaume de Hanovre, les provinces Prussiennes de Westphalie et du Rhin). Au sud, le royaume de Belgique. A l'ouest, la mer du Nord.

PAYS. Le royaume actuel de Hollande, qui formait les provinces septentrionales de la monarchie Néerlandaise, créée par le congrès de Vienne, et dissoute par la révolution éclatée à Bruxelles en 1830, se compose des parties suivantes : 1° Les PAYS QUI FORMAIENT LES SEPT RÉPUBLIQUES ou provinces souveraines étroitement liguées entre elles ; on les appelait communément les VII PROVINCES-UNIES ; quelquefois, mais improprement, la HOLLANDE, du nom de la province la plus considérable ; ces sept républiques ou provinces étaient la Hollande, la Gueldre, la Zélande, l'Utrecht, la Frise, l'Over-Yssel et la Groningue ; la petite province de Drenthe formait un état séparé, confédéré avec les sept autres ; elle fournissait et entretenait un bataillon pour la défense commune.

2° Les PAYS DE LA GÉNÉRALITÉ ou des ÉTATS-GÉNÉRAUX, ainsi nommés, parce qu'ayant été conquis par les Provinces-Unies pendant les guerres civiles des Pays-Bas, ils étaient administrés par les États-Généraux ; leurs habitans n'avaient aucune part au gouvernement ni aux priviléges dont jouissaient les VII provinces souveraines. Ces pays comprenaient le Brabant septentrional et plusieurs districts où se trouvaient les villes de Bois-le-Duc, Oosterhout, Tilburg, Helmont, Eindhoven, Osch, Grave, Kuik, Breda, Willemstadt, Steenbergen, Berg-op-Zoom ; le district de Maestricht avec Maestricht et le petit comté de Vroenhove ; une partie du duché de Limbourg où se trouvaient Valkenbourg ou Fauquemont et Gulpen ; une partie de la Gueldre-Supérieure, où étaient Venloo et le fort de Stefanswerd ; une partie de la Flandre, où étaient situés Sluis ou l'Ecluse, Aardenburg, Ysendyck sur l'île Kadzand, Hulst, Axel et Sas-de-Gand.

3° La moitié orientale du grand-duché de Luxembourg.

4° Une fraction du ci-devant évêché souverain de

Liége, avec Weerdt, qui faisait partie de la Gueldre Autrichienne.

ETHNOGRAPHIE. Sans tenir compte des Juifs, qui ne forment qu'une petite fraction de la population du royaume, on peut partager tous ses habitans entre les deux souches suivantes : la GERMANIQUE, à laquelle appartiennent les Hollandais, qui forment la grande masse de la population des anciennes sept provinces ; les Allemands, qui ne se trouvent que dans une partie de la province du Limbourg, dans le grand-duché de Luxembourg et dans les grandes villes des autres provinces; les Frisons, qui occupent quelques cantons de la Frise et quelques îles qui en dépendent. La SOUCHE GRECO-LATINE, qui comprend les Wallons. Ceux-ci vivent dans une partie de la province du Limbourg, dans le grand-duché de Luxembourg et dans quelques localités où l'on parle le wallon proprement dit et le flamand-français, dans deux dialectes de la langue française.

RELIGION. Tous les cultes sont professés librement dans le royaume, qui ne reconnaît point de religion dominante. Le plus grand nombre des habitans professent la religion calviniste ; le roi et sa famille sont attachés à cette dernière. Les Luthériens et les Catholiques occupent le second rang. Viennent ensuite les Mennonites, les Juifs, les Remontrans et autres religionnaires dont le nombre est bien moins considérable.

GOUVERNEMENT. Il est constitutionnel et ressemble beaucoup à celui de France. Le roi partage le pouvoir législatif avec les États-Généraux divisés en deux chambres : la première chambre est composée de membres nommés à vie par le roi, parmi les personnes les plus distinguées par leurs services, leur naissance ou leur fortune ; la seconde chambre se compose des députés nommés par les provinces. Ces deux chambres forment ce qu'on appelle les États-Généraux, qui s'assemblent au moins une fois l'an. La constitution assure et garantit à tous les citoyens les mêmes droits. Chaque province a ses états particuliers, composés de membres élus par les trois ordres de l'état, qui sont la noblesse ou l'ordre équestre, l'ordre des villes et l'ordre des campagnes. Ils s'assemblent au moins une fois l'an, et chaque fois qu'ils sont convoqués par le roi. Le gouvernement des colonies appartient exclusivement au roi.

INDUSTRIE. Ce royaume est un des pays qui se distinguent par leur industrie. Les toiles d'Hollande ; la céruse d'Amsterdam, Rotterdam, Schiedam, Dordrecht, Utrecht, etc., qui est encore supérieure à celle qui est fabriquée dans tous les autres pays ; le borax et le salpêtre d'Amsterdam : la cirerie de Harlem ; le genièvre de Schiedam, Gouda et Amersfort ; le vermillon d'Amsterdam, que depuis longtemps on a essayé en vain d'imiter dans différens pays ; les blanchisseries de Harlem, dont la réputation s'est répandue dans toutes les parties du monde et n'ont encore été surpassées nulle part ; les papiers de la Hollande-Septentrionale, surtout ceux de Sardam : les draps de Leyde ; les étoffes de soie de Harlem, d'Utrecht et surtout les velours de cette dernière ville ; les tanneries de Maestricht ; les fabriques de tabac d'Amsterdam et Rotterdam ; la faïence de Delft ; les pipes de Gouda ; les aiguilles de Rotterdam et de Bois-le-Duc ; les raffineries de sucre d'Amsterdam, Rotterdam et Dordrecht, et parmi lesquelles celles d'Amsterdam seulement travaillent au-delà de 20 millions de kilog. par an; les livres et gravures d'Amsterdam; la belle taille des diamants de cette ville, et une foule d'autres objets démontrent l'active industrie des habitans de ce royaume.

COMMERCE. Les ci-devant VII Provinces-Unies ne se trouvent plus en possession du commerce du monde comme autrefois. La cause en est due à la concurrence des autres nations commerçantes, aux évènemens qui se sont succédé et à la perte de plusieurs centaines de millions qui s'en est suivie. Quoique le commerce soit bien déchu en comparaison de ce qu'il était dans le XVIe siècle, il est encore très considérable, et il s'est beaucoup relevé depuis la Restauration. On doit ajouter qu'aucune partie du globe, l'Angleterre seule exceptée, n'offre, relativement à son étendue, plus de capitaux que ces provinces; leurs habitans possèdent 5,400,000,000 de francs chez différens peuples, ce qui les met en état d'entreprendre les affaires commerciales les plus étendues et les plus importantes.

Les principales *importations* du royaume consistent en grains, sels, vins, bois de construction, bœufs maigres pour y être engraissés, chiffons, fer et une foule d'autres objets qui sont les matières premières de plusieurs manufactures, outre plusieurs autres articles fabriqués que l'on importe pour en faire le *commerce de commission*. Ce dernier est encore très important, ainsi que le *change*, qui donne un bénéfice annuel très considérable aux banquiers de ce royaume. On doit aussi ajouter que le commerce de fleurs continue de conserver une grande importance. La pêche de la baleine et du hareng n'est que l'ombre du passé, quoiqu'elle ne soit pas pour cela délaissée.

Les principales *exportations* consistent en toiles, fromage, beurre, poissons salés, papier, viande salée, épiceries et autres articles des Indes-Orientales et Occidentales; garance, dont la seule exportation pour l'Angleterre a dépassé dernièrement la valeur de 4 millions de francs; tabac, pipes à fumer, fleurs, huiles, genièvre, semences, fil et laine, peaux, borax, camphre, chevaux, moutons, vaches, cochons de lait, bois de construction et indigo.

Les principales villes commerçantes du royaume sont : Amsterdam, Rotterdam, Middelbourg, Flessingue, Briel, Dordrecht, Enkhuizen, Zierikzée, Groningue et Utrecht.

Les principaux ports et chantiers militaires sont : Amsterdam avec Medemblik, le Texel et New-Diep, Rotterdam avec Helvoet-Sluis, et Flessingue.

VILLES CAPITALES. Amsterdam est la ville principale du royaume; La Haye est la capitale réelle, puisque le roi, la cour, les chambres et les administrations générales y résident habituellement; il est donc en quelque sorte de mon devoir de donner la topographie de ces deux villes.

AMSTERDAM, ville principale de la province de Hollande et de tout le royaume, au confluent de l'Y et de l'Amstel, à 492 kil. N.-N.-E. de Paris, avec 239,000 habitans; très industrieuse et une des plus belles de l'Europe; avec un port des plus grands, des plus sûrs et des plus commerçans du monde. Son nom lui vient de deux mots : *Amstel*, qui est la rivière sur laquelle elle est bâtie, et *dam*, qui signifie digue, parce que les seigneurs des environs firent construire une digue à l'embouchure de cette rivière. La ville est partagée en deux par l'Amstel ; elle est, de plus, entrecoupée par une multitude de canaux qui, dérivant de cette rivière et de l'Y, forment 90 îles de différentes grandeurs, communiquant entre elles par 290 ponts, les uns en pierre, les autres en bois. Toutes les maisons et les édifices sont bâtis sur pilotis ; on peut même, sous quelques rapports, la comparer à Venise, et assurer que toutes deux ont des jambes de bois. Pour donner une idée du nombre prodigieux des pilotis, il suffira de dire que l'ancien hôtel-de-ville repose sur 13,695. On voit qu'une forêt a servi de fondement à cette vaste cité. Erasme y faisait allusion lorsqu'il écrivait plaisamment : « *Je suis arrivé dans une ville où les habitans, ainsi que les corneilles, habitent sur le haut des arbres.* »

Les rues, presque toutes alignées au bord des canaux, sont bien pavées, garnies de trottoirs, et, la nuit, bien éclairées ; les deux plus belles, appelées le Heeren-Gracht et le Keisers-Gracht, au centre de la ville, sont magnifiques et d'une longueur considérable. Rien n'égale leur richesse ; mais ce ne sont pas, dit un écrivain élégant, comme dans les villes d'Italie, des palais qui en font l'ornement ; les maisons, toutes bâties en briques et peintes de diverses couleurs, sont garnies avec goût des plus brillantes étoffes, et la profusion des magasins ornés de tous les produits de l'une et de l'autre Indes, annonce la richesse d'une ville qui posséda longtemps le commerce de l'univers. Le Kalver-Straat et le Nievedek surtout ressemblent à des galeries d'exposition en plein air de tous les trésors de l'industrie. Amsterdam est le siége de l'administration générale de la marine, dont les vastes magasins et les chantiers de construction sont vraiment remarquables.

Parmi le grand nombre d'établissemens publics que possède cette ville, je citerai : l'Athénée royal, avec onze professeurs, une riche bibliothèque, un jardin botanique et un amphithéâtre anatomique ; l'Académie royale des beaux-arts, avec six professeurs ; l'École de navigation (*Zeemans Kollegie*), qui est une dépendance de la maison pour les marins invalides ; l'Institut royal des sciences, lettres et beaux-arts, divisé en quatre classes, savoir : 1° Sciences exactes et histoire naturelle ; 2° littérature néerlandaise et histoire nationale ; 3° littérature latine, grecque, orientale, etc. ; 4° beaux-arts ; la Société hollandaise des beaux-arts et des sciences ; la Société dite de Félix-Meritis, qui donne des cours de littérature, de chimie, de physique, de commerce, d'agriculture, etc. ; elle possède un Observatoire ; le Cabinet d'histoire naturelle ; le Musée royal, avec une belle collection de tableaux unique dans son genre, et une autre d'antiquités romaines, germaines, frisonnes, etc.

Les bâtimens les plus remarquables d'Amsterdam sont : le Palais royal, ci-devant Hôtel-de-Ville ; c'est le plus bel édifice d'architecture moderne d'Amsterdam, et l'un des plus remarquables de la Hollande, quoique son extérieur ne réponde pas à sa magnificence intérieure ; sa grande salle, le fameux carillon de sa tour et les deux globes terrestre et céleste de 7 mètres et demi de diamètre, méritent une mention particulière ; dans une partie de ses vastes caves voûtées on conserve les fonds de la célèbre banque d'Amsterdam, dont l'établissement, en 1609, contribua si puissamment à la prospérité de la ville ; c'est dans ce palais que logeait Louis Bonaparte, roi de Hollande. Viennent ensuite l'Hôtel-de-Ville ci-devant de l'Amirauté ; ceux des Compagnies des Indes-Orientales et Occidentales ; la Bourse ; les bâtimens de la Société Félix-Meritis ; le Lombard, sont les plus beaux édifices de cette ville. Parmi les plus belles églises, il faut mentionner celle de Saint-Nicolas (*Oude-kerke* ou vieille église), remarquable par sa belle voûte et par son grand carillon ; et celle de Sainte-Catherine (*Nieuwe-kerke* ou église nouvelle), une des plus belles du royaume. La porte de Harlem, le magnifique pont sur l'Amstel, les beaux quais le long de l'Y et les vastes bassins, méritent aussi l'attention du voyageur.

Dans ses environs, on trouve les gros villages de Saardam et de Broek, renommés par la richesse et la propreté de leurs habitans. Le premier possède des chantiers considérables et ne compte pas moins de 2,300 moulins à vent ; on y montre encore et l'on conserve avec beaucoup de soins l'habitation du czar Pierre-le-Grand, allé en Hollande pour y apprendre lui-même l'art de construire des vaisseaux. Plus loin est située

Harlem, grande ville à 4 kilom. de la mer et à 12 kilom. O. d'Amsterdam ; plusieurs beaux édifices, parmi lesquels se distingue l'Hôtel-de-Ville, un des plus beaux du royaume, et l'église de Saint-Bavon, célèbre par son orgue dont le buffet compte 8,000 tuyaux, ajoutent à son importance. Cette ville, renommée par ses blanchisseries, ses tissus de laine et de soie, ses fonderies de caractères d'imprimerie et surtout par ses jardins, où l'on cultive une immense quantite de fleurs, et où l'on récolte une quantité considérable d'oignons d'anémones, de jacinthes, de tulipes, etc., dont on fait un grand commerce, dispute à Mayence la gloire d'avoir vu naître le véritable inventeur de l'imprimerie. On y voit, sur la Place du Marché, la statue de Laurent Janszoon, à qui, selon des auteurs hollandais, Faust et Guttemberg auraient volé ses caractères, son secret et ses titres à la reconnaissance de la postérité. Cette ville est peu peuplée par rapport à sa grandeur ; on n'y compte que 22,000 habitans.

LA HAYE (*Haag* ou *S' Gravenhaag*), située non loin de la mer, à 432 kilom. N.-N.-E. de Paris ; cette ville, entrecoupée de canaux, passe pour une des mieux bâties de l'Europe. De nombreux canaux la traversent ; de belles plantations couvrent ses places ; ses rues sont larges, droites et pavées en briques ; la Prinzengracht passe pour être la plus belle.

Parmi ses édifices remarquables, se distinguent : le Palais du Roi, plus par ses dimensions que par la beauté de son architecture ; celui des États-Généraux, l'Hôtel-de-Ville, la Bourse des grains et le Temple neuf.

Parmi les édifices appartenant à des particuliers, on remarque : les palais du baron de Wassenaer, de Twikel et du comte de Bentheim. La Galerie des tableaux, le Medaillier, le Musée du roi et la Bibliothèque royale, sont des établissemens qui figurent justement parmi les plus remarquables que l'Europe possède en ce genre. La Haye est le siége de la cour suprême de justice du royaume ; elle possède une grande fonderie de canons, des fonderies et des laminoirs de cuivre, des filatures, tissage et autres préparations du coton. Sa population s'élève à 56,000 habitans.

Dans ses environs immédiats, on trouve :

BOSCH (*le Bois*), maison de plaisance royale, située au fond d'une magnifique forêt, regardée comme un reste des forêts de l'ancienne Batavie, et renommée par la beauté de ses promenades, estimées les plus belles du royaume ; dans le palais il y a une Collection de tableaux.

PETIT-LOO, superbe château de plaisance du roi, avec des promenades délicieuses.

SCHEVENINGEN (*Scheveling*), village sur le bord de la mer, rendez-vous du beau monde de La Haye, et très fréquenté pendant la belle saison, à cause des bains de mer qu'on y prend dans un magnifique établissement, qui rivalise avec les plus beaux de ce genre que possède l'Europe. Un peu plus loin on trouve

LEYDEN, sur le Rhin, grande et belle ville entrecoupée d'un grand nombre de canaux, remarquable par sa célèbre Université, par ses magnifiques Collections scientifiques, par ses Sociétés savantes et par l'imprimerie des Elzévirs, d'où sont sortis tant de chefs-d'œuvre de typographie. Population : 55,000 habitans.

KATWYK, remarquable par ses belles écluses construites pour l'encaissement du Vieux-Rhin.

DELFT, ville fortifiée, importante par quelques beaux édifices et par son industrie. Population : 15,000 habitans.

Le traité de commerce conclu, en 1839, entre la France et la Hollande, ne peut manquer que d'apporter de grandes améliorations, principalement pour les contrées du nord de la France, mais surtout pour la Hollande, à qui ce traité fournit les moyens d'exporter une partie des objets de son industrie et de son commerce.

CONSULS *de France à :*

Amsterdam et à *Rotterdam.*

ITALIE.

POSITION ASTRONOMIQUE. Longitude orientale, entre 4° et 16°. Latitude, entre 37° et 47°. Dans ces calculs, on a compris la Sicile, à cause de son étendue, et l'on a suivi la ligne indiquée par le partage des eaux à l'égard des montagnes.

POPULATION. 21,400,000 habitans.

DIMENSIONS. Plus grande longueur : depuis le cap Rizzuto, dans la Calabre-Ultérieure dans le royaume de Naples, jusqu'au Mont-Blanc, dans le royaume Sarde, 670 milles. — Plus grande largeur : depuis l'embouchure de la Cecina, dans le grand-duché de Toscane, jusqu'à la Ponteba, dans le Frioul, 226 milles. Il est bien entendu que, dans les dimensions des divers états, c'est toujours du mille géographique qu'on a fait usage. (Voir *Monarchie française.*)

CONFINS. Au nord, la chaîne des Alpes, qui la séparent de la Confédération Suisse, et l'empire d'Autriche. A l'est, l'empire d'Autriche, la mer Adriatique et la mer Ionienne. Au sud, la Méditerranée. A l'ouest, cette même mer et les Alpes, qui séparent l'Italie de la France.

PAYS. Je regarde comme Italie tous les pays qui, sous le rapport géographique, peuvent être considérés comme appartenant à la péninsule qui se développe au sud et à l'est de la chaîne principale des Alpes. Cette région géographique est, en même temps, une région ethnographique, puisque, à quelques petites exceptions près, on y parle partoute la langue italienne. Ces pays sont : tout le royaume Sarde, l'Italie Suisse ou le canton du Tessin et quelques fractions de ceux des Grisons et du Valais ; l'Italie Autrichienne, qui comprend le royaume Lombard-Vénitien, le Tyrol-Italien et la plus grande partie du gouvernement de Trieste. dans le royaume d'Illyrie ; les duchés de Parme, de Modène et de Lucques ; le grand-duché de Toscane ; l'Etat du Pape ; le royaume des Deux-Siciles ; la république de Saint-Marin ; la principauté de Monaco.

ROUTES. Je crois indispensable de mentionner ici les routes magnifiques qui, ouvertes à grands frais depuis le commencement de ce siècle, ont fait disparaître l'inconvénient qu'on reprochait à l'Italie, d'être séquestrée du reste de l'Europe par des remparts à peine accessibles. Les superbes routes du Mont-Cenis, du Simplon, du Saint-Bernard, du Splugen, du Stelvio, de la Cortina (dans le Tyrol) et de la Ponteba, par les difficultés qu'il a fallu vaincre dans leur construction, par l'immensité des travaux d'art en murs de soutènement, en ponts et en galeries souterraines, sont justement rangées parmi les plus grands monumens que la main de l'homme ait encore produits en ce genre.

ETHNOGRAPHIE. L'Italie, dans les confins que je viens de lui assigner, n'est habitée que par des Italiens qui appartiennent à la SOUCHE GRECO-LATINE. Une petite fraction seulement de sa population se compose de peuples qui ne parlent pas l'italien; ce sont les Vaudois, dans les vallées de Lucerne, Angrogna et Saint-Martin, dans l'intendance de Pinerolo, dans le royaume Sarde; les prétendus Grecs du royaume des Deux-Siciles, qui sont réellement des colons Albanais; les véritables Grecs, établis à Livourne, Trieste et Venise; les Catalans, qui vivent à Alghero, en Sardaigne; ces quatre peuples appartiennent à la souche susmentionnée. Les Allemands des VII Communi, au nord de Vicence; ceux des XIII Communi, dans le Véronais; ceux de la Val Sugana, dans le Tyrol méridional, et quelques autres milliers d'Allemands établis à Venise, dans la partie italienne du gouvernement de Trieste et dans quelques autres localités au sud des Alpes, appartiennent à la SOUCHE GERMANIQUE. Quelques milliers de Slaves habitent dans la partie italienne du gouvernement de Trieste et sont compris dans la grande famille des PEUPLES SLAVES. Enfin les Juifs, dont on a tant exagéré le nombre, et qu'on rencontre dans toutes les grandes villes et dans les places de commerce, sont un peuple qui appartient à la grande SOUCHE SEMITIQUE.

RELIGION. On peut dire que tous les Italiens professent la religion catholique, parce qu'il n'y a qu'une très petite fraction de la population de l'Italie qui suivent d'autres dogmes. Cette fraction est subdivisée en Vaudois (*Valdesi*), secte de protestans qui remonte jusqu'au XIIIe siècle, et dont les partisans vivent en Piémont, dans les vallées de Lucerne, Angrogna et Saint-Martin; en Calvinistes et Luthériens, etablis dans les principales villes de commerce, et surtout à Venise, Trieste, Naples et Livourne; en Grecs, qui se trouvent à Venise, Livourne, Trieste et dans le royaume des Deux-Siciles; enfin en Juifs, qui demeurent dans toutes les grandes villes et dans les places les plus commerçantes; Rome, Livourne et Venise en offrent le plus grand nombre réuni.

GOUVERNEMENT. Il est monarchique absolu dans tous les états, à l'exception de celui de Saint-Marin, où il est républicain. La Sardaigne a un parlement formé par les trois ordres du royaume : l'ecclésiastique est regardé comme le premier; il comprend les evêques, les abbés et les chapitres; le militaire ou le second, composé de nobles; le troisième, dit aussi royal, formé par les conseillers des sept villes du royaume; une junte de députés des trois ordres accorde au gouvernement, tous les trois ans, plusieurs contributions sous le nom de *donativi* (dons), dont le roi demande le renouvellement par des lettres-circulaires. La Sicile, depuis 1815, n'a plus de parlement et est gouvernée absolument comme le royaume de Naples proprement dit. Le gouvernement de l'Etat du Pape est une monarchie absolue élective, dont le chef est choisi dans le collége des cardinaux.

INDUSTRIE. Lorsqu'on veut être impartial, il faut avouer que, sous le rapport de l'industrie manufacturière, les Italiens, qui, dans le moyen-âge, marchaient à la tête de la civilisation, sont, en général, restés en arrière des Français, des Anglais et des Allemands. Leurs villes, cependant, n'offrent pas le manque d'activité que plusieurs géographes étrangers se plaisent à leur supposer, et il y a même quelques parties qui, sous ce point de vue, peuvent rivaliser avec les pays les plus industrieux de l'Europe, surtout dans l'Italie Autrichienne ; le royaume de Naples et l'Etat du Pape, pays que l'on accuse de manquer presque entièrement de manufactures, offrent même des localités qui se distinguent par une grande industrie. On peut citer parmi les principales productions de l'industrie de l'Italie : les étoffes de soie de Turin, Gênes, Lucques, Naples, Palerme et Catania, d'Ancône, de Florence, de Pesaro et Bologne ; le velours noir de Gênes ; les gants de fil de pinne-marine de Palerme ; ceux en peau de Naples, Gênes, Rome et Lucques ; les crêpes de Bologne ; les gazes de Chambéry et la blonde de Gênes ; les fleurs artificielles de Gênes, Turin, Bologne, Rome et d'autres villes ; les tanneries de Rieti, Rome, Ancône, Gênes, Soffra, Arpino, etc. ; le papier de Lucques, Pescia, Colle et Serravezza, Gênes, Fabriano, Turin, et celui des bords du Fibreno, dans le royaume de Naples proprement dit ; le parchemin de Rome, de Fabriano et celui du Piémont ; le *rosolio* et le chocolat de Florence ; les essences et les fruits candis de Florence, de Nice et de Gênes, de Naples, Reggio, Sulmona et Palerme, de Rome et d'autres villes de l'Etat du Pape ; les instrumens optiques de Modène, faits par le célèbre Amici, et ceux de Turin ; la bijouterie de Rome, Bologne, Florence, Turin, Naples, etc. ; les ratines du Piémont ; les savons de Naples, de Livourne et de plusieurs autres villes ; le vitriol de Viterbe ; les pâtes de Naples, Bologne, Gênes et plusieurs autres villes ; les huiles de Lucques et du royaume des Deux-Siciles, qui, avec les soies de ce même royaume et celles du

14

royaume Sarde, du duché de Lucques et du grand-duché de Toscane, figurent parmi les principaux articles de l'exportation de l'Italie; la quincaillerie d'Anneci, Turin, Gênes, Varallo dans le royaume Sarde, de Scarperia et Pistoie en Toscane, de Campobasso dans le royaume de Naples, et de plusieurs villes de l'Italie septentrionale et moyenne; les fers de l'île d'Elbe, du Piémont et de la Calabre; les cristaux et la verrerie d'Alex dans le Genevois, de Crevola dans la province d'Ossola; la porcelaine des environs de Florence, celle de Turin; la faïence de Faenza, de Pesaro, de Pinerolo et d'autres villes; et les ouvrages en terre cuite des environs de Florence; les ouvrages en albâtre de Volterra, de Castelvetrano en Sicile et de plusieurs autres villes; ceux en marbre de Carrare de Doussard, dans le Genevois; les draps de Mondovi, Savigliano, Pinerolo, Turin, Voltri, de Borzonasca et autres communes du royaume Sarde, ainsi que ceux d'Arpino, Naples et autres villes du royaume des Deux-Siciles et de l'Etat du Pape; les bonnets de laine à l'usage des peuples du Levant, dont on fabrique encore 16 à 17,000 douzaines par an à Gênes, et plusieurs milliers à Prato, dans le grand-duché de Toscane; les cireries de Livourne, Florence, Rome, Naples, etc.; les cordes de boyaux pour les instrumens de musique de Naples, Rome, etc.; les chapeaux de paille de la Toscane, de Naples, de Gênes et de Turin; les chapeaux en feutre de ces deux dernières villes; les ouvrages en corail de Gênes, Livourne, Pise, Naples, Castelvetrano, Catania et autres villes du royaume des Deux-Siciles et de l'Etat du Pape; ceux en agate et en ambre de Catania; les perles fausses de Rome; les ouvrages en mosaïque de cette ville et ceux en pierres dures de Florence.

L'Italie continue toujours à être le siége des beaux-arts dont elle a été le berceau, et, sans parler des nombreux artistes qui vivent dans les cités de l'Italie Autrichienne, ceux qui habitent ses grandes villes, surtout Rome et Florence, ajoutent continuellement aux richesses qu'elle possède en ce genre. Je n'énumérerai pas ici les nombreuses productions de ces artistes; mais je ferai observer que la typographie et la gravure des cartes géographiques, dans lesquelles on reproche aux Italiens d'être restés en arrière des Français, des Anglais et des Allemands, offrent, de nos jours, des chefs-d'œuvre pour le moins égaux à ceux de ces nations. Tout le monde connaît les admirables produits des presses de Bodoni, et ceux que l'Italie doit à un savant typographe qui marche sur ses traces, à M. Bettoni; les cartes publiées par le dépôt de la guerre, de Milan; la belle carte de l'Afrique septentrionale, dressée et gravée récemment par M. Segato, à Florence; et celle de la Toscane, par le père Inghirami, démontrent, sans réplique, combien sont injustes les reproches adressés aux Italiens dans ce genre d'industrie.

COMMERCE. Quoique le commerce de l'Italie ne soit plus aussi étendu et aussi florissant que dans les XIIIe, XIVe et XVe siècles, pendant lesquels les Italiens avaient, pour ainsi dire, la domination exclusive des mers, et que chaque ville importante entretenait des relations commerciales avec des pays très éloignés, il est encore aujourd'hui très considérable.

Les principales *exportations* consistent en soie, huile, blé, riz, sel, chanvre, fruits secs et confits, oranges, citrons, vins. Vient ensuite un grand nombre d'articles beaucoup moins importans, tels que vinaigre, rosolio, essences, savon, fromage, laine, chevaux, corail brut et travaillé, marbre, alun, soufre, pouzzolane, perles fausses, papier, parchemin, étoffes de soie, velours, gants de peau, brocarts d'or et d'argent, thériaque et autres préparations médicinales; et une grande quantité d'articles de beaux-arts, tels que mosaïques, tableaux, sculptures, etc., etc.

Les principales *importations* consistent en denrées coloniales, poisson salé, étoffes de soie et de coton, toiles, draps, quincaillerie, fer, vins, surtout de France, et une foule d'autres objets de manufactures étrangères, surtout de modes.

Les principaux ports marchands sont : Gênes, Cagliari et Nice dans le royaume Sarde; Livourne dans la Toscane; Civita-Vecchia, Ancône et Sinigaglia dans l'Etat du Pape; Naples, Bari, Gallipoli, Tarente, Reggio, Cotrone, Messine, Palerme et Trapani dans le royaume des Deux-Siciles.

Les principales places de commerce dans l'intérieur sont : Turin, Alexandrie, Arona, Chambéry dans le royaume Sarde; Florence, Lucques, Modène, Reggio et Parme dans le grand-duché de Toscane et les duchés de Lucques, Modène et Parme; Bologne, Ferrare et Ponte di Lago Scuro, Perouse, Foligno et Rome dans l'Etat du Pape; Foggia, Altamura, Lecce, Avellino, Campo-Basso dans le royaume de Naples proprement dit.

ROYAUME SARDE.

POPULATION. 4,300,000 habitans.

CONFINS. Au nord, la Confédération Suisse et proprement le canton de Genève, le lac de ce nom, les cantons du Valais et du Tessin. A l'est, ce dernier canton, le gouvernement de Milan dans l'empire d'Autriche, le duché de Parme, la Lunigiane Toscane et le ci-devant duché de Massa dépendant de celui de Modène. Au sud, la Méditerranée. A l'ouest, la monarchie Française et proprement les départemens du Var, des Basses et Hautes-Alpes, de l'Isère et de l'Ain.

PAYS. Les ANCIENNES POSSESSIONS, qui comprennent le duché de Savoie, moins la fraction cédée au canton de Genève; la principauté de Piémont, les duchés d'Aoste et de Montferrat; la seigneurie de Verceil; les comtés de Nice et d'Asti; le marquisat de Saluce; une partie du duché de Milan, savoir : les provinces d'Alexandrie, de Valence, de Val de Sesia, de Novare, de Tortone, de Vigevano, la Lomelline, partie du Pavesan et la plus grande partie du comté d'Anghiera; les fiefs du Canavese et du territoire d'Asti, et l'île et le royaume de Sardaigne. Les NOUVELLES POSSESSIONS, qui comprennent la ci-devant république de Gênes, qui forme le duché actuel de ce nom, avec l'île Capraja; les *Langhe* ou les fiefs impériaux. Le roi de Sardaigne a acquis, en outre, le droit de mettre garnison dans les places de la petite principauté de Monaco.

TURIN, grande ville, à 650 kilom. S.-E. de Paris, située au milieu d'une plaine dominée par une montagne et arrosée par le Pô, à l'endroit où ce fleuve reçoit la Doria Riparia, capitale du royaume, résidence ordinaire du roi et chef-lieu de l'intendance générale de ce nom. C'est une des villes les plus régulièrement bâties de l'Europe, surtout dans la partie qu'on appelle le *Nuovo Torino* (Nouveau Turin). Les rues du Pô, de la *Dora Grossa* ou du Mont-Cenis et la Rue-Neuve sont remarquables par leur longueur, par leur largeur et par la symétrie des maisons, qu'on prendrait pour des édifices publics, tant elles sont bien bâties et ornées d'une manière régulière ; elles rappellent la magnifique rue de Rivoli de Paris. Deux beaux ponts en pierre de taille sur le Pô et sur la Dora mènent à la ville du côté de l'est et du côté du nord ; ce dernier est remarquable par l'ouverture de l'arc dont il est formé.

La place de Saint-Carlo est réputée la plus belle de Turin ; celle du *Castello* (château) en est la plus vaste. Celles de Victor-Emmanuel et d'*Italia* se distinguent aussi par leur étendue, leur symétrie et leur élégance. La citadelle est la seule partie qu'on ait conservée des importantes fortifications qui faisaient de cette ville une place d'armes.

Ses principaux bâtimens sont : le Palais du roi, grand édifice, dont les appartemens sont décorés avec goût et avec richesse ; le Palais des ducs de Savoie, ou *Castello Reale*, où l'on admire une façade dans le goût du péristyle du Louvre ; le Palais du prince de Carignan, où l'on remarque surtout le grand escalier et le salon ; le théâtre de l'Opéra, dit aussi le grand Théâtre ou Théâtre royal, qui est un des plus beaux d'Italie ; le bâtiment de l'Université, l'Arsenal, la Citadelle et les Casernes ; on range ces dernières parmi les plus belles de l'Europe.

On compte à Turin 40 églises, dont quelques-unes se distinguent par leur architecture et par la richesse et le bon goût de leurs ornemens. Je citerai d'abord : la Cathédrale, ou l'église de Saint-Jean-Baptiste, remarquable surtout par la magnifique chapelle en marbre du Saint-Suaire, et l'église de Saint-Laurent, presque tout en marbre et surmontée d'un beau dôme; ensuite celles de la Consolata des Feuillans, des Jésuites, du Saint-Sacrement, de Sainte-Thérèse, des Carmes-Déchaussés, de Sainte-Christine, des Carmélites et de Saint-Philippe de Neri.

Turin est le siége d'un archevêché et du sénat du Piémont ou du tribunal suprême, dont relèvent tous les tribunaux civils et criminels des intendances générales de Turin, de Coni, d'Alexandrie, de Novare et d'Aoste; elle possède, en outre, un bel Hôtel des monnaies, et tous les trois ans on y fait une exposition des objets d'industrie commerciale et agricole.

Sous le rapport des établissemens publics, Turin est au premier rang parmi les villes de l'Italie; je me bornerai à citer les suivans comme étant les plus considérables : l'Université, une des principales et actuellement la plus fréquentée de l'Italie; l'Académie militaire, où trente professeurs et huit maîtres sont chargés de l'instruction de la jeunesse qui se destine à l'état militaire; les colléges Caccia, del Carmine et de San-Francesco da Paola; l'Institut des Sourds-Muets; l'Académie royale des sciences, une des plus célèbres de l'Europe, divisée en classe des sciences mathématiques et physiques, et classe des sciences morales, historiques et philologiques; la Société royale d'agriculture; l'Académie royale des beaux-arts, restaurée en 1824; l'Académie philharmonique, à laquelle, en 1827, on a joint une école de chant avec trois maîtres; la Bibliothèque de l'Université, une des plus riches de l'Italie; le superbe Musée égyptien; celui d'antiquités, avec un riche médaillier; le Cabinet d'histoire naturelle, celui de physique; les Laboratoires de chimie; le Jardin botanique du Valentino, un des plus beaux de l'Italie; l'édifice hydraulique (*edifizio idraùlico*), établissement unique dans son genre, où, dans les mois de mai et de juin, un professeur célèbre donne un cours d'hydraulique accompagné d'expériences faites sur de grandes masses d'eau; le Jardin expérimental de la Société royale d'agriculture, dirigé par M. Bonafous, un des plus savans agronomes de l'Italie, et auquel on a joint de riches collections d'histoire naturelle, une bibliothèque composée des meilleurs ouvrages sur l'agriculture et la botanique, ainsi qu'une collection d'instrumens aratoires et plusieurs modèles de machines et d'instrumens agricoles; le bel établissement que M. Burdin vient d'établir, dans la banlieue de Turin, pour la culture et l'acclimatation des plantes exotiques. Mais l'importance du Musée égyptien, créé par le roi régnant, en achetant la superbe collection de M. Drovetti, exige quelques détails. Cette magnifique collection se compose de plus de 8,000 pièces; M. Champollion la regarde comme la première de l'Europe sous le rapport des monumens historiques qu'elle contient. On y admire les trois statues colossales d'Osimandias, de Toutmosis I, de Toutmosis II et celle du grand Sésostris ou de Rhamsès IV, regardée comme la plus belle statue égyptienne que l'on connaisse; mais surtout la collection des manuscrits égyptiens, qui est la plus nombreuse, la plus variée et la plus importante de toutes celles qui existent en Europe. On y voit les fragmens d'une table chronologique des dynasties des rois d'Egypte antérieurs à la XVIIIe, et écrite, à ce ce qu'il paraît, au temps de la XIXe; elle contenait la série entière des anciens rois, avec l'indication de la durée du règne de chacun indiqué par années, mois et jours, et plusieurs registres des receveurs publics;

ces derniers ont fourni les moyens de connaître complètement la théorie des différens chiffres employés dans la numération des anciens Egyptiens ; on peut dire enfin que ce musée superbe offre une collection d'actes originaux qui remontent aux temps reculés des Pharaons Mœris, Amenophis II, Rhamsès II, etc., etc., de la XVIIIe et de la XIXe dynasties ; on y trouve aussi des papyrus qui appartiennent au temps de Darius Istaspe, avec l'indication des différentes années du règne de ce monarque persan.

La capitale du Piémont possède plusieurs promenades remarquables par leur beauté ; on doit surtout mentionner : le Jardin du château, à la vérité petit, mais très bien dessiné par Le Nostre et très beau ; la promenade du Valentin, où se trouve le Jardin botanique ; elle offre plusieurs allées plantées d'arbres et bordées de petits canaux ; c'est une des plus belles de l'Italie ; et la Place du Rondeau, sur le Pô, qui, tous les soirs, est le rendez-vous du beau monde.

Sa *population* actuelle est d'environ 125,000 habitans.

Peu de villes ont des alentours aussi délicieux que Turin. La chaîne de hauteurs nommée la *Collina* est garnie de superbes maisons de plaisance, et, dans un rayon de quelques milles, on trouve plusieurs petites villes et plusieurs endroits aussi beaux qu'importans. On doit surtout citer les suivans :

Le château royal de STUPINIGI, une des plus belles maisons de plaisance de l'Europe.

LA VENARIA-REALE ou la VENERIE, jolie petite ville, importante par son École vétérinaire, par celle d'équitation, par son haras et par une maison royale de campagne.

La Superga, basilique magnifique, bâtie sur une hauteur, d'où l'on jouit d'une vue superbe ; on y ensevelit les rois de Sardaigne.

Rivoli, jolie petite ville, avec un château royal.

Aglié, délicieuse maison royale de plaisance.

Moncalieri, sur le Pô, fondée sur les ruines de la république de Testona ; elle a un château royal et on y tient de grands marchés.

Chieri, assez industrieuse et commerçante, bâtie sur la pente d'une colline ; elle a joué un grand rôle dans le moyen-âge parmi les républiques de l'Italie-supérieure.

La Villa Madame, jolie maison de plaisance du roi, dont les jardins en terrasses sont ornés de balustrades de marbre et de statues.

Casselle, joli bourg, industrieux.

ÉTAT DE L'ÉGLISE OU DU PAPE.

POPULATION. 2,590,000 habitans.

CONFINS. Au nord, le royaume Lombard-Vénitien, dépendant de l'empire d'Autriche, et la mer Adriatique. A l'est, cette mer et le royaume des Deux-Siciles. Au sud, pendant un petit espace, ce même royaume, ensuite la Méditerranée et le grand-duché de Toscane. A l'ouest, ce grand-duché et le duché de Modène.

PAYS. Tout le ci-devant Etat du Pape, moins le comté d'Avignon avec ses dépendances cédé à la France, et quelques fractions du Ferrarais cédées à l'Autriche.

Le *mille* d'Italie équivaut à 1 kilom. 489 millièmes, ou à 1,489 mètres.

ROME, capitale de l'Etat et siége du Pape, à 24 kilom. de la mer et à 1,210 kilom. S.-E. de Paris, située sur un terrain fort inégal, ou, pour mieux dire, sur sept collines. Sa forme est à peu près celle d'un carré oblong, dont le milieu de chacun des deux grands côtés, qui sont au nord et au midi, ainsi que les quatre angles, font saillie. Le Tibre la divise en deux parties; la plus grande, bâtie sur la rive gauche de ce fleuve, est Rome proprement dite; l'autre porte le nom de cité Léonine ou Trastevere. Dans son enceinte actuelle, qu'on estime à environ 15 milles, la partie habitée de Rome moderne est presque toute située au nord de l'ancienne, puisque le Capitole terminait cette dernière au nord, et que l'on peut considérer, jusqu'à un certain point, ce bâtiment comme la limite de la ville actuelle du côté du sud; en effet, presque tout l'espace qui s'étend au midi du Capitole est rempli de jardins, de vignes et même de terres labourées; une grande partie de la ville moderne occupe l'ancien Champ-de-Mars.

Aucune ville ancienne ni moderne n'offre réunis, sur une égale étendue, autant de monumens que cette capitale; on peut dire sans exagération que, considérée sous ce point de vue et sous celui des beaux-arts, Rome est la première ville du monde. C'est aux soins des souverains pontifes qu'elle dut l'avantage de renaître de ses propres cendres ; depuis le milieu du XVe siècle, les papes l'ont presque renouvelée ; secondés par quelques hommes de génie, ils embellirent leur résidence de tout ce que l'architecture, la sculpture et la peinture ont jamais pu imaginer et produire de plus grand, de plus majestueux.

Voici les monumens anciens et modernes les plus remarquables ; je les classerai d'après le plan adopté dans la description des autres métropoles, en rappelant que Rome est partagée en quatorze *rioni* ou quartiers, et que sa population actuelle dépasse 155,000 âmes, en comptant les nombreux Juifs et autres habitans qui ne professent pas la religion catholique, et qui ne figurent jamais dans les listes de population publiées par le gouvernement.

Parmi les quinze portes par lesquelles on entre dans Rome, la plus septentrionale, dite *porta del popolo*, est la plus belle ; elle annonce, par ses ornemens, la splendeur de cette métropole.

Trois rues principales, parfaitement alignées, se font surtout remarquer par leur longueur et par la beauté des édifices qui les décorent ; elles partent toutes les trois de la Place du Popolo ; celle du milieu, appelée la *strada del Corso*, est la plus fréquentée et la plus longue ; elle a plus de deux kilomètres et s'étend jusqu'au palais de Venise et traverse, par conséquent, presque toute la partie de la ville actuellement bâtie. C'est dans cette magnifique rue que se font, chaque année, à la fin du carnaval, les courses aux chevaux, et qu'on se promène presque tous les soirs en carrosse : elle est garnie de trottoirs. La *strada di Ripetta* prend à droite, et aboutit au port du même nom sur le Tibre; celle du *Babuino*, qui est à la gauche, mène à la place d'Espagne. On doit aussi mentionner la *strada Julia*, la *strada Lungara* et la *strada Condotti*. Les autres rues, quoique en général assez larges, sont souvent tortueuses et surtout mal entretenues.

L'immense palais du Vatican, bâti sur la colline ou mont de ce nom, sert quelquefois de résidence au pape pendant l'hiver; c'est, sans contredit, le plus grand palais de l'Europe; mais il manque de plan et d'ensemble; il est surtout remarquable par sa vaste étendue. On prétend qu'il ne compte pas moins de 4,422 salles, chambres ou galeries, et 22 cours. On y admire les musées Pie-Clémentin et Chiaramonti, remplis de chefs-d'œuvre des beaux-arts antiques et modernes, parmi lesquels on distingue l'Apollon, le Laocoon, l'Antinoüs, etc., ainsi qu'une suite presque innombrable d'inscriptions grecques et romaines; les galeries ou salles peintes par Raphaël, où se trouve la Création du monde par ce grand maître; la chapelle Sixtine, avec la fresque célèbre du Jugement dernier, par Michel-Ange; la précieuse Bibliothèque du Vatican, renfermée dans deux galeries aussi remarquables par leurs vastes dimensions que par leurs ornemens; cette bibliothèque est une des principales de l'Italie pour les livres imprimés et peut-être la plus riche de toutes celles de l'Europe pour le nombre et pour la rareté des manuscrits, parmi lesquels se trouve une copie des comédies de Térence, du IVe siècle de notre ère, ornée de peintures et regardée comme le plus ancien livre manuscrit qui existe. C'est aussi dans ses salles qu'a été déposée dernièrement la précieuse Collection de livres concernant les beaux-arts, la plus riche et la plus choisie peut-être que l'on eût encore recueillie ; elle formait, à Venise, la bibliothèque particulière du comte Léopold Cicognara, auquel Léon XII l'a achetée. C'est aussi dans les salles du Vatican qu'on a déposé les chefs-d'œuvre de la peinture que les Français avaient enlevés de différentes églises et rendus à Pie VII en 1815. On doit enfin mentionner les deux Jardins, qui sont très remarquables. Le Quirinale, autre palais superbe, résidence des papes pendant l'été ; on le nomme aussi palais de *Monte Cavallo*, parce que devant sa façade on voit deux groupes en marbre représentant chacun un cheval de proportion colossale et d'une grande beauté. Le jardin du Quirinale a plus d'un mille de tour et est un des plus beaux de l'Italie. Le Capitole moderne, bâti non loin de l'ancien, sur le plan tracé par Michel-Ange ; on y admire le magnifique escalier par lequel on y monte ; le palais du sénateur de Rome ; celui des conservateurs, qui sont les magistrats municipaux de la ville ; et le Musée des antiques, formé par plusieurs papes et offrant dans son ensemble un des plus riches musées de l'Europe ; la statue en bronze de Marc-Aurèle à cheval, réputée la plus belle statue équestre antique que l'on connaisse, s'élève au milieu de la place formée par ces trois édifices. Viennent ensuite la *Curia Innocenzia;* le palais de la Chancellerie apostolique ; celui de Venise ; la Douane, avec sa superbe colonnade ; le bâtiment de la *Sapienza* et celui du *Collegio Romano ;* le grand Hôpital, qui est peut-être le plus magnifique édifice de ce genre qui existe. On pourrait ajouter les théâtres *Aliberti* et *Argentina,* qui sont les plus grands et les plus beaux de Rome.

Parmi cette multitude de palais, qui sont un des principaux ornemens de cette métropole, on en compte près de soixante qui paraissent plutôt faits pour servir d'habitation à des princes que pour loger des particuliers. Tous ont de vastes cours, des portiques intérieurs, et de belles façades du côté de la rue. Ouvrages des Bramante, des Michel-Ange, des Bernini et d'autres grands architectes, ils offrent tous des parties et des collections précieuses trop importantes pour être passées sous silence ; je citerai les suivans, qu'on prétend se distinguer au dessus des autres : ce sont les palais Barberini, que tous les arts semblent s'être réunis pour embellir ; Doria, remarquable par son étendue, par ses beaux portiques et par sa galerie de tableaux, une des plus riches de l'Europe ; Borghese, renommé par sa rare beauté, par la double colonnade de sa cour et par la magnifique galerie de 1,700 tableaux qu'il renfermait ; Colonna, par sa belle galerie et par la beauté de ses jardins ; Rospigliosi, par ses peintures ; Braschi, et surtout Ruspoli, par leurs magnifiques escaliers ; Farnese (le grand), par le grandiose de son architecture et par sa galerie ; du feu prince de Canino, par ses riches collections et surtout par son musée étrusque ; Corsini, Ghigi, Aldabrandini, Maltei, Spada, Pamfili, Rondanini, Strozzi, Torlonia-Bracciano, etc., etc. Il est vrai qu'à la suite des malheurs que la ville éternelle a éprouvés dans ces derniers temps, plusieurs princes romains, ruinés par la guerre, ont été obligés de vendre les objets les plus précieux aux amateurs étrangers.

Parmi les palais de Rome qui portent le nom de *villa*, parce qu'ils sont regardés comme des maisons de campagne, quoique presque tous se trouvent dans l'enceinte même de la ville, je citerai : la villa Borghese ou Pinciana, la Medici, la Farnese, l'Aldobrandini, l'Albani, la Ludovisi–Piombino, la Mattei, la Farnesina, la Massimi, ci-devant Negroni, la Casali, la Giustiniani, la Doria, la Barberini, comme les plus remarquables. La première, ou la villa Borghese, les surpasse toutes en beauté et en magnificence, surtout depuis les grands embellissemens qu'on y a faits récemment. Mais on y cherche en vain cette magnifique collection de statues, de bas-reliefs et de vases antiques, qui, achetés par Napoléon, ornent depuis trente ans le musée de Paris. La *villa* qui tient aujourd'hui le premier rang par ses richesses dans le même genre, est celle du cardinal Albani; c'est en étudiant ses collections que le célèbre Winckelman fit une grande partie de ses mémorables découvertes. Viennent ensuite la villa Ludovisi, dans laquelle son riche propriétaire a rassemblé à grands frais ce que les dernières fouilles ont produit de plus important; la villa Aldobrandini, où se trouvent les *Noces Aldobrandini*, la plus précieuse peinture qui nous soit parvenue de l'antiquité; enfin la villa Medici, jadis si fameuse par sa Vénus et par les autres chefs-d'œuvre qui décorent maintenant la galerie de Florence, est devenue le séjour des jeunes artistes que la France et les autres nations envoient chaque année à Rome pour se perfectionner dans l'étude des beaux-arts. J'ajouterai que ces *villas*, qui ont peut-être une supériorité décidée sur toutes les plus belles maisons de plaisance de l'Europe, peuvent donner une idée de ces lieux d'agrément où les Scipion, les Lucullus et tant d'autres illustres personnages allaient se délasser de leurs travaux; le goût de ces grands hommes pour les belles campagnes semble être passé à leurs descendans. Les *villas* de Rome réunissent l'élégance à la simplicité; souvent de grandes haies et des bosquets de lauriers les mettent à l'abri des rigueurs de l'hiver et y conservent une verdure perpétuelle. Dans le milieu, ce sont des parterres entremêlés de plantations d'orangers et de citronniers qui répandent un doux parfum ; les *villas* d'une grande étendue offrent aussi des bois, des prairies et des pâturages. De belles statues antiques ou modernes, des fontaines d'où jaillissent sans interruption les eaux les plus limpides, un sol extrêmement fertile, un beau ciel et l'inégalité même du sol, qui forme ces magnifiques terrasses, d'où l'on jouit des points de vue les plus agréables et les plus variés, ajoutent à tant de charmes et complètent ce tableau délicieux.

Parmi les 364 églises que compte Rome, je citerai les suivantes : Saint-Pierre, qui est non seulement le plus vaste, mais aussi le plus beau temple que l'on ait encore construit ; on pourrait même dire que c'est le plus bel édifice du monde ; une place immense, un magnifique péristyle circulaire orné de deux superbes fontaines et d'un des plus grands obélisques égyptiens, forment, pour ainsi dire, l'avenue de cette basilique, dont la double coupole qui la domine, aussi vaste que le Panthéon d'Agrippa, mais, pour ainsi dire, suspendue à 53 mètres au dessus du pavé, est regardée comme l'ouvrage le plus hardi et le plus étonnant que l'architecture moderne ait encore exécuté. C'est au dessous de ce dôme immense qu'est placé le maître-autel, couronné d'un baldaquin soutenu par quatre colonnes torses de bronze doré ; ce morceau, si remarquable par sa belle et majestueuse architecture et par son élévation, est le plus grand ouvrage en bronze que l'on connaisse : il pèse 225,000 kilogr. Immédiatement au dessous, est la magnifique chapelle souterraine dite la Confession de Saint-Pierre, dont on admire les ornemens et la richesse. Les statues colossales en bronze des quatre pères de l'Eglise, les précieux tableaux en mosaïque, où l'on a imité pour l'éternité les chefs-d'œuvre si périssables des plus grands maîtres ; les magnifiques mausolées de plusieurs papes, ainsi que la chapelle Clémentine et autres, sont les objets qui frappent le plus le spectateur étonné à la vue de tant de chefs-d'œuvre que renferme l'intérieur de ce temple. Le projet de la basilique de Saint-Pierre appartient au pape Paul V. Jules II en posa la première pierre en 1506. Elle fut terminée sous le pontificat d'Urbain VIII, en 1616. Elle coûta plus de 250,000,000 de francs. Trente pontifes ont livré aux artistes leurs trésors, grossis des offrandes des rois et des peuples.

Viennent ensuite la basilique de Saint-Jean de Latran, qui est censée être l'église desservie par le pape, qui en est le curé, et qui, pour cela, a le rang sur toutes les autres du monde catholique : *urbis et orbis mater et caput;* on y voit la chapelle Corsini, la plus belle, peut-être, du monde entier; on dit que sa construction a coûté plus de 10,000,000 de francs ; Sainte-Marie-Majeure, où l'on admire les mosaïques du Ve siècle et les chapelles de Sixte V et de Paul V. Saint-Paul, hors des murs, qui était le plus grand temple de Rome après celui de Saint-Pierre ; détruite presque entièrement par le feu en 1823 ; on la rebâtit à présent ; les églises de Saint-Laurent, hors des murs, et de Saint-Sébastien, remarquables surtout par leurs Catacombes ; celles de la dernière sont censées être les plus vastes de Rome ; l'église de Sainte-Agnès, sur la place Navone ; celles de Saint-Augustin, de Jésus, de Saint-Ignace, de Sainte-Marie-des-Anges ou des Chartreux, édifice formé des restes des bains de l'empereur Dioclétien, et remarquable par sa grande et belle méridienne ; de Saint-Pierre *in Montorio*, où se trouvait primitivement la célèbre Transfiguration par Raphaël, réputée le plus beau tableau que l'on connaisse ; de Sainte-Marie *in Ara Cœli*, bâtie à l'endroit où était autrefois le temple de Jupiter Capitolin ; de Saint-Pierre *in Vincoli*, regardée comme l'église la plus ancienne de Rome, où se trouve le mausolée de Jules II, ouvrage de Michel-Ange et l'un des monumens les plus célèbres de l'Italie.

Parmi les 46 places publiques qui décorent Rome, on doit du moins citer les suivantes : la Place de Saint-Pierre, qu'on regarde comme la plus belle du monde, et que j'ai déjà nommée en parlant de la basilique qui en forme le principal ornement ; la Place Navone, destinée aux marchés de Rome, et embellie par la magnifique fontaine à laquelle elle donne son nom ; la Place d'Espagne, la plus fréquentée par les étrangers et décorée de la fontaine Barcaccia, du palais de la cour d'Espagne et du magnifique escalier qui conduit à l'église de la Trinité-du-Mont ; la Place de Monte-Cavallo, qui se développe devant le palais pontifical de ce nom ; la Place Colonne, ainsi nommée, de la superbe colonne qui s'y élève, et celle qui emprunte son nom à la *Porta del Popolo*.

Douze fontaines principales embellissent cette capitale et la pourvoient abondamment d'eau ; quatre méritent une mention particulière : celle de Trevi, qui est la plus belle et dont l'eau passe pour être la meilleure ; la fontaine Sixtine, qu'on peut comparer à la précédente par le volume d'eau qu'elle fournit ; celle de la Place Navone, qui est la plus magnifique ; celle de Paul V, près de l'église de Saint-Pierre *in Montorio*, d'une mauvaise architecture, mais remarquable par l'immense volume d'eau qui en jaillit, assez grand pour faire tourner plusieurs moulins : c'est elle aussi qui forme les superbes jets qu'on admire dans la Place de Saint-Pierre.

Un grand nombre d'établissemens publics ajoutent à l'importance de cette métropole. On doit mettre à leur tête l'Université ou l'*Università Romana della sapienza*, une des plus anciennes de l'Europe et des principales de l'Italie. Viennent ensuite le Collége Romain, fondé, depuis longtemps, par les Jésuites, qu'on peut regarder comme une autre Université, et auquel sont annexées une riche bibliothèque et de belles collections d'antiquités, d'histoire naturelle, de modèles de machines, etc. Le Collége de la Propagande, où des indigènes de l'Inde, de l'Abyssinie, de la Syrie, de l'Arménie et de la Grèce sont instruits par des professeurs, pour aller répandre, dans les contrées les plus éloignées, les lumières et les bienfaits du christianisme; une célèbre typographie est attachée à cet établissement, où l'on a imprimé des ouvrages en plus de trente langues différentes et avec leurs caractères respectifs; malheureusement, depuis la Révolution française, ce collége a perdu une partie de ses ressources et de son importance; le Séminaire Romain, bel et utile établissement, considérablement augmenté et perfectionné dernièrement par les soins du savant cardinal Zurla; les colléges Nazareno, Anglais, Irlandais, Ecossais et dix-sept autres, tous plus ou moins considérables; l'Institut des Sourds-Muets, celui de Ripa-Grande, où l'on instruit dans tous les arts et métiers environ mille enfans des deux sexes: plusieurs Écoles des beaux-arts, pour les élèves de l'empire d'Autriche, de la France, de l'Angleterre, du royaume des Deux-Siciles; l'Académie romaine de Saint-Luc, où des professeurs habiles enseignent la peinture, la sculpture, l'architecture théorique et pratique, la géométrie perspective, l'anatomie, l'histoire, la mythologie et les costumes.

Parmi ses nombreuses sociétés savantes, je citerai : l'Académie des Arcades, une des plus renommées et des plus anciennes de l'Europe ; celle des *Nuovi Lincei* ou d'histoire naturelle, à laquelle est joint un Observatoire ; l'Académie théologique de l'Université de Rome ; la *Pontificia Academia romana d'archeologia*, dont le but est l'illustration des monumens anciens et la rectification des erreurs débitées sur les plus connus ; la *Tiberina*, la *Latina*, la *Filarmonica*, la *Filodrammatica-Romana*.

Parmi les nombreuses bibliothèques publiques ou qu'on peut regarder comme telles, on doit citer au moins : la *Vaticana*, déjà mentionnée ; la *Casanatense*, dans le couvent de la Minerva ; l'*Alessandrina*, dans le bâtiment de la Sapienza ; l'*Angelica* et l'*Aracœlitana*, dans les couvens de Saint-Augustin et d'Ara-Cœli.

Outre les superbes musées d'antiques et les galeries de tableaux déjà mentionnés en parlant du Vatican et du Capitole, il faut nommer les musées d'anatomie et d'histoire naturelle de l'hôpital Saint-Esprit ; le musée de minéralogie de la Sapienza, le Jardin botanique et l'Observatoire, dépendant de l'Université, et la belle galerie attachée à l'Académie de Saint-Luc ; le musée *Kirkerianum* d'histoire naturelle et celui d'antiquités au Collège Romain ; l'Étude de mosaïque, qui est peut-être le premier etablissement de ce genre qui existe.

Les magnifiques collections appartenant à des particuliers étant trop nombreuses pour être toutes mentionnées, je me bornerai à signaler à l'attention du lecteur les ateliers de peinture et de sculpture qui forment un des principaux traits caractéristiques de cette métropole ; il n'y a pas d'étranger instruit qui ne s'empresse de les visiter et qui n'ait eu l'occasion d'admirer les chefs-d'œuvre que renferment l'atelier de peinture du célèbre Camuccini, et ceux qui assignent une place si distinguée aux ateliers de l'immortel Canova, dirigé par un de ses élèves les plus distingués, et de M. Thorwaldsen, dont les productions rendent moins sensible la perte du Praxitèle italien. J'ajouterai enfin que l'on vient de fonder, sous les auspices du prince héréditaire de Prusse, un Institut de correspondance archéologique, partagé en quatre sections, suivant les quatre pays où se trouve le principal théâtre de pareilles études : l'Italie, l'Allemagne, la France et l'Angleterre. On se propose d'ajouter d'autes sections pour la Grèce, la Suède, la Hollande et la Russie ; c'est la plus grande association savante que l'on ait encore établie ; elle contribue déjà à étendre la sphère d'une science qui, de nos jours, a fait tant de progrès, en publiant des annales et en admettant indistinctement à participer aux découvertes nouvelles, les savans de tous les pays du monde civilisé, qui font de l'archéologie le sujet de leurs recherches.

On se formerait une idée très imparfaite de Rome si l'on passait entièrement sous silence les monumens et les débris des somptueux édifices qui décoraient l'ancienne ville, et qui, malgré leur vétusté et les dévastations des barbares, forment encore un des plus beaux ornemens de la résidence des successeurs de Saint-Pierre. Je signalerai les plus remarquables.

Le pont Ælius, construit par l'empereur Adrien, et nommé aujourd'hui pont Saint-Ange, un des plus magnifiques de l'Italie ; il est encore le plus beau de ceux qui traversent aujourd'hui le Tibre.

La *Cloaca maxima*, le plus considérable des anciens égoûts : c'est une voûte qui étonne par sa hauteur et par sa largeur, et qui sert encore à son ancienne destination, quoique sa construction remonte au IIe siècle de Rome, c'est-à-dire au temps des Tarquins.

L'aqueduc d'*Acqua-Vergine*, construit par Agrippa, et qui se dégage par la belle fontaine de Trevi ; et ceux de l'*Acqua-Martia* et de l'*Acqua-Paola* sont les principales constructions de ce genre qui, comme aux beaux temps de Rome, fournissent abondamment d'eau excellente les nombreuses fontaines de cette ville.

Le Panthéon, bâti et dédié par Agrippa à tous les dieux, est aujourd'hui l'église qu'on appelle la *Rotonda* ou Sainte-Marie-de-la-Rotonda, consacrée à tous les saints. C'est l'édifice le mieux conservé de l'ancienne Rome ; on admire son majestueux portique, qui est soutenu par seize colonnes de granit de dimensions colossales, et sa vaste coupole qui a servi, sinon de modèle, du moins d'étude pour toutes celles qu'on a construites depuis. C'est dans ce temple que l'on place les bustes des grands de l'Italie morts à Rome. Le joli temple rond de Vesta, aujourd'hui de la *Madona del Sole*, et les débris de plusieurs autres temples, tels que ceux de la Lune, de Jupiter Stator, et de la Paix, le plus vaste et le plus somptueux de tous ceux que Rome possédait au temps de sa plus grande splendeur ; et les débris de plusieurs autres qu'il serait trop long de nommer.

Le Cirque de Caracalla, le seul qui subsiste encore

des dix que possédait Rome ; ce vaste et bel édifice se trouve aujourd'hui au milieu des champs et des vignes ; son arène est convertie en prés ou en jardins potagers, et les belles pierres, qui formaient la ligne *spinea*, ainsi que les statues, ont été enlevées.

Le Colisée, bâti par Vespasien ; c'est le plus vaste amphithéâtre connu après celui de Catane ; il en a péri presque la moitié. Ce magnifique monument vient d'être décombré et ressort dans tout son lustre.

Les restes du théâtre de Marcellus, élevé par Auguste, consistant en un certain nombre d'arcades à double étage, qui forment un quart de cercle, et font l'admiration de tous les connaisseurs.

Les ruines des thermes de Titus et de Caracalla ; on voit encore les murs extérieurs des vastes palais qui, sous le nom de *thermes*, servaient de bains publics ; ils donnent une idée de leur immense étendue. On y avait placé 1,600 siéges de marbre pour la commodité des baigneurs des deux sexes, qui y trouvaient des bains de toute espèce, même d'eau de mer. Ces bains étaient distribués dans de grandes salles, dont les voûtes, extraordinairement hautes, reposaient sur des colonnes du marbre le plus rare ; les cuves dans lesquelles on prenait les bains étaient de marbre fin, de granit oriental ou de porphyre. On avait encore ménagé de vastes bassins pleins d'eau, pour ceux qui voulaient s'exercer à nager. Une foule d'esclaves de l'un et l'autre sexe étaient chargés de servir les baigneurs. On y voyait aussi des portiques sous lesquels on pouvait se promener, et où des marchands étalaient toutes sortes de bijoux. Il y avait de grands emplacemens destinés aux exercices du corps et même à ceux de l'esprit : les philosophes et les rhéteurs s'y assemblaient pour donner des leçons à la jeunesse ; les poètes y récitaient leurs ouvrages ; les peintres et les sculpteurs y attiraient les amateurs des arts. L'intérieur de ces magnifiques édifices n'est plus qu'un amas informe de ruines couvertes d'herbages et d'arbustes ; les colonnes de marbre et les statues en ont été enlevées pour orner les palais modernes de quelques particuliers. Viennent ensuite les ruines des thermes de Dioclétien : ces bains étaient encore plus grands ; Michel-Ange en a converti la grande salle impériale, qui subsistait encore de son temps, en une église qui appartient aux Chartreux, en laissant à leur place huit colonnes de granit qui occupent le centre de l'édifice.

Parmi les nombreux arcs-de-triomphe qui ornaient la métropole de l'empire Romain, plusieurs ont traversé les siècles et sont encore assez bien conservés. Je citerai l'Arc de Titus, élevé par Trajan au triomphateur de la Palestine ; c'est le plus beau de ceux que possède Rome sous le rapport de l'architecture ; quoique très délabré, il offre encore, dans ses bas-reliefs, le triomphe de ce guerrier sur les Juifs ; on voit le candelabre à sept branches, la table des pains de proposition et plusieurs ornemens et dépouilles du temple de Jérusalem ; l'Arc de Constantin, remarquable en ce qu'il est le mieux conservé de tous ; celui de Septime Sévère, par ses bas-reliefs, et celui de Janus, par sa conservation.

Un petit nombre de colonnes monumentales ont échappé à l'action du temps et à la fureur des barbares, qui, à différentes époques, ont saccagé Rome. Je citerai les deux principales qui subsistent encore : la colonne Antonnine, qui donne le nom à la place Colonne, dont elle fait le plus bel ornement ; c'est un trophée magnifique, tout en marbre, élevé par le sénat à l'empereur Antonin-le-Pieux; les bas-reliefs qui l'entourent en spirale dans toute sa hauteur, représentent divers événemens des guerres des Romains sous Antonin et sous Marc-Aurèle; on l'a restaurée en 1589. La colonne Trajane, regardée comme le plus beau monument de ce genre que les anciens nous aient laissé. Des bas-reliefs en spirale, offrant l'histoire militaire de Trajan, en recouvrent toute la surface : on y compte 2,500 figures d'un dessin et d'une exécution admirables.

Les obélisques qu'on a retirés des ruines, quoique originairement apportés d'Egypte, font encore partie des antiquités de Rome et figurent parmi ses plus beaux ornemens. Elle en compte dix sur pied; le plus grand de tous est celui qui décore la place de Saint-Jean-de-Latran; viennent ensuite ceux de la place Saint-Pierre, de la Porta del Popolo et celui de Monte-Pincio.

Le mausolée d'Adrien, aujourd'hui le château St.-Ange, était un des monumens les plus remarquables de l'ancienne Rome. L'empereur Adrien lui-même le fit construire. Sur une base carrée, d'une vaste surface, s'élevaient, en pyramide arrondie, trois ordres d'architecture, le tout en marbre de Paros. Chaque ordre se composait de colonnes de granit et de porphyre, qui formaient de superbes galeries décorées de statues et de bas-reliefs des meilleurs maîtres. Ce monument, qu'on appelait *Mole Adriana*, à cause de sa masse prodigieuse, était terminé par une magnifique coupole, surmontée d'une pomme de pin de bronze. Après avoir servi de forteresse aux Goths, de retraite aux petits tyrans qui désolaient Rome pendant les IXe

et Xe siècles, il fut transformé en citadelle régulière par Urbain VIII. L'ancien tombeau en forme le corps principal, qu'environnent quatre gros bastions. On y conserve le trésor de l'église, les bulles et les chartes de la cour de Rome, et l'on y tient enfermés les prisonniers d'état. Au centre du monument est une vaste salle peinte à fresque par Jules Romain, avec des antiques estimés. Une immense galerie le met en communication avec le palais du Vatican. Viennent ensuite le mausolée d'Auguste, dont les débris annoncent encore sa magnificence; celui de Caïus Cestius, remarquable par son antiquité et par les peintures faites à la détrempe qui existent encore dans son intérieur, et celui de Cecilia Metella, qui se distingue surtout par la beauté de son architecture et celle des marbres employés dans sa construction.

Le magnifique palais des Césars, sur le mont Palatin, commencé par Auguste, continué par Tibère, embelli des trésors de la nature et des chefs-d'œuvre de l'art par Caligula, Néron, Domitien et autres empereurs, est entièrement enseveli sous des jardins modernes.

On cherche en vain le Capitole, où étaient conduits en triomphe les rois et les dépouilles des peuples; où Jupiter avait un temple magnifique et Rome son sénat.

Le *Forum Romanum*, autrefois couvert de temples, de palais, d'arcs-de-triomphe, de trophées, de statues de héros et de dieux; où se trouvait la tribune aux harangues; où le peuple romain, pendant tant de siècles, jugeait les nations et décidait du sort des rois; cette place auguste a perdu jusqu'à son nom : on ne la connaît que sous l'ignoble dénomination de *Campo Vaccino*, parce que l'on y tenait autrefois le marché aux vaches. Mais le dernier pape, qui a déjà tant fait pour les progrès de l'archéologie, a ordonné qu'on déblayât cette vaste place à l'instar du forum de Trajan, qui sortit, pour ainsi dire, de terre sous l'administration des Français. Déjà les déblais se font avec activité et intelligence, et un des premiers résultats fut la découverte de la *première Colonne milliaire*, regardée comme le centre du vaste empire Romain, et qu'on avait jusqu'à présent cherchée sans fruit.

On a vu, aux articles *industrie* et *commerce*, la place qu'occupe Rome parmi les villes industrieuses et commerçantes de cette contrée. Ici j'ajouterai que la magnificence déployée dans les cérémonies religieuses, l'illumination du château Saint-Ange et de la coupole de Saint-Pierre, le soir de le fête de ce saint, et le carnaval, sont ce que la moderne Rome offre de plus important à voir après ses magnifiques monumens. Son carnaval, quoiqu'il ne dure que huit jours, est un des plus beaux de l'Italie ; pendant ce temps, ce ne sont que mascarades, courses de chevaux et jeux de toute espèce ; les masques font quelquefois des quadrilles et des marches pompeuses.

Les campagnes de Rome, jadis si florissantes, sont en proie à un air malsain et offrent un aspect désolé. L'œil, fatigué de voir partout des champs presque incultes, n'a, pour se reposer, que des débris de tombeaux et les restes des aqueducs qui fournissaient de l'eau et en fournissent encore à cette capitale. Néanmoins, on trouve une foule de lieux célèbres dans l'histoire ; plusieurs sont encore assez importans pour être cités. Je signalerai :

Tivoli, sur le Teverone, petite ville épiscopale d'environ 6,000 habitans, non moins remarquable par sa situation délicieuse que par ses antiquités. Il faut voir la cascade du Teverone, les ruines du temple de la Sibylle, ou plutôt de Vesta, celles de la Villa ou Campagne de Mécène, et, dans les environs, les restes imposans de la magnifique Villa Adriana, ou de la maison de plaisance de l'empereur Adrien. C'est dans cette petite ville, dont la situation est si charmante, que Jules César, Caïus Cassius, Auguste, Mecenas, Catulle et Properce avaient leurs maisons de campagne, et où Horace composa une grande partie de ses ouvrages.

Albano, petite ville épiscopale, d'environ 2,400 habitans, agréablement située, non loin du lac de ce nom; plusieurs grands seigneurs de Rome y ont des maisons de campagne; on y distingue surtout le palais Corsini. Cette ville est à 16 kilom. S.-E. de Rome, et les vins de son territoire sont les plus estimés de l'Italie après le *Lacryma Christi* (vin du Vésuve). On voit tout près d'Albano :

Castel-Gandolfo, bâti sur les bords du lac, avec un beau palais, où le pape vient passer une partie de l'été.

Frascati, sous l'ancienne *Tusculum*, petite ville épiscopale, d'environ 4,000 habitans, bâtie à mi-côte d'une montagne, au milieu d'une campagne délicieuse que les grands de Rome viennent habiter pendant les plus fortes chaleurs de l'été; elle se recommande par plusieurs antiquités et surtout par les restes de la maison de Cicéron.

Subiaco, ville de 2,000 habitans, avec un château du pape et les restes du palais de Néron.

Ostia, à l'embouchure du Tibre, jadis florissante

lorsqu'elle était le port de Rome, aujourd'hui presque abandonnée à cause du mauvais air. Population : 260 habitans.

ROYAUME DES DEUX-SICILES.

POPULATION. 7,900,000 habitans.

CONFINS. Au nord, l'Etat du Pape et la mer Adriatique. A l'est, la mer Ionienne. Au sud, la mer Ionienne et la Méditerranée. A l'ouest, l'Etat du Pape et la Méditerranée.

PAYS. Le royaume actuel des Deux-Siciles se compose des deux ci-devant royaumes séparés de Naples et de Sicile, moins ses possessions dans la Toscane, savoir : l'Etat des Garnisons (*Stato dei Presidy*), une petite partie de l'île d'Elbe et le droit de suzeraineté sur la principauté de Piombino, qui, par le congrès de Vienne, ont été donnés au grand-duc de Toscane.

NAPLES, à 280 kilom. S.-E. de Rome, et à 1,470 kilom. S.-E. de Paris, située dans une position magnifique, à la droite de la petite rivière Sebeto, et s'élevant en amphithéâtre jusqu'à la hauteur d'environ 100 mètres, entre le Vésuve à l'est et le Pausilippe à l'ouest, au fond du golfe auquel elle donne son nom. La fertilité de son territoire, la douceur du climat, la beauté incomparable de ses alentours, les nombreuses et imposantes antiquités qui l'environnent, une foule de phénomènes physiques offerts à l'observation du naturaliste et du philosophe, la masse de sa population qui n'est inférieure qu'à celles de Londres, Paris et Constantinople, le mouvement qu'imprime au commerce l'approvisionnement et les amusemens d'une grande métropole, les nombreux établissemens philantropiques qui la mettent, sous ce rapport, au premier rang parmi les capitales de l'Europe, et ses importans instituts littéraires, dont quelques-uns rivalisent avec les principaux des plus grandes métropoles, tout cela rend le séjour de Naples un des plus agréables que l'on puisse imaginer. Mais, pour être impartial, il faut aussi avouer que cette ville, relativement à son étendue et à son importance, offre moins d'édifices remarquables en comparaison des autres grandes villes de l'Italie; ses églises, surchargées dans leur intérieur de dorures, de tableaux des grands maîtres et d'ornemens, sont peu recommandables par leurs dimensions et par leur architecture : on peut en dire presque autant des palais et des autres édifices publics. Je vais cependant citer les principaux bâtimens publics et particuliers qui méritent d'être signalés à l'attention du voyageur.

Le Palais-Royal, remarquable par ses vastes dimensions, l'architecture de son frontispice, son magnifique escalier, la beauté et la richesse de ses appartemens; c'est la résidence ordinaire du roi. Deux autres palais s'élèvent à ses côtés : à gauche, celui du prince de Salerne, dont l'élégance des appartemens et les vastes jardins font la principale beauté; à droite, le palais destiné pour le logement des princes étrangers.

Le palais royal de *Capo di Monte*, qui domine la ville et auquel aboutit le nouveau chemin de Capo di Monte par un pont magnifique hardiment jeté par dessus les maisons du faubourg Sanita. Ce palais a été dernièrement beaucoup embelli et augmenté; tout près se trouve une *cascina*, établissement champêtre, où l'on forme, depuis quelque temps, une Flore superbe, sur le modèle de celle que le dernier roi a formée à Bocca di Falco, près de Palerme.

Enfin le petit Palais-Royal de Chiatamone, remarquable par sa situation délicieuse et par son jardin suspendu.

Le grand édifice des *Studii*, où se trouvent la bibliothèque Borbonica, l'Ecole des arts et les Musées; l'Université, le *Reclusorio* ou Hôtel des pauvres, l'Hôpital des *incurabili* et celui de l'*Annunziata*, auquel est annexée la riche Maison des enfans trouvés; l'Arsenal, le Palais archiépiscopal, le théâtre de St.-Ferdinand, réputé le plus beau, pour l'architecture, des dix que possède cette ville, et la *Vicaria* ou *Castel Capuano*, ancienne demeure des rois, occupée maintenant par les tribunaux; les Archives générales du royaume, dont une partie est changée en prison. Tous ces bâtimens doivent être rangés parmi les principaux de Naples.

Mais deux édifices construits dernièrement méritent surtout une mention particulière; ce sont : le magnifique théâtre de Saint-Charles, qui est un des plus beaux et des plus grands du monde; et le Palais des Ministères royaux (*reali Ministeri*) ou des finances, achevé en 1826, et remarquable par son architecture et par ses vastes dimensions.

Les prêtres, moines et religieux, sont à Naples en quantité si prodigieuse, qu'on peut évaluer leur nombre à cent-dix mille, presque un quart de la population. On compte, dans cette ville, 140 couvens, 190 oratoires de confréries, dont je mentionnerai seulement les principaux. Je citerai le couvent de Sainte-Claire, où, vers la fin du siècle passé, on comptait plus de 350 religieuses, outre les domestiques des deux sexes; ceux de Sainte-Marie des Carmes, de la Trinité, de Saint-Dominique-le-Grand, de Mont-Oliveto, et celui des Chartreux, occupé maintenant par les Invalides; c'est un bâtiment vaste et richement décoré, dans une position vraiment superbe; du haut de sa tour on découvre toute la ville, et ses deux golfes se dessinent dans toute leur étendue; ce point offre encore un effet d'acoustique remarquable; on y entend le bourdonnement, les voix, les cris de la population, le bruit des voitures, etc., etc.

On ne doit pas oublier les Catacombes, qui occupent les cavités d'une montagne dans la partie septentrionale de la ville; elles servaient de sépulture dans les premiers siècles de l'Eglise, et on prétend qu'elles sont plus étendues que celles de Rome et de Syracuse.

Parmi le petit nombre de palais particuliers qui méritent une mention sous le rapport de l'architecture, je citerai d'abord ceux de Bisignano et d'Orsini ou Gravina, ensuite les palais Colonna ou Stigliano, Imperiali ou Francavilla, Ferrandina, Doria ou Angri, Filomarino ou della Torre, San-Buono, della Riccia et de Tarsia; ce dernier renferme une bibliothèque ouverte au public.

Il y a à Naples 43 églises paroissiales, 3 basiliques et 70 succursales, parmi lesquelles je nommerai : la Cathédrale, dédiée à Saint Janvier et renommée par la richesse de ses deux chapelles, dans une desquelles on conserve, dans deux ampoules, le sang de ce saint; l'église de Giesu-Novo, qui passe pour la plus belle de Naples; celle du couvent de Sainte-Claire, qui ressemble plus à une salle de bal qu'à un temple; elle est destinée à recevoir les dépouilles mortelles du roi et de sa famille ; celles de Saint-Dominique, de Saint-Philippe de Neri, de Saint-Paul Majeur, de Saint-Martin des Chartreux, de Sainte-Marie des Carmes, des Apôtres. Il faut aussi ajouter celle de Saint-François de Paolo, qui fut bâtie la dernière, et qui les surpasse toutes sous plus d'un rapport, malgré les défauts de son architecture.

Cette ville, à laquelle des voyageurs ignorans ou de mauvaise foi et des géographes peu instruits font le reproche banal de ne contenir qu'une population ignorante et de manquer d'établissemens scientifiques, n'avait pas moins, en 1827, de 4 écoles secondaires, 55 écoles primaires, 1,581 maîtres publics, sans compter ceux qui dépendent des autorités ecclésiastiques, et un grand nombre d'établissemens scientifiques et littéraires, dont quelques-uns peuvent rivaliser avec les principaux des autres capitales de l'Europe. Je me bornerai à citer l'Université, le Lycée del Salvatore, l'Ecole de paléographie attachée aux archives générales du royaume ; l'*Instituto* ou l'Ecole de peinture, de sculpture, et l'Etablissement pour dérouler et déchiffrer les manuscrits découverts à Herculanum (*officine di papiri*) ; le Collége militaire, l'Ecole militaire, l'Académie de marine, l'Ecole vétérinaire, les deux grandes Ecoles pour les filles, aux Miracoli et à San-Marcellino, dont la pension annuelle monte à 200,000 francs ; les Colléges de musique pour les hommes, à San-Pietro à Majolla, et, pour les filles, à la Concordia ; l'Hôtel royal des pauvres (*real Albergo de poveri*), où près de 6,000 enfans apprennent tous les arts et les métiers, et qui coûte près de 500,000 francs au gouvernement ; les chaires de clinique, d'accouchement, d'ophtalmie et de chirurgie, attachées aux grands hôpitaux de la ville. Viennent ensuite le Jardin botanique, un des plus riches de l'Italie ; l'Observatoire de Miradois, pourvu d'instrumens magnifiques de Reichenbach et de Herschel, et celui de la marine à San-Gaudioso ; le Bureau topographique, avec une riche collection d'instrumens géodésiques ; les quatre Bibliothèques publiques, parmi lesquelles figure la Borbonica, une des plus riches de l'Europe, et où, en 1795, le célèbre astronome Cassella a tracé une grande méridienne ; les Cabinets de minéralogie, d'histoire naturelle, de physique et de chimie ; le Musée royal des antiques, formé des objets trouvés à Stabia, Herculanum et Pompeïa, des collections de la maison Farnèse de Rome, des musées Borgia, Vivenzio et d'autres monumens dispersés de l'art classique des Grecs et des Romains ; sous bien des rapports, cet établissement est le plus riche qui existe ; ses nombreux tableaux antiques surtout lui assurent une supériorité incontestable ; l'Académie Bourbonique (*Academia Borbonica*), divisée en trois sections, *Ercolanense* ou des Antiquités, des Sciences et des Beaux-arts, à laquelle le roi assigne près de 60,000 francs par an ; l'Institut d'encouragement ; les sociétés *Pontaniana* et *Sebezia*.

Naples a plusieurs places, mais elles sont presque toutes irrégulières ; les principales pour lèur architecture sont : la Place du Palais-Royal, qui vient d'être décorée des deux statues équestres en bronze de Charles III et de Ferdinand Ier; la Place *degli Study* (des Etudes) et celle du *Spirito Santo* (du Saint-Esprit). Les plus grandes sont les Places du *Castello* (du Château), des *Pigne*, de *Fontana Medina*, de *Monte Calvario*, de la *Trinità Maggiore*, de l'*Arcivescovado* (de l'archevêché), de *San-Lorenzo*, de *San-Domenico*, de la *Carità* et du *Mercato* (Marché) ; cette dernière est la plus fréquentée par le peuple et celle où l'infortuné Corradin a été décapité.

La principale rue de Naples est celle de Tolède ; longue presque d'un mille , large, bien alignée, bien pavée et ornée de beaux édifices, elle est toujours remplie de monde et présente une foire perpétuelle. Viennent ensuite la *Riviera di Chiaia*, *Santa-Lucia*, *Monteoliveto*, *Carbonare* et *Foria*. Plusieurs rues du centre sont étroites et rendues obscures par la hauteur des maisons; mais elles sont pavées, au milieu, de larges dalles de lave noirâtre, et, sur les bas côtés, de petits éclats de pierre qui abîment les pieds. Ainsi, à Naples, on a fait juste le contraire de Paris, où les trottoirs dallés sont destinés aux piétons, et le pavé inégal aux voitures.

Parmi les délicieuses promenades qu'offre cette métropole; celles de *Chiaia* et de *Villa-Reale* sont les plus belles et les plus fréquentées. La première, que je viens aussi de ranger parmi les plus belles rues de Naples, est un quai immense. On y a planté trois rangées d'arbres en berceaux, défendues par des parapets et des grilles, ornées de fontaines, de statues, de treillages, de gazons, de parterres et d'orangers ; on y a bâti des terrasses, des casinos, des cafés et des billards. Depuis quelques années on y tient la foire du mois de juillet ; *Chiaia* est, sans contredit, une des plus belles promenades du monde. Celle de *Villa-Reale* a été beaucoup embellie dernièrement ; on y voit, depuis 1825, le fameux bassin de granit oriental d'une seule pièce, quoique ayant 66 palmes (14 mètres 3/4) de circonférence; il occupe la place où s'élevait autrefois le fameux groupe du Taureau Farnèse, transporté dans le musée. On doit aussi faire mention du *môle*, continuellement fréquenté par un grand nombre de personnes. C'est là qu'on entend des improvisateurs qui attirent le peuple en récitant des morceaux de poésie ; la Tour de la Lanterne ou Phare, et une belle fontaine ornent cette jolie promenade.

Naples est le siége d'un archevêché et de toutes les autorités supérieures du royaume ; elle est partagée en douze quartiers, parmi lesquels celui du *Mercato* (Marché) est le plus peuplé ; leur population s'élève à 385,000 habitans, sans comprendre la population flottante qui y afflue toujours en grand nombre. J'indiquerai ici que la population relative des alentours de cette ville est supérieure à celle des environs de toutes les principales villes de l'Europe, sans en excepter Londres et Paris.

Les fortifications de Naples sont peu importantes sous le rapport militaire. Elles consistent en cinq forts, dont les trois principaux sont : Saint-Elme, qui domine toute la ville, et qui paraît plutôt destiné à contenir les habitans qu'à les défendre contre un agresseur étranger ; le Château de l'Œuf, qui s'élève sur un rocher au milieu de la mer, et célèbre dans l'histoire du royaume ; et le Château Neuf, remarquable par son arc-de-triomphe et par plusieurs objets curieux qu'il renferme.

Le port de Naples, ouvrage de l'art, est petit, mais la rade est très étendue ; on pense généralement qu'elle pourrait servir à former un second port très sûr.

Les environs de Naples offrent un grand nombre d'endroits importans.

Du côté de l'ouest on voit le fameux *Mont Pausi–*

lippe ; c'est une colline de *tufa* volcanique ou pipérine percée d'un bout à l'autre, sur une longueur de plus d'un mille : cette magnifique galerie, qu'on pourrait regarder comme le plus ancien ouvrage de ce genre, porte le nom de *Grotta di Posilipo ;* un des grands chemins qui mènent à Naples y passe. Non loin se trouve la *Villa Florida;* l'élégance, la richesse, le luxe, les arts et la nature semblent s'être réunis pour embellir cette magnifique habitation. Près de la côte de la Mergellina est situé le *Tombeau de Virgile*, dont il ne reste que les ruines de quatre murailles en briques, recouvertes par une riche végétation ; l'authenticité de ce monument lui donne une grande importance.

POUZZOLLE (*Pozzuoli*), petite ville épiscopale avec 8,000 habitans, remarquable par ses antiquités et par sa délicieuse situation, qui avait engagé les Romains à y élever un grand nombre de maisons de campagne. On y voit encore les restes de son ancien amphithéâtre, qu'on appelle le *Coloseo*, presque aussi grand que le Colisée de Rome ; l'arène est aujourd'hui convertie en jardin ; on distingue encore les portiques qui servaient d'entrée, les caves où l'on renfermait les bêtes, et autres parties. On doit citer aussi les restes d'un temple qui devait être de la plus grande beauté, consacré, selon les uns, aux Nymphes, selon d'autres, à Sérapis ; ses colonnes, percées par des pholades, ont été et sont encore le sujet de grandes disputes parmi les géologues.

Les environs de cette petite ville offrent, en outre, plusieurs curiosités naturelles remarquables, tels que les lacs Averne, Lucrino, Achéron ou Fusaro, la Grotte du Chien et le lac d'Agnano, la Solfatara (soufrière), petite montagne, dont le sommet est continuellement environné d'une vapeur épaisse et de laquelle on retire beaucoup de soufre ; enfin le Monte-Nuovo, assez haute montagne, formée, dans une seule nuit, par une éruption volcanique, en 1538 ; elle s'élève sur l'emplacement qu'occupait le gros bourg de Tripergola, englouti lors de cette catastrophe.

Bayes (*Baïa*), près du cap Misène, misérable endroit presque désert, avec une rade et un port assez sûrs, mais remarquable parce qu'il a été le séjour délicieux des grands de Rome ; les femmes les plus galantes ne manquaient pas de s'y rendre pour y passer l'automne ; il n'y avait pas de Romain un peu riche qui ne voulût y avoir une maison. La côte est couverte de magnifiques ruines ; la mer en recouvre une grande partie et empêche les fouilles. On y voit encore les restes des bains de Néron, d'un palais de Jules César, et ceux des temples de Vénus, de Diane et de Mercure ; ce dernier est une grande rotonde ; celui de Vénus offre encore la coupole, les petites chambres des côtés et les bains des ministres ; au dessus sont plusieurs chambres ornées de stucs et de bas-reliefs, qu'on croit avoir été l'asile de la débauche. Le marquis d'Acerno Mascaro fait faire, depuis quelque temps, de grands travaux pour assainir cette contrée et la rendre à la culture. Dans ses environs, dont une partie se confond avec ceux de Pouzzole, on voit une foule d'objets curieux ; je nommerai : les *Cento Camerelle ;* la *Piscina Mirabile*, qui n'est plus qu'un réservoir ; les restes du théâtre de Lucullus ; les ruines de la ville de Cumes, si renommée parmi les Romains par le luxe et la richesse de ses habitans ; la Grotte de la Sibylle, dont l'entrée était à Cumes, mais qui n'offre plus rien de remarquable, l'intérieur étant presque comblé par l'éboulement des terres; le tombeau d'Agrippine, dont les sculptures et les bas-reliefs sont encore assez bien conservés; les Champs-Elysées, dont l'air empesté qu'on y respire contraste singulièrement avec la description qu'en ont faite les anciens; le fameux cap Misène, où était la station de la flotte romaine destinée à maintenir la sûreté des mers et des côtes depuis le détroit de Messine jusqu'à celui de Gibraltar; la ville qui s'élevait sur le promontoire n'existe plus, ainsi que les grands travaux faits par les Romains pour la commodité de leurs marins.

A l'est de Naples on trouve :

Portici, petite ville bâtie au pied du Vésuve, avec un palais du roi, beaucoup embelli dernièrement, et près de 5,000 habitans. Les objets précieux qui formaient son musée ont été réunis au musée Borbonico, à Naples.

Resina, gros village d'environ 9,000 habitans, presque contigu à Portici; on y voit la *Favorita*, belle maison de plaisance du prince de Salerne. C'est de Resina qu'on part ordinairement pour aller visiter le Vésuve. C'est aussi à Resina qu'on descend pour visiter l'ancienne Herculanum, que la terrible éruption du Vésuve ensevelit, l'an 79 de Jésus-Christ, sous une couche de pierre ponce (*rapillo*) de 26 mètres d'épaisseur. Les premières fouilles qui annoncèrent son existence remontent à l'an 1713. Celles qui sont postérieures ont amené, à différentes époques, les résultats les plus importans pour l'archéologie; elles donnèrent non seulement une idée des arts des anciens Romains, mais même de leur manière de vivre; elles démentirent ou confirmèrent les conjectures que divers commentateurs ont pu hasarder d'après quelques passages obscurs des anciens écrivains. Les monumens les plus curieux retirés de cette ville, ainsi que de celles de Pompeï et de Stabia, ont été rassemblés d'abord dans le musée de Portici, et dernièrement dans le Borbonico, à Naples; une Académie littéraire a été créée pour s'occuper de l'examen et de la description des pièces provenues des fouilles, et les résultats de ces discussions ont été publiés dans un magnifique ouvrage. On voit, par la partie déjà explorée de cette ville, que les rues d'Herculanum sont tirées au cordeau; elles ont, de chaque côté, des trottoirs pour les gens à pied, et sont pavées de laves semblables à celles que jette actuellement le Vésuve. Quelques maisons sont pavées de marbre de différentes couleurs, d'autres de mosaïques. Il y a, autour des chambres, un gradin d'un pied de haut, où l'on croit que se tenaient les esclaves. Les murs sont, pour la plupart, peints à fresque; ces peintures présentent des cercles, des losanges, des colonnes, des guirlandes, des oiseaux. Cet usage s'est conservé en Italie, où, jusqu'à ces dernières années, on ne voyait presque pas de tapisseries dans les appartemens ordinaires. Les fenêtres étaient fermées avec des volets pendant la nuit et ouvertes pendant le jour; on n'a trouvé de vitres qu'à un très petit nombre de maisons; le verre en était très épais.

Les deux édifices les plus considérables découverts à Herculanum sont : le Théâtre, situé sous Resina, et le Forum. Le théâtre est grand et magnifique, sa façade est ornée de belles colonnes de marbre, et ses décorations étaient très riches. Le Forum était un vaste bâtiment dans lequel on rendait justice; il est de forme rectangulaire, avec un péristyle orné de colonnes; le portique d'entrée était orné de plusieurs statues équestres en marbre, parmi lesquelles figuraient les deux statues de Balbus, qui sont d'une grande beauté, et les seuls monumens antiques de cette matière qu'on ait dans ce genre ; on y trouva aussi les statues colossales en bronze de Néron et de Germanicus, dans des niches ornées de peintures. Le Forum communique, par un portique, à deux temples voûtés et intérieurement décorés de peintures à fresque.

Parmi les objets les plus curieux qu'on a trouvés dans cette ville, on doit ranger les manuscrits sur des feuilles de *papyrus* collées les unes à côté des autres et roulées sur un cylindre de bois. Il n'y a qu'un côté qui soit chargé de petites colonnes d'écriture, lesquelles ont à peu près la hauteur de nos in-12. Ces manuscrits étaient rangés les uns sur les autres dans une armoire de marqueterie. L'humidité avait pourri ceux qui n'avaient pas été saisis par la chaleur des cendres du Vésuve ; ils tombèrent comme des toiles d'araignées aussitôt qu'ils furent exposés à l'air. Les autres étaient réduits en charbon ; c'est ce qui les a conservés : ils ressemblent à un bâton de deux pouces de diamètre qui a été brûlé. On est parvenu à en dérouler quelques-uns par un procédé aussi ingénieux que délicat. Les quatre premiers manuscrits grecs qui ont été développés sont : un traité de la philosophie d'Epicure, un ouvrage de morale, un poème sur la musique et un livre de rhétorique.

Les fouilles, suspendues depuis si longtemps, ont été reprises au commencement de 1828, par ordre du dernier roi, sur un nouveau plan, sous la direction de l'architecte Bonacci, si connu par sa belle description de Pompéi ; elles ont déjà donné des résultats importans. On a mis à découvert la plus grande maison particulière des anciens que l'on connaisse jusqu'à présent. On y trouve une suite de chambres avec une cour au milieu; puis une division pour les femmes, un grand jardin entouré d'arcades et de colonnes; enfin de grandes salles qui servaient probablement aux réunions de famille. Une autre maison qu'on a mise aussi à découvert, est remarquable par les provisions qu'on y à trouvées dans les magasins encore fermés; elles consistent en dattes, châtaignes, grosses noix, figues sèches, amandes, prunes, grains, ail, poids, lentilles et petites fèves, de la pâte, de l'huile, des jambons. On y a aussi trouvé plusieurs tableaux, des vases et autres objets en verre, en bronze et en terre cuite, ainsi que des médaillons en argent représentant en relief Apollon et Diane. En outre, on a découvert la maison entière d'un barbier; la boutique de cet artisan, les ustensiles, les bancs où les citoyens se plaçaient en attendant leur tour, l'étuve et jusqu'aux épingles qui servaient à la chevelure des femmes, tout est dans un état de conservation extraordinaire. Précédemment, on avait trouvé plusieurs instrumens de chirurgie, et, entre autres, des sondes droites en argent dans la maison d'un chirurgien située dans une autre partie de la ville. On continue les fouilles dans toute la rue; on se propose de pénétrer ensuite dans les boutiques et les maisons qui la bordaient des deux côtés, ainsi que dans les ruelles qui y aboutissent.

Torre dell' Annunziata, avec 9,000 habitans, remarquable par sa grande fabrique d'armes et surtout par son voisinage de Pompéï, ancienne ville de la Campanie, découverte en 1755; les fouilles ne se firent d'une manière régulière que depuis 1799, et surtout dans ces dernières années, par le zèle infatigable du jeune marquis de Ruffo, directeur des arts au ministère de la maison du roi, et sous la direction de l'architecte Bonacci et de l'estimable savant M. Arditi, directeur des musées royaux. On a le projet de déblayer entièrement cette ville unique dans son genre, qui sort, pour ainsi dire, toute entière du sol pour nous dévoiler les plus petits détails de la vie domestique, et des arts mécaniques et libéraux chez les Romains à l'époque de leur plus grande puissance; aussi son enceinte offre-t-elle aujourd'hui le meilleur cours d'antiquités qu'on puisse faire. Il n'y a point de ruines qui inspirent plus d'intérêt que celles de Pompéï; tout s'y trouve tel qu'il était le jour de la terrible catastrophe qui, l'an 79, la fit disparaître sous une couche de cendres volcaniques qui s'élève à peine de quelques pieds au dessus du faîte de ses édifices. Les ornières tracées par les roues des voitures sont encore empreintes sur le pavé. Déjà l'on se promène dans ses rues garnies de trottoirs de chaque côté, et dans ses places ornées de beaux bâtimens; déjà l'on visite ses temples et les palais des grands, on entre dans ses théâtres, on examine les boutiques, les cabarets et les maisons des particuliers de toutes les classes. Ces dernières se ressemblent toutes; les plus grandes comme les plus petites, ont une cour intérieure au milieu de laquelle est une baignoire; cette cour est ordinairement décorée d'un péristyle à colonnes, ainsi qu'on le voit encore en Italie. Leur distribution est fort simple et uniforme. Toutes les chambres donnent sur la cour ou sur les péristyles; toutes sont très petites, isolées, et ne communiquent point entre elles; beaucoup sont sans croisées et ne reçoivent le jour que par la porte ou par une ouverture pratiquée au dessus. Le goût italien pour la peinture à fresque se retrouve encore ici comme à Herculanum ; il y a fort peu de murailles sur lesquelles il n'y ait quelques peintures ; les couleurs doivent avoir été bien bonnes, puisque, dès qu'on jette un peu d'eau dessus, elles reparaissent avec quelque vivacité. Les anciennes fouilles et celles qu'on fait actuellement ont fourni une foule d'objets précieux ou intéressans sous plusieurs rapports. On y a trouvé des statues, des médailles d'or et d'argent, des vases de toute espèce, des chaînes pour les criminels, des bracelets pour les jeunes filles, des candelabres élégans, des boîtes contenant des pilules et autres préparations pharmaceutiques, une balance avec son poids, ayant la forme d'un Mercure., une bague avec le mot *Ave,* tous les ustensiles de l'établissement d'un foulon, la bibliothèque de Salluste, les parchemins du consul Pansa, etc., etc.

Parmi les plus belles maisons de Pompéï, il faut distinguer celle de Marius-Arrius Diomède ; elle se compose de deux étages ; le rez-de-chaussée seul contient huit chambres ; sa cour est grande, environnée d'un portique avec des colonnes en stuc ; un jardin et un bassin en marbre font partie de l'habitation ; au dessous se trouve une vaste cave où l'on voit encore les *amphores*, vases dans lesquels les anciens conservaient le vin ; on a trouvé des squelettes dans cette cave. Cet édifice est situé à l'entrée de la ville, où l'on aperçoit plusieurs tombeaux et des monumens funéraires d'une grande beauté. La maison qui se distingue le plus par son élégance, la richesse et la beauté de ses mosaïques, est celle qui portait l'inscription de *Caïus Sallustius.*

Les plus beaux édifices publics sont : le Grand Portique, le Forum, le Théâtre tragique, le temple d'Isis, le temple d'Esculape, le Théâtre comique, qui forme deux théâtres, dont l'un, le plus petit, est couvert; mais celui qui surpasse tous les autres édifices par sa magnificence, son bon goût, son luxe, et par le peu de dégâts qu'il a éprouvés, est, sans contredit, le Bâtiment des bains.

Pour donner une idée de l'importance de cette ville, il suffit de citer une affiche de loyer trouvée à Pompéï, par laquelle Julie Felicia, fille de Spurius, offrait, pour cinq ans, la location de ses biens, consistant en un bain et neuf cents boutiques.

La certitude acquise par les fouilles précédentes, que la partie dans laquelle on travaille actuellement est le plus beau quartier de cette antique cité, se trouve confirmée par l'étendue d'une maison que l'on vient d'y découvrir, et par l'abondance et la perfection des peintures dont elle est décorée. En voici la description succincte : on trouve d'abord, sur le devant, l'*Atrium* toscan, membre ordinaire, et, pour ainsi dire, obligé des habitations de Pompéï. Cet atrium est entouré de petites chambres très agréablement décorées, d'où l'on passe dans un petit jardin, autour duquel sont pareillement disposés des appartemens à l'usage des hôtes de la maison. A la gauche de l'atrium, se trouve un passage qui conduit à d'amples portiques, soutenus par des colonnes peintes en rouge, et embellies, jusqu'à profusion, de tout ce que l'antique peinture nous a conservé de plus exquis et de plus gracieux. Ces portiques servaient uniquement pour les promenades ; ils enferment un petit jardin, au centre duquel est un bassin, où l'on nourrissait des poissons, et dans le fond se trouve un vaste *triclinium*. Le Gynécée, ou la partie de l'habitation réservée aux femmes, consiste en un péristyle, pareillement ceint de portiques, entouré de petits appartemens, où se déploie un luxe de peinture

toutes du premier ordre. L'Exèdre, qui est le membre le plus important, parce qu'il était consacré aux assemblées des gens de lettres, est décoré d'admirables peintures : le style des tableaux représentant un Achille, déguisé en femme et reconnu par Ulysse à la cour de Lycomède, et celui d'Ulysse, mendiant, recevant les secours du fidèle Eumée, est supérieur à tout ce qu'on connaît de la peinture antique.

Castellamare, ville maritime, avec 15,000 habitans, bâtie dans une position délicieuse, au dessus des ruines de l'ancienne ville de Stabia. Tout près est situé le bourg de *Quisisana*, avec un beau palais où le roi passe une partie de l'été ; c'est ici que se trouve le principal chantier pour la marine du royaume. Plusieurs grands seigneurs y ont des maisons de campagne. Depuis 1839, il y a un chemin de fer de Naples à Castellamare.

Sorrento, petite ville de 5,000 habitans, renommée par sa belle soie ; on admire la beauté de sa situation et ses antiquités ; elle est la patrie du Tasse.

Tout autour et au pied du Vésuve on trouve : Torre del Greco, avec 15,000 habitans : Somma, avec 7,000 ; Ottajano, avec 15,000 ; et Santa-Anastasia, avec 6,000 : tous ces lieux produisent le fameux vin connu sous le nom de *Lacryma Christi*.

CONSULS *et* VICE-CONSULS *de France à :*

Gênes, *Nice*, *Port-Maurice*, *Cagliari*, dans le royaume Sarde ;

Monaco, *Menton*, dans la principauté de Monaco ;

Livourne, dans le grand-duché de Toscane ;

Ancône, *Civita-Vecchia*, *Corneto*, dans l'Etat d l'Eglise ou du Pape;

Naples, *Palerme*, dans le royaume des Deux-Si ciles.

NORWÉGE ET SUÈDE.

MONARCHIE NORWÉGIÉNO-SUÉDOISE.

POSITION ASTRONOMIQUE. Longitude orientale, entre 4° et 29°. Latitude, entre 55° et 71°.

POPULATION. 4,106,000 habitàns.

DIMENSIONS. Plus grande longueur : depuis Falsterbo, dans la préfecture de Malmö, au cap Nordkün, dans le Finmark, 1,025 milles. — Plus grande largeur : depuis Stadtland, dans le bailliage septentrional de Bergen, à l'extrémité orientale de Stockholm, 436 milles.

CONFINS. Au nord, l'Océan-Arctique ; à l'est, la Laponie et la Botnie russe, le golfe de Botnie, la mer d'Aland et la mer Baltique proprement dite ; au sud, cette même mer et le Skager-Rack ; à l'ouest, le

Sund, le Cattegat, le Skager-Rack, la mer du Nord et la mer de Scandinavie, qui ne sont que des parties de l'Océan-Atlantique.

PAYS. Le royaume de Suède, savoir : la Suède proprement dite, la Gothie et le Norrland, avec les îles qui en dépendent, moins l'archipel d'Aland, la Finlande, la Botnie orientale et partie de la Laponie, pays cédés à la Russie; plus le royaume de Norwége avec le Norrland Norwégien et le Finmark, dépendans du roi de Danemark jusqu'en 1815.

ETHNOGRAPHIE. Toute la population de cette monarchie appartient à deux souches très différentes. A la SOUCHE GERMANIQUE appartient la presque totalité des habitans des deux royaumes ; on doit distinguer : les Suédois, qui forment la population du royaume de Suède, et les Norwégiens, qui, avec un petit nombre de Danois, forment la grande masse de celle de la Norwége; on trouve, en outre, quelques Allemands et Anglais établis depuis longtemps dans les villes les plus marchandes de ces deux contrées. La SOUCHE OURALIENNE ou FINNOISE ne comprend qu'une très petite partie de la population des deux royaumes ; on doit y distinguer : les Lapons, qui sont les plus nombreux, quoiqu'ils ne forment pas même un trentième de leur population totale, et les Finnois, qui ne comptent pas 2,000 âmes; ces deux peuples, et surtout les Lapons, occupent l'extrémité boréale de la monarchie. Il n'y a pas de Juifs en Norwége, et la Suède n'en a que quelques centaines.

RELIGION. On peut dire que la totalité des habitans des deux royaumes professe le luthéranisme ; c'est, en outre, la religion de l'état et celle que doit professer son chef. Toutes les autres religions ont le libre exercice de leur culte ; mais elles ne comptent qu'un petit nombre de croyans ; ils appartiennent aux églises catholique et calviniste ; les sectes des Herrnhuters, des Swedenborgiens et des Lasare (lecteurs) comptent quelques partisans. Les Juifs seuls sont exclus de la Norwége, et ne sont que tolérés en Suède, où l'on en trouve quelques centaines à Stockholm, Gothembourg, Carlscrona et Norrkoping, seules villes où il leur est permis de s'établir ; dans le Finmark, on rencontre encore quelques Lapons idolâtres.

GOUVERNEMENT. Les royaumes de Suède et de Norwége forment, sous un même roi, un état dont la dénomination doit être *Monarchie Norwégiéno-Suédoise*. Chacun de ces royaumes a sa constitution particulière, ses droits, ses lois et sa représentation nationale. Le gouvernement est monarchique constitutionnel dans les deux pays. Le roi jouit du pouvoir exécutif ; les Etats ou la Diète, dite *Riksdag* en Suède, et *Storthing* en Norwége, ont le pouvoir législatif et le droit de fixer avec le roi les impôts. Les Etats, ou la Diète du royaume de Suède, sont composés de quatre ordres : la Noblesse, le Clergé, les Bourgeois et les Paysans ; on n'y vote pas par tête, mais par ordre, excepté le cas où deux ordres font opinion contre deux : le Storthing de la Norwége ne forme qu'une seule assemblée, sans aucune distinction pour les votans. Les Etats s'assemblent ordinairement tous les cinq ans en Suède et tous les trois ans en Norwége, à moins de circonstances extraordinaires.

INDUSTRIE. La Suède a peu de manufactures, et la Norwége en a encore moins. Leurs produits, à quelques exceptions près, ne peuvent pas encore soutenir la concurrence de ceux de l'étranger, malgré les généreux efforts faits dernièrement par le gouvernement pour les encourager. A la vérité, les fabriques d'acier, de faïence, les manufactures de glaces et de draps, ne laissent plus rien à désirer, tant elles se sont perfectionnées dans ces dernières années; les couleurs des étoffes de soie et des toiles pourraient être meilleures. Mais ces manufactures ne suffisent pas à la consommation du pays. Les autres produits principaux de l'industrie des deux royaumes, surtout de celui de Suède, sont : la construction des vaisseaux, qui forme un important article d'exportation; la coupe du bois de construction; l'exploitation des mines, surtout celles de fer, de cuivre et de cobalt; l'horlogerie de Stockholm et de Gothembourg, et les instrumens de mathématiques et de physique de Stockholm; plusieurs ouvrages en bois; la fabrication de l'eau-de-vie de grains; les papiers; les tanneries et les fabriques de gants; l'orfévrerie de Stockholm; les vases et autres objets en porphyre, fabriqués à Elfvedal, dans le Storakopparberg; les fabriques d'armes et les fonderies de Stockholm, Eskilstuna et Nortelge; la corderie de Falun; les raffineries de sucre de Gothembourg, Stockholm et autres villes.

On doit ajouter que la pêche, surtout dans la Norwége, forme une des branches les plus importantes de l'industrie, et que, de même qu'en Russie, les paysans des deux royaumes font eux-mêmes la plupart des choses dont ils ont besoin.

Les villes de la Suède qui se distinguent le plus pour la quantité et la valeur des produits de leur industrie, sont : Stockholm, qui, à elle seule, fournit presque la moitié de la totalité des produits de tout le royaume ; Norrkoping, Gothembourg, Carlscrona, Malmo, Nykoping, Carlshamn, Mariestad, Uddewalla, Falun et Gefle.

Les villes les plus industrieuses de la Norwége sont : Christiania, Bergen, Christiansand, Drontheim, Christiansund, Kongsberg et Arendal.

Il y a, à des époques non encore déterminées, des expositions publiques des produits de l'industrie nationale, à Stockholm.

COMMERCE. Le commerce de la Suède et de la Norwége est beaucoup plus important que ne l'est leur industrie. Le commerce extérieur, surtout celui de la Suède, était, il y a quelques années, très étendu ; malgré la diminution qu'il a éprouvée depuis 1816, il est encore très considérable. Les immenses progrès que les soins du gouvernement et le zèle des sociétés économiques, établies dernièrement dans toutes les préfectures, ont fait faire à l'agriculture, ont non seulement fait diminuer les grandes sommes d'argent qui sortaient tous les ans pour l'achat des grains, mais, dès l'année 1820, l'importation s'est changée en exportation. Dans les années ordinaires, la partie de ce royaume, située au sud de la Dala-Elf, n'a plus besoin de grains étrangers ; mais la Norwége continue toujours à en importer de grandes quantités. Après la prohibition sévère du vin, de l'arach, du rhum, des cotons fabriqués, du thé et du porter, qui eut lieu en 1816, les principaux articles d'*importation* sont : sucre, café, coton, épiceries, soie, laine, lin, chanvre, savon, sel, fruits du midi, tabac et plusieurs objets manufacturés. On importe en Norwége, outre ces articles, beaucoup de grains.

Les principales *exportations* des deux royaumes consistent en fer et acier, fabriqués et en barres ; bois de construction, poisson sec et salé, ancres, cordages et autres objets relatifs à la marine, cuivre, cobalt, alun, laiton, verre et glaces, potasse, poix et goudron, huile de poisson, marbres, pierres de moulins, ustensiles en bois, cuirs, fourrures.

Il faut ajouter que les Suédois et les Norwégiens gagnent des sommes considérables par le transport des marchandises des nations étrangères sur leurs vaisseaux, surtout dans les ports de l'Europe Méridionale, et qu'un grand nombre de vaisseaux tout construits sont vendus annuellement à des négocians étrangers. Depuis l'union des deux royaumes et depuis les nouvelles routes ouvertes dans l'intérieur, le commerce entre la Norwége et la Suède est devenu assez important; entre la Suède et la Finlande, il est encore très considérable, malgré la cessation de l'importation des grains. Je ferai aussi observer que toutes les villes de ce royaume ne peuvent pas commercer avec les étrangers ; on appelle *Stapelstader,* celles qui jouissent de ce droit, et *Upstader,* celles qui en sont privées.

Les principales villes marchandes du royaume de Suède dans l'intérieur sont : Orebro, Carlstad, Falun, Jonkoping et Christianstad ; le long des côtes : Stockholm et Gothembourg, ensuite Norrkoping, Gefle, Nykoping, Malmo, Carlscrona, Calmar, Wisby, Carlshamn, Marstrand, Huddikswall, Hernosand.

Dans le royaume de Norwége, on doit nommer premièrement Bergen, Drammen, Christiania ; viennent ensuite Langesund, Christiansand, Drontheim, Friderickstad, Arendal, Oster-Rüsoer, Laurvig et Tonsberg.

Les ports militaires de la Suède sont : Carlscrona

pour la flotte ; Stockholm et Gothembourg pour la flottille.

En Norwége, on trouve Friderikswærn, qui est le principal, et Christiansand.

VILLE CAPITALE. Malgré la manière entièrement indépendante avec laquelle ces deux royaumes sont gouvernés, l'un relativement à l'autre, on peut toujours, et il me semble même qu'on doit regarder Stockholm, capitale du royaume de Suède, comme la capitale de toute la monarchie Norwégiéno-Suédoise. Christiania n'est que la capitale du royaume de Norwége.

STOCKHOLM. Avant de commencer la description de cette ville, je vais faire connaître comment la tradition populaire raconte la fondation de la capitale de la Suède, bien cependant qu'on ne puisse pas toujours ajouter une foi entière aux traditions.

Il y a environ 300 ans, le vice-roi Berger Jarl, ou comte Berger, qui gouvernait alors la Suède, résolut de s'immortaliser par la fondation d'une grande cite. Mais, embarrassé sur le choix d'un emplacement convenable, il ne voulut pas se fier aux conseils de son goût et de son jugement ; il préféra s'en rapporter au hasard. Il lança sur l'eau, à une extrémité du lac Malar, un morceau de bois ou long baton, en faisant le serment qu'à l'endroit où il s'arrêterait, il bâtirait une ville. Or, il advint qu'après avoir longtemps flotté de côté et d'autre, au gré des vagues et des vents, le soliveau fut tout-à-coup arrêté, dans son paresseux et insouciant voyage, par une petite île. Fidèle à son serment, le vice-roi y fit élever une ville qui prit le nom de *Stockholm* (littéralement *île de bois* ou *de bâton*).

Cette ville, chef-lieu du gouvernement dont elle porte le nom, capitale de la monarchie Norwégiéno-Suédoise, à 1,884 kilom. N.-E. de Paris, avec une population de 82,000 habitans, est bâtie agréablement sur les deux rives septentrionale et méridionale du lac Malar, le plus pittoresque de la Suède, dans l'endroit où il se réunit à un golfe de la Baltique, sur deux péninsules et sur sept îles plus ou moins grandes. Plusieurs rochers de granit, qui s'élèvent au dessus des eaux, les uns nus et arides, les autres décorés de maisons ou couverts de bois, donnent à la capitale de la Suède un aspect tout particulier et ajoutent à l'impression que produit sa situation pittoresque. On peut la comparer, sous certains rapports, à celle de Venise; mais l'eau qui bat les murs de ses rues est plus claire et plus profonde que celle des canaux et des lagunes de la ville italienne : les vaisseaux de toute grandeur passent entre deux rangs de maisons, devant les fenêtres des habitans; on pourrait même ajouter que, pour la beauté et la variété des sites qu'offrent ses alentours, cette capitale est supérieure à toutes les autres villes de l'Europe Septentrionale. On voit, de toutes parts, des jardins, des bouquets d'arbres, des dômes d'églises; en quelques endroits, des ponts ont été jetés d'une île à l'autre; mais les moyens les plus ordinaires de communication sont des batelets de diverses grandeurs qui circulent partout et dans tous les sens, comme les voitures dans les rues de Paris. Ces batelets sont tous conduits par des femmes. L'inégalité des rochers sur lesquels sont assises les maisons, rend les rues d'un difficile accès. Une grande partie des maisons sont disposées, ainsi que les gradins d'un amphithéâtre, sur le penchant d'une haute colline : un vaste palais couronne et domine l'ensemble de cette vue. En général, les maisons sont construites en pierres et en briques, mais elles sont, extérieurement, ou blanchies ou recouvertes de stuc. Dans les quartiers pauvres, elles sont en bois peint en rouge et jaune. Beaucoup d'habitations sont entourées de jardins dont les murs s'élèvent au bord des eaux ; d'autres, comme dans le faubourg de Sodermalm, s'appuient sur les rochers, qui, plus hauts que les toits, s'élèvent comme des murailles au milieu de ces îlots. Le port est vaste et sûr, mais d'un accès difficile, surtout dans le temps des glaces ; l'entrée en est défendue par les forts de Frideriksborg et de Waxholm. La plus belle et la plus large rue est celle que l'on nomme *Drottning-Gatan* (rue de la Reine) : elle traverse le quartier du Nord, *Norrmalm*, qui est le plus riche en édifices.

Mais, pour avoir une juste idée de la grandeur et du mouvement de Stockholm, ce n'est pas dans les rues qu'il faut l'étudier, c'est sur les quais. Ils sont décorés de magnifiques monumens. L'activité commerciale y bourdonne sans cesse. A leur extrémité, on découvre, d'un côté, les eaux claires de la Baltique ; de l'autre, les eaux calmes et romantiques du lac Malar, qui s'étend à plus de 100 kilomètres dans l'intérieur des terres.

Le *Slottet*, ou palais du roi, est situé au sommet de l'île centrale, que l'on appelle *Staden* ou la Cité. C'est un édifice superbe, de forme carrée et d'une belle architecture ; deux lions de bronze, d'une dimension colossale, semblent en défendre l'entrée ; sous l'une des faces, règnent une belle terrasse et un jardin ; ce palais est rempli de meubles précieux et de collections d'un grand prix ; on y admire surtout la chapelle pour sa grande richesse.

Parmi les églises, on doit surtout nommer celle de Saint-Nicolas ou *Storkyrkan* (la grande église), qui est la cathédrale; elle est remarquable par son antiquité et par la richesse de son autel; l'église de Riddarhuskyrken, qu'on pourrait appeler le Panthéon de la Suède, à cause du grand nombre de tombes royales, de sarcophages et de trophées qu'elle renferme : c'est le lieu de sépulture de la plupart des rois de Suède; c'est là qu'ont été ensevelis Gustave-Adolphe et Charles XII. Viennent ensuite les églises de Catherine, de Claire, de Marie, de Hedvig-Eléonore, d'Ulrique-Eléonore, d'Adolphe-Frederik, qui se distinguent toutes par leur architecture et sont accompagnées de tours assez élevées d'où l'on jouit d'une vue magnifique. La Banque, la Maison de la noblesse, l'Hôtel-de-Ville, la Monnaie, les Chantiers et l'Amirauté, le Parc d'artillerie, le palais dit de la princesse Sophie, l'Opéra, les Écuries royales, l'Hôpital de la garnison, les Casernes, la Maison du gouverneur, le Palais de Justice (*Hof-Ratt*), l'Administration de la guerre (*Krigs-Collegium*) et l'Hôtel de l'Académie des sciences sont tous des bâtimens qui méritent d'être mentionnés.

Dans une salle du grand arsenal, on conserve une suite d'effigies royales en pied et à cheval, faites de bois et de cire. Le Cicérone montre en outre : un *bateau* que l'on prétend avoir été construit par Pierre-le-Grand dans les chantiers de Saardam; la *chemise* sanglante que portait Gustave-Adolphe lorsqu'il périt à Lutzen en 1682; *l'habillement* complet de Charles XII lorsqu'il fut tué à Frédérickshall en 1718.

Parmi les ponts principaux qui réunissent entre eux les dix quartiers de Stockholm, celui nommé Pont-Neuf (*Nya-Bron*), entre la Cité (*Staden*) et le Norrmalm, est le plus beau et le plus grand. On doit citer la belle place de Norrmalm, ornée de la statue équestre et en bronze de Gustave-Adolphe; celle des Nobles, ornée de la statue pédestre de Gustave-Wasa; la place de Charles XII, qui remplace le ci-devant Jardin du Roi, et au milieu de laquelle est la statue pédestre du roi de ce nom; la place Skeppsbron, où se trouve la statue en bronze de Gustave III, qui repose sur un piédestal de porphyre; et celle de Slottsbacken, sur laquelle on voit un obélisque en granit, élevé par le dernier roi, en l'honneur de la milice bourgeoise de Stockholm. Le Parc royal, le Hummelgarden, le Jardin du comte Piper, offrent les plus belles promenades de cette ville, dont la partie centrale (*Staden* ou la Cité) a généralement des rues étroites et tortueuses, mais dont les faubourgs en offrent de droites et bien pavées.

Stockholm possède un grand nombre d'établissemens publics, parmi lesquels on doit mentionner surtout l'Académie des sciences, avec un Observatoire, un Cabinet d'histoire naturelle et une Bibliothèque très riche en livres relatifs aux sciences naturelles; l'Académie des belles-lettres, d'histoire et d'antiquité; celle de la langue et poésie suédoise, dite l'Académie Suédoise ou des Dix-huit; la Société patriotique; l'Académie d'agriculture; celle des sciences militaires; le Collége des mines, avec un riche Cabinet d'histoire naturelle; l'Institut médico-chirurgical Carolinien, qui est le troisième établissement pour la médecine et le seul pour la pharmacie de tout le royaume; il est chargé d'examiner tous les médecins et chirurgiens qui aspirent à des emplois publics; l'École d'arpentage, avec une belle Collection de cartes de Suède; l'École de navigation; celle de dessin et de gravure; l'École de musique ; l'Institut des Sourds-Muets ; l'École vétérinaire ; l'Institut technologique ; l'Institut forestier et plusieurs autres établissemens d'instruction. La magnifique galerie de tableaux, qui offre une belle collection des meilleurs peintres Suédois ; la Bibliothèque royale, une des plus riches de l'Europe Septentrionale ; celle de feu le comte d'Engestrom ; la Collection du baron Hermelin ; le Cabinet des modèles et des machines, un des plus complets dans son genre ; et le Musée des antiques, ne doivent pas être passés sous silence.

Le lecteur connaît déjà la place importante que tient cette ville dans le royaume par son industrie et par son commerce. On doit ajouter que l'immense Hangar où l'on emmagasine le fer, qui, dans les géographies, figure à tort parmi les plus beaux édifices de Stockholm, n'en est pas moins une des curiosités les plus remarquables de cette capitale, par la prodigieuse quantité de ce métal qu'on y trouve rassemblée. Ce fer provient, en grande partie, des magnifiques mines de Danmora, situées entre Stockholm et Upsala. On en exporte, dans les divers royaumes d'Europe, 40 à 45 mille tonneaux chaque année.

Voici les lieux les plus remarquables dans les environs de Stockholm :

Drottningholm, regardée comme le plus beau château royal de la Suède, et construit sur le modèle de celui de Versailles. Situé sur la pointe septentrionale de l'île Lofo, dans le lac Malar, il se distingue surtout par la beauté de ses jardins, de ses pièces d'eau et de ses promenades ; sa population, lorsque la cour y réside, peut s'élever à 4,000 habitans.

Rosendal, dite aussi, par quelques voyageurs,

Villa-Botanica, maison de plaisance, bâtie par le roi régnant, et située au Djurgarden ou le Parc-Royal; le roi y invite de préférence les personnes qui lui sont présentées.

CARLBERG, autre château royal, situé sur un bras du lac Malar, avec un superbe jardin; ce bel édifice a été occupé dernièrement par les 150 élèves de l'École militaire.

MARIEBERG, avec une École militaire et une fonderie de canons.

URICKSDAL, autre château royal, dont on a fait un établissement pour les militaires invalides.

HAGA, jadis séjour ordinaire du roi pendant l'été; la beauté romantique de sa situation, son grand parc anglais et sa belle orangerie doivent être mentionnées.

UPSALA, jolie petite ville, à 60 kilom. N.-O. de Stockholm, résidence d'un archevêque qui est primat du royaume. Ses principaux édifices sont : les Bâtimens de l'Université, parmi lesquels on compte aussi le magnifique manége, une grande et belle place, et la Cathédrale, qui est l'église la plus vaste et la plus magnifique de toute la Scandinavie; son intérieur est rempli de tombeaux de plusieurs grands hommes et personnages historiques célèbres et d'autres objets d'un grand prix. Mais ce qui rend surtout cette ville remarquable, c'est sa célèbre Université, qui est la plus renommée et la plus florissante de toute la partie septentrionale du Continent Européen; sa Bibliothèque, qui ne compte pas moins de 100,000 volumes, est la plus riche de la Scandinavie; le magnifique Théâtre d'anatomie; l'Observatoire, fourni d'excellens instrumens, et auquel est jointe une bibliothèque considérable des meilleurs ouvrages sur l'astronomie ; les cabinets de physique, de chimie et d'histoire naturelle, de médailles et d'objets d'arts, et le Jardin botanique, un des plus riches de l'Europe, malgré la haute latitude à laquelle il est situé, contribuent à soutenir la réputation que lui ont acquise les Linnée, les Vallerius, les Cronstedt et les Bergmann, comptés parmi ses professeurs. Le Séminaire pour les prédicateurs ; l'École de la cathédrale, où l'on enseigne la littérature et les sciences ; la Société des sciences et la Société cosmographique sont ses autres établissemens les plus importans. Population, sans compter les étudians de l'Université, environ 5,000 habitans.

Landscrona, ville fortifiée sur le Sund, à 542 kil. de Stockholm, avec 2,800 habitans. Bon port. Entrepôt pour les marchandises permises ou prohibées. — A 11 kilom. de cette ville, dans le Sund, se trouve :

L'île Hwen, petit endroit remarquable, à cause que Tycho-Brahé y avait son Observatoire.

VICE-CONSULS *et* AGENTS CONSULAIRES
de France à :

Stockholm, en Suède ;

Arendal, *Christiania*, *Flekkefiord*, *Fredrichshald* et *Stavanger*, en Norwége.

PORTUGAL.

MONARCHIE PORTUGAISE.

POSITION ASTRONOMIQUE. Longitude occidentale, entre 8° 46′ et 11° 51′. Latitude, entre 36° 58′ et 42° 7′.

POPULATION. 5,600,000 habitans, colonies comprises.

DIMENSIONS. Plus grande longueur : depuis les environs de Melgaço, dans le Minho, jusqu'aux environs de Faro, dans l'Algarve, 309 milles. — Plus grande largeur : depuis les environs de Campo-Maior, dans l'Alem-Tejo, jusqu'au cap Roca, dans l'Estramadure, 129 milles.

CONFINS. Au nord et à l'est, la monarchie Espagnole ; au sud et à l'ouest, l'Océan-Atlantique.

PAYS. Le royaume de Portugal proprement dit, celui d'Algarve et l'archipel des Açores forment aujourd'hui le royaume de Portugal.

ETHNOGRAPHIE. Tous les habitans du Portugal appartiennent à la SOUCHE GRECO-LATINE, à l'exception de quelques milliers d'étrangers établis dans les grandes villes de Lisbonne et de Porto. Tout le monde parle portugais, langue sœur de l'espagnole et comprise dans la famille greco-latine.

RELIGION. La catholique est la religion de toute la nation; les autres croyances religieuses sont tolérées.

GOUVERNEMENT. Le gouvernement du Portugal est constitutionnel depuis que don Pédro, fils aîné du dernier roi de Portugal et héritier de la couronne, a donné, le 29 avril 1826, à ce royaume, une constitution. Ce prince a abdiqué le 2 mai suivant en faveur de sa fille dona Maria II, reconnue comme reine par la France, l'Angleterre et d'autres grandes puissances.

INDUSTRIE. Tous les géographes et les voyageurs font aux Portugais le reproche banal de manquer presque entièrement de fabriques et de manufactures, et d'être obligés d'acheter aux étrangers tous les objets, non seulement de luxe, mais même les objets nécessaires pour l'habillement le plus grossier et pour l'ameublement de leurs maisons. Pour toute réponse et pour donner une idée de l'industrie de cette contrée, je me bornerai à citer : les fabriques d'armes de Lisbonne; celles de draps et étoffes de laine de Portalègre, Corvilhan et Fundâo; les ouvrages en fer blanc de Lisbonne et Porto; la grande filature de coton de

Thomar, dont le fil est pour le moins égal à celui d'Angleterre et de France ; la faïence de Lisbonne, Porto, Coimbra, Beja, etc.; les toiles peintes de Lisbonne, Porto et leurs environs; les galons, les rubans, les savons fins et grossiers de Lisbonne et les pierres fines taillées dans cette ville ; les excellentes confitures de Lisbonne, Porto, Coimbra et Guimarâes ; l'orfèvrerie et la bijouterie de Lisbonne et de Porto ; la verrerie de Marinha-Grande ; la grande papeterie d'Alemquer, celles de Guimarâes et des environs de Lisbonne ; les grandes raffineries de sucre de cette dernière ville et de Porto ; les toiles du Minho, de la Beira et du Tras-os-Montes ; les tricots d'Alcobaça et de Thomar ; les tanneries de Lisbonne, Setubal, Porto, Coimbra, Evora, etc. ; la chapellerie de Lisbonne, Porto, Elvas, Evora, etc. ; les vanneries de Lisbonne, Porto, Coimbra et leurs environs, dont les produits sont aussi parfaits que solides. Enfin les soieries de Porto et de Bragance, et les étoffes en soie de Campo-Grande, près de Lisbonne, qui imitent parfaitement celles de Lyon.

COMMERCE. Quoique très déchu de ce qu'il était dans les dix années qui ont précédé le départ du roi pour le Brésil, le commerce de ce royaume était encore assez important avant les évènemens de 1820. Les troubles et les changemens de gouvernement qui ont eu lieu depuis lors l'ont réduit presque à rien.

Les principaux *articles exportés* sont : vins, dont le Portugal produit annuellement de 60 à 70,000 pipes ; les salines, au nombre de plus de 2,000, produisent plus de 4,000,000 d'hectolitres de sel ; en outre, cette contrée produit : citrons, oranges, figues, amandes et autres fruits secs, huile, sumac, coton, peaux de chien de mer, orseille du Cap-Vert (Afrique-Portugaise), cornes de bétail, lichen tinctorial, liége en planches et laine.

Les principaux *articles importés* sont : froment, seigle, orge et maïs; morue sèche, viande salée, beurre, fromage, bœufs, chevaux, mulets et autres animaux; drogues médicinales et de teinture; huile de lin, planches, solives, mâts, douves, merrains; beaucoup de fer et d'acier, plomb, étain, cuivre, laiton, charbon de terre, goudron et poix; lin, chanvre, soie, livres et papier; ensuite un grand nombre d'articles des fabriques et manufactures étrangères, dont la plus grande partie est réexportée pour les possessions d'outre-mer. Les principaux articles consistent en étoffes légères de laine, draps fins, toiles d'Allemagne et d'Irlande, toiles à voile, cordages, orfèvrerie, bijouterie, instrumens de physique, de mathématiques, de chirurgie et de musique, quincaillerie anglaise, aiguilles, cristaux et faïence fine d'Angleterre. Il faut ajouter à cela tous les produits importés des colonies, tels que sucre, café, cacao, etc., etc.

Les villes les plus marchandes de l'intérieur sont : Elvas, Evora, Viseu, Braga, Peso da Regoa, Leiria, Guimaraães, Abrantes, Bragance, Beja, Covilhan et Coimbra. Viseu, Evora, Golegan, Lamego et Peso da Regoa ont des foires très riches et très fréquentées.

Les ports de mer les plus importans pour leur commerce sont : Lisbonne, Porto, Setubal, ensuite Faro, Figuiera et Viana.

On peut dire que Lisbonne est le seul port militaire du royaume. C'est aussi le seul où se trouvent les chantiers pour la construction des bâtimens de la marine militaire. On en construit aussi à Porto, mais seulement de très petits.

LISBONNE, capitale du royaume et de la province d'Estramadure, à 16 kilom. de l'Océan, 520 kilom. O.-S.-O. de Madrid et 1,540 kilom. S.-O. de Paris ; bâtie comme l'ancienne Rome, sur sept collines, baignée par le beau fleuve du Tage, dont elle borde la rive droite, elle s'élève et se déroule en amphithéâtre dans un espace de plus de 12 kilom., ou même de 30 kilom., si, confondant avec elle les groupes de châteaux et d'habitations qui l'avoisinent, on embrasse d'un seul coup d'œil le rayon qui s'étend de Xabegras à Belem. Elle est la résidence d'un patriarche, avec un des plus beaux mouillages de l'Europe et environ 260,000 habitans.

Lisbonne est partagée en deux villes. L'ancienne se compose des débris de la terrible catastrophe du 1er novembre 1755 ; c'est un amas malpropre de rues étroites et tortueuses : rien n'y est changé. La nouvelle, au contraire, se distingue presque partout par la beauté de ses maisons, par l'alignement de ses rues et par sa grande propreté.

Les principaux bâtimens publics sont : le vaste Palais royal, dans le faubourg d'Ajuda, qui, lorsqu'il sera entièrement fini, pourra, malgré de grands défauts, passer pour un des plus beaux de l'Europe ; ceux de Bemposta, où se donnent les audiences royales, et de Necessidades, qui, sous tous les rapports, sont beaucoup inférieurs au premier. L'Arsenal de la marine, où se trouve une salle d'une grandeur extraordinaire ; l'Arsenal de terre ; l'Opéra italien ou Théâtre de San Carlos, comparable aux beaux théâtres d'Italie du second ordre ; enfin les beaux édifices qui forment la

Place du Commerce, et où se trouvent la Bourse, la Douane, la Maison des Indes, l'Intendance de la marine, la Bibliothèque royale et autres établissemens.

Lisbonne a un grand nombre de couvens : ceux de Saint-Vicente de Fora, fondé par Jean III ; des Grillos ; de Graça, qui couronne le sommet d'une colline ; des Loios, d'Estrella, des Paulistas ; de San-Bento, où les Cortès tiennent leurs assemblées ; de Belem et de Necessidades, qui est aujourd'hui la résidence royale, quoique d'un aspect peu agréable, doivent être rangés parmi les édifices les plus remarquables de cette capitale. Dans celui de Necessidades, les Cortès ont tenu leurs séances depuis 1820 jusqu'en 1823.

Sept temples surtout méritent de fixer l'attention ; ce sont : la magnifique église du couvent de Belem, bâtie par le roi Emmanuel sur le lieu même de l'embarquement de Vasco de Gama ; celle de *San-Antaô* (Saint-Antoine), remarquable par son architecture et par ses ornemens ; celle du *Coraçâo de Jesus* (du Cœur de Jésus), appartenant au couvent d'Estrella, vaste bâtiment qui s'élève sur la colline de Buenos-Ayres, et où la famille royale et la cour entendent le plus souvent la messe. Ses colonnes sont d'ordre corinthien, son dôme est un modèle de noblesse, ses tours charment par leur élégance ; mais le portique est mesquin et ne répond pas aux dimensions du reste de l'édifice ; la *Sé* ou la Cathédrale, autre vaste édifice, de construction ancienne, restauré depuis le tremblement de terre de 1755 ; l'église de St.-Roch, remarquable par la superbe chapelle en mosaïque de Saint-Jean-Baptiste, que le roi Jean V fit construire à Rome et transporter à Lisbonne ; les piliers de l'autel de Saint-Roch sont formés d'un seul morceau de lapis-lazuli ; celle de San-

Vicente de Fora, tenant au couvent de ce nom, grand et bel édifice, et l'église de Santa-Engracia, autre vaste bâtiment, construit en forme de dôme en belles pierres de taille, orné de beaux marbres.

La Place du Commerce (*Praça do Commercio*), qu'on appelle aussi Place du Palais (*Terreiro de praço*), ou bien encore Place du Cheval-Noir, et celle du Rocio sont les plus belles et les plus importantes de Lisbonne. Au milieu des beaux bâtimens sus-mentionnés qui forment la première, qui est un espace carré et dont un côté est ouvert sur le Tage, s'élève la superbe statue équestre du roi Joseph Ier. Le roi, le cheval et les serpens qu'il foule sont de bronze. On assure que le creux des yeux du cheval était autrefois rempli par deux diamans du plus haut prix; les habitans racontent à ce propos que, lors de l'invasion française, en 1807, le général Junot, ne pouvant emporter le cheval, se vengea en lui arrachant les yeux. Le piédestal est formé d'un seul bloc de marbre blanc : les faces en sont ornées du profil en bronze du roi, et de sculptures représentant les triomphes du Portugal dans l'Inde et dans l'Amérique. La Place du Rocio est fermée, du côté du nord, par le vaste Palais de l'Inquisition, où sont établis les bureaux de différens ministères. Le Jardin public (*Passeio publico*), dont les arbres sont taillés de manière à représenter de grotesques figures, a le défaut d'être trop petit et trop monotone.

Il y a environ 500 rues droites ou de traverses dans les deux quartiers de Lisbonne; les plus belles sont celles de l'Or (*do Ouro*), de l'Argent (*da Prata*) et la rue Auguste (*rua Augusta*); toutes les trois sont tirées au cordeau et bordées de belles maisons d'une architecture régulière, embellies par des boutiques d'orfèvres, de joailliers, de marchands de draps et d'étoffes de soie.

Malgré les déclamations banales de certains auteurs sur l'ignorance des Portugais et sur le manque d'établissemens scientifiques et littéraires, on peut assurer que Lisbonne en a plusieurs et assez bien organisés. On peut citer : l'Académie royale de marine, avec son Observatoire; l'Ecole royale de construction et d'architecture navale; l'Académie royale de fortification, d'artillerie et de dessin; l'Ecole royale de chimie et celle de sculpture et de commerce. On peut nommer aussi le Collége royal militaire; celui des Nobles; l'Institut de musique; les Ecoles royales de San-Vicente de Fora, où l'on enseigne les langues anciennes et le français, la physique, la géométrie et la philosophie. L'Académie royale des sciences de Lisbonne est le premier corps savant du Portugal, et publie, depuis sa fondation, des ouvrages et des mémoires du plus haut mérite; la Bibliothèque royale, celle de Necessidades; le Cabinet d'histoire naturelle et le Jardin botanique à Ajuda; les Cabinets de physique aussi à Ajuda, sont des établissemens qui méritent d'être mentionnés.

On voit aussi à Lisbonne le château de Saint-Georges, patron protecteur du Portugal.

Le magnifique Panorama de Constantinople est peut-être le seul qu'on puisse comparer à celui de Lisbonne.

Les environs de cette capitale offrent plusieurs lieux remarquables par leurs positions pittoresques.

Mafra, petite ville de 3,000 habitans, renommée par sa superbe Basilique, par son vaste Couvent et par un magnifique Palais royal, tous construits sous Jean

V ; c'est, sans contredit, le plus beau monument moderne du Portugal et un des plus somptueux de l'Europe.

QUELUZ, château royal, d'une architecture irrégulière, maintenant séjour ordinaire de la cour ; ce lieu n'a d'autres habitans que les personnes attachées à la cour. L'édifice le plus remarquable de Lisbonne et des environs est l'aqueduc de Bemfica (*agoas livres*). Sa longueur est d'environ 20 kilom. La plus grande de ses arches a 66 mètres de hauteur et 33 d'ouverture. Il fournit à la ville presque toute l'eau qu'elle consomme. « C'est l'un des plus magnifiques ouvrages de l'Europe moderne, dit Maltebrun ; il supporte la comparaison avec ce que les anciens ont fait de plus beau dans ce genre. »

CAMPO-GRANDE, petit endroit de 1,300 habitans, renommé dans tout le Portugal par sa grande fabrique de soierie ; c'est le rendez-vous ordinaire des cavaliers et du beau sexe de Lisbonne, particulièrement les dimanches ; on y fait quelquefois des courses.

ALMADA, gros bourg d'environ 4,000 habitans, à la gauche du Tage ; dans son voisinage est située la mine d'or d'Adissa, exploitée depuis quelques années.

SETUBAL, à la droite de l'embouchure du Sado, à 36 kilom. S.-E. de Lisbonne, importante surtout par son commerce en sel, figues, citrons, oranges, vin muscat et vins blancs, liége, dont on exporte pour des sommes très considérables ; c'est la troisième ville du royaume pour le commerce maritime, favorisé par son beau port. Population : 15,000 habitans.

SANTAREM, sur le Tage, importante par son commerce. Cette ville a été la résidence de plusieurs rois de Portugal. Dans ses environs, on y moissonne deux mois après avoir semé. Population : 8,000 habitans.

CONSULS *de France à :*

Lisbonne et à *Porto.*

PRUSSE.

MONARCHIE PRUSSIENNE.

Les pays dont se compose cet état ne sont pas contigus. En négligeant la principauté de Neuchâtel et quelques petits districts isolés dans la Saxe, ils forment deux grandes masses distinctes et très inégales qu'on pourrait appeler Partie orientale ou Pays à l'est du Weser, et Partie occidentale ou Pays à l'ouest du Weser. Les possessions des maisons de Brunswick, de Hesse, de Waldeck, de Lippe et de Nassau, forment cette séparation. Les pays possédés par la maison d'Anhalt et une partie de ceux de la maison de Schwarzbourg sont, au contraire, entièrement enclavés dans la partie orientale, mais n'y forment qu'une interruption pour ainsi dire imperceptible.

POSITION ASTRONOMIQUE. Longitude orientale (de la Partie orientale et occidentale ensemble), entre 3° 30′ et 20° 30′. Latitude, entre 49° et 56°.

POPULATION. 14,270,000 habitans.

DIMENSIONS. Plus grande longueur des deux masses ensemble : depuis l'extrémité orientale de la Prusse, dans le gouvernement de Gumbinnen, près de Schirwind, jusqu'à Saarlouis, dans la province Rhénane, 690 milles. — Plus grande longueur de la partie orientale seulement : depuis la rive gauche du Szerzuppe, affluent gauche du Niémen, dans le gouvernement de Gumbinnen, jusqu'à la rive droite de la Werra, affluent du Weser, au sud-ouest de Heiligen-Stadt, dans le gouvernement d'Erfurt, 509 milles. — Plus grande largeur de la partie orientale seulement : depuis la rive gauche de l'Oder, sur la frontière de la Silésie-Autrichienne, jusqu'à la Baltique, près de Cœslin, 272 milles.

CONFINS. De la partie orientale : au nord, les grands-duchés de Mecklembourg-Schwerin et Mecklembourg-Strelitz, et la Baltique. A l'est, l'empire Russe, le royaume de Pologne et la république de Cracovie. Au sud, le royaume de Pologne, l'empire Autrichien (Silésie, Bohême) et les possessions de la maison de Saxe. A l'ouest, le royaume de Hanovre et le duché de Brunswick. — De la partie occidentale : au nord, la monarchie Hollandaise, les royaumes de Belgique et de Hanovre. A l'est, le royaume de Hanovre, les possessions des maisons de Lippe, de Waldeck, de Hesse et de Nassau. Au sud, la monarchie Française, les petites enclaves dépendant de Oldenbourg et de Saxe-Cobourg-Gotha, et le cercle Bavarois du Rhin.

A l'ouest, la monarchie Hollandaise et le royaume de Belgique.

PAYS. La monarchie Prussienne comprend actuellement les pays suivans : dans le cercle de la Haute-Saxe : la Marche ou électorat de Brandebourg ; la Poméranie, y compris la partie occidentale, qui, avec l'île de Rugen, appartint à la Suède jusqu'en 1814 ; les cercles de Wittemberg, de Naumbourg, de Turinge, de Querfurt, partie de ceux de Misnie et Mersebourg et quelques fractions de celui de Leipsick avec leurs enclaves respectives hors de leurs confins, entre autres avec Shula, pays appartenant autrefois à l'électorat et au royaume de Saxe, le pays d'Erfurt, le Haut-Eichsfeld et Treffurt, dépendant auparavant de l'électorat de Mayence ; les villes impériales de Mülhausen et Northausen. Dans le cercle de la Basse-Saxe : le duché de Magdebourg et la principauté de Halberstadt. Dans le cercle de Westphalie : les évêchés de Paderborn et de Corvey, la plus grande partie de celui de Münster et partie de celui de Liége ; le duché de Westphalie, dépendant autrefois de l'électorat de Cologne, et plus tard le grand-duché de Hesse ; les duchés ci-devant bavarois de Juliers et de Berg avec leurs dépendances ; le duché de Clèves, la principauté de Minden, les comtés de Ravensberg, Mark, Tecklembourg, et partie de celui de Lingen, appartenant, depuis longtemps, au roi de Prusse ; les abbayes de Werden, Essen, Elten, Erford ; une partie des pays ci-devant dépendant de la maison d'Orange-Nassau ; les villes impériales de Dortmund et d'Aix-la-Chapelle. Dans le cercle du Bas-Rhin : presque tous les électorats de Trèves et de Cologne, une fraction de celui de Mayence, et une petite partie du Bas-Palatinat, autrefois possédé par la Bavière. Dans le cercle du Haut-Rhin, quelques petits territoires. A tous ces pays, il faut encore ajouter les possessions des princes médiatisés. En outre, toute la Basse-Lusace et environ trois-cinquièmes de la Haute; presque tout le duché de Silésie, avec le comté de Glatz; toute la Prusse, savoir : l'Orientale, depuis longtemps possédée par le roi de Prusse, et l'Occidentale, séparée plus tard du royaume de Pologne; la partie occidentale de la Grande-Pologne, formant partie du ci-devant royaume de Pologne, savoir : le palatinat de Posen et partie de ceux de Culm, de Gnesen et de Kalisch; la ville et le territoire de Dantzig, dans la Prusse-Occidentale; le canton de Saarlouis et quelqu'autre fraction de la Lorraine en France; enfin, le canton de Neufchâtel, dans la Confédération Suisse.

ETHNOGRAPHIE. Les habitans de cet état appartiennent aux deux souches suivantes : SOUCHE GERMANIQUE, qui comprend les habitans des provinces Allemandes, à l'exception de ceux appartenant à d'autres souches, et les Allemands des provinces hors de l'Allemagne, telles que la Prusse Orientale et Occidentale, etc. Ces peuples sont de beaucoup les plus nombreux, formant à eux seuls les cinq-sixièmes de toute la population de la monarchie. SOUCHE SLAVE, à laquelle appartiennent les Polonais et leurs subdivisions, dans le grand-duché de Posen, la Prusse Occidentale, dans une partie de la Haute-Silésie et quelques endroits de la Basse, et les Cassubes du gouvernement de Cœslin; les Sorabes, nommés communément, mais improprement Wendes, dans la Haute et Basse-Lusace comprises dans le gouvernement de Francfort; les Lithuaniens, qui vivent dans les environs d'Insterburg,

Gumbinnen, Plükallen, Tilsit, etc.; les Kures, subdivisions des Lettons, qui habitent le long du Kurische-Nehrung, dans le gouvernement de Kœnigsberg; les Juifs, qui appartiennent à la SOUCHE SEMITIQUE, et les Français, compris dans la SOUCHE GRECO-LATINE, ne forment qu'une très petite fraction de la population de cet état. Les premiers sont très nombreux dans le gouvernement de Posen; les seconds, à quelques milliers près, se trouvent tous sur les frontières occidentale et méridionale de la province du Bas-Rhin, et principalement dans les cercles de Bitbourg et de St.-Vith.

RELIGION. On peut regarder l'église évangélique (1) comme la religion de l'état, quoique toutes les autres religions y jouissent de la plus grande liberté d'exercice et même de droits presque égaux. Les premiers ecclésiastiques de Berlin, de Stettin, de Postdam, ont le titre d'évêque; celui de Kœnigsberg vient d'être élevé à la dignité d'archevêque par le roi; cette église a ses surintendans, ses archiprêtres, ses inspecteurs, ses doyens, ses prévots et ses pasteurs. Chaque province et chaque cercle a son synode; il y a, en outre, un consistoire par province, et Berlin est, tous les cinq ans, le siége d'un synode général. L'église catholique a deux archevêques, celui de Cologne et celui de Posen; ce dernier a le titre de Posen-et-Gnesen; et sept évêchés, dont les siéges sont : Aix-la-Chapelle, Breslau, Culm, Ermeland, Münster, Paderborn et Trèves.

---

(1) On appelle de ce nom, la fusion ou réunion des deux églises luthérienne et calviniste en une seule.

Le luthéranisme proprement dit et la religion évangélique sont professés par la grande majorité des habitans des provinces de la Prusse-Orientale, de Brandebourg, de Poméranie et de Saxe ; le catholicisme, par la grande majorité des habitans des provinces de Westphalie et du Rhin, ainsi que du grand-duché de Posen. Ces deux principaux cultes se partagent entre eux la population de la Silésie et de la Prusse–Occidentale. Les Juifs, les Mennonites, les Frères Moraves et autres sont trop peu nombreux pour être mentionnés. En ne tenant pas compte de ces petites fractions de la population de cet état, on peut dire que les trois-cinquièmes de ses habitans professent la religion évangélique, et que les deux autres cinquièmes appartiennent à la catholique.

GOUVERNEMENT. Auparavant, le gouvernement Prussien était une monarchie absolue ; mais, par une décision du roi Frédéric-Guillaume III, le principe constitutif des états provinciaux s'est établi dans les pays qui forment la monarchie Prussienne, et l'application s'en est faite successivement dans les provinces. Ces états, composés de trois ordres, n'ont cependant pas une grande influence dans les affaires du gouvernement ; ils ne s'assemblent que pour régler ce qui concerne la perception des contributions et les caisses du crédit que possèdent plusieurs provinces. En général, quoiqu'il n'y ait pas en Prusse de véritable liberté politique, on peut dire que la liberté civile y est très respectée. Comme souverain des provinces de Brandebourg, de Poméranie, de Silésie, de Saxe, de Westphalie et de la province Rhénane, le roi de Prusse fait partie de la Confédération Germanique. Il est aussi, avec les empereurs d'Autriche et de Russie, protecteur de la république de Cracovie.

INDUSTRIE. Plusieurs gouvernemens ou provinces se distinguent par leur industrie, qui a pris un grand essor depuis la fin du dernier siècle, et surtout depuis quelques années. Les gouvernemens les plus remarquables, sous ce rapport, sont ceux de Cologne, Düsseldorff, Aix-la-Chapelle, Minden, Arensberg, Breslau et Lignitz. Les manufactures de laine et de coton, et ensuite celles de toile, sont les trois branches principales de l'industrie Prussienne; viennent ensuite les manufactures de soie et celles des ouvrages en cuivre, fer, laiton et autres articles de quincaillerie. Voici quelques-uns de leurs principaux articles : les toiles de Hirschberg, Schmideberg, Landshut et Greifenberg en Silésie, celles de Bielefeld, Barmen, Elberfeld, Wahrendorf en Westphalie; les draps fins de Berlin et ceux d'Eupen, Aix-la-Chapelle, Montjoie, Malmedi, Stolberg, etc., dans le gouvernement d'Aix-la-Chapelle; les siamoises, nankins, toiles de coton, mouchoirs, bas, futaines et piqués d'Elberfeld, Barmen, Crevelt, Bonn et Berlin; les soieries de Berlin, Barmen, Elberfeld, Cologne, Postdam, etc.; les tanneries de Malmedy et Cologne, Mülhausen, Berlin et Magdebourg; les peausseries de Berlin, Halberstadt, Magdebourg, Kœnigsberg et Dantzig; les maroquins de Berlin, Stettin, Halle, Kœnigsberg, Drossen et Kochheim; les ganteries de Berlin, Halle et Magdebourg; les lames de Solingen et Suhl; les fabriques d'armes d'Essen, Solingen, Burg, Suhl, Postdam et Spandau; les importans et nombreux produits des fabriques de fer de Hagen et ses environs; les grandes fabriques de faux à Remscheid, d'aiguilles à Altena, d'aiguilles et épingles à Iserlohn, Aix-la-Chapelle, Burscheid, Jacobswald, Hegermühle et Stolberg dans le Harz, de laiton à Stolberg près d'Aix-la-Chapelle;

les ouvrages d'or et d'argent de Berlin, Cologne, Breslau et Dantzig ; les verreries de Zechlin et Warmbrunn ; les glaces de Neustadt sur la Dosse et de Friedrichsthal ; les lustres de Wiesen ; la porcelaine, le bleu de Prusse, les carrosses, les bijoux en fer fondu et les montres de Berlin. Je ferai aussi observer que Berlin et Halle sont les deux villes principales de la monarchie pour les produits de la librairie.

COMMERCE. Malgré les entraves que doit opposer aux entreprises commerciales le morcellement de la monarchie Prussiennè, il y a peu d'états en Europe qui, proportionnellement à leur étendue et à leur population, aient un commerce plus actif et plus important que les états prussiens.

Les principaux articles d'*exportation* consistent en grains, toiles et fil, draps, zinc, ouvrages en fer, cuivre et laiton, porcelaine, bois de construction, ébénisterie, quincaillerie, aiguilles, armes, bleu de Prusse, tabac, viande salée, vin de la Moselle et du Rhin, liqueurs, eau-de-vie, eau de Cologne, cire, jambon de Westphalie, montres, voitures, instrumens de musique et de mathématiques.

Les principaux articles d'*importation* consistent en or, mercure, étain, sucre, café, thé et autres denrées coloniales, vins de France et de Hongrie, coton, soie, tabac en feuilles, sel de marais, garance moulue, chardons cardières.

Les principales villes commerçantes dans l'intérieur sont : Berlin, qui est le centre du commerce de toute la monarchie et le siége de la grandé Banque nationale ; Elberfeld, qui est le siége de la Compagnie des Indes-Occidentales et la première place pour le commerce lointain ; Breslau, qui est l'entrepôt du commerce de la Silésie, et Cologne, de celui des pays le long du Rhin. Viennent ensuite : Francfort-sur-l'Oder, Naumbourg, Magdebourg, Erfurt, Nordhausen, Wesel, Mulhausen, Aix-la-Chapelle, Coblentz, Saint-Goar, Remscheidt, Iserlohn, Soest, Bielefeld, Neuwied, Duisbourg, Hirschberg en Silésie, Lissa, Fraustadt, Posen et Thorn.

Les principaux ports marchands sont : Dantzig, Memel, Stettin, Kœnigsberg, Stralsund, Greifswalde, Rügenwalde, Wolgast, Colberg et Stolpemünde.

BERLIN, située sur les deux rives de la Sprée, à 16 kilom. de sa jonction avec le Havel, et à 980 kil. N.-E. de Paris; bâtie sur un terrain stérile et nu; tout autour se déploient des plaines sablonneuses : c'est la Palmyre du Nord. A la vue de cette grande et riche capitale, on ne se douterait guère que l'emplacement qu'elle occupe avec ses faubourgs et ses jardins, n'offrait, il y a un siècle seulement, que des marais, de noires et profondes forêts de sapins, où la noblesse prussienne venait chasser le cerf, et qui retentissaient la nuit des hurlemens sauvages des loups et des ours. La *Neustadt* ou la Ville-Nouvelle, ou bien encore *Friedrichsstadt* (ville de Frédéric), commencée par Frédéric-le-Grand, est bâtie très régulièrement; son ensemble offre un aspect vraiment imposant. Des rues larges et bien alignées, plusieurs édifices publics et particuliers magnifiques, plusieurs belles places et un grand nombre de maisons élégantes justifient la réputation dont elle jouit. Berlin est la capitale de la monarchie, la résidence ordinaire du roi et la résidence d'un évêque évangélique; elle surpasse toutes les autres villes du royaume pour l'étendue, l'industrie, le commerce, et aussi par sa population, qui s'élève à 288,000 habitans, y compris la garnison, qui est ordinairement de 30,000 hommes.

Parmi les nombreux édifices qui décorent cette capitale, on remarque surtout : le Palais du Roi, vaste bâtiment, rangé parmi les plus belles résidences des monarques de l'Europe; le Palais de l'Université; ceux de l'Académie royale des sciences, du prince Charles, ci-devant palais des chevaliers de l'ordre de Saint-Jean; le superbe bâtiment du Nouveau Musée, ouvert depuis quelques années au public : c'est une des plus merveilleuses créations de l'architecture moderne, et qui fait honneur au génie de M. Schinkel; on y admire surtout les belles galeries de sculptures et de tableaux qui entourent une magnifique rotonde, dont la coupole est fermée par un immense vitrage; les Écuries royales; le Théâtre de l'Opéra, un des plus vastes de l'Europe, et le Nouveau Théâtre royal, remarquable surtout par sa magnifique et vaste salle de concert; l'Arsenal, un des plus vastes établissemens qui existent en ce genre, et remarquable aussi par son architecture : cet édifice est d'un style sévère, quoique massif, et d'un caractère sombre; de lourdes chaînes en fer, de nombreux canons en défendent l'entrée; tout près du grand portail se dresse la statue de Blücher; la Douane, la Nouvelle Monnaie.

Plusieurs beaux palais appartiennent à des particuliers; je citerai ceux des princes Sacken, Hardenberg et Radzivil, et ceux des comtes Schulemburg et Rœdern, intendant du Théâtre royal; le palais de ce dernier est riche et vaste, et son architecture rappelle celle du château grand-ducal à Florence.

Parmi les bâtimens consacrés au culte, on distingue

surtout : l'Eglise de la garnison, qui est la plus grande de toutes; l'Eglise de Sainte-Hedewige, construite sur le modèle du Panthéon de Rome ; celle de Sainte-Marie, remarquable par sa tour élevee, et celle de Saint-Nicolas, par sa haute antiquité et ses ornemens gothiques; la Cathédrale (*Dom*), dont les caveaux ont servi de sépulture à plusieurs princes de la maison royale.

Berlin compte 22 places, dont les plus belles sont les suivantes : la Place Guillaume, à l'extrémité de l'avenue des tilleuls, ornée des statues en marbre des cinq grands capitaines de la guerre de sept ans, savoir : Schwerin, Seidlitz, Keith, Winterfeld et Ziethen; la Place de la Parade ; la Place Belle-Alliance, ci-devant Rondel ; la Place d'Alexandre et celle des Gens d'armes. On doit aussi mentionner le Pont-Long (*Lange-Brucke*), orné de la magnifique statue du grand électeur Frédéric-Guillaume, et le Lustgarten, jolie place, ornée de la statue du prince Léopold de Dessau ; la porte de Brandebourg, objet d'admiration pour le voyageur entrant par cette porte ; c'est une magnifique copie du propylée d'Athènes. Debout sur un quadrige, une statue de femme, en bronze, surmonte l'attique : c'est la Victoire brandissant avec fierté sa lance terminée par la croix de fer.

Les rues Frédéric, Guillaume et *Unter den Linden* (Sous les Tilleuls) sont réputées pour être les plus belles de Berlin ; cette dernière, ornée de six rangées de tilleuls, est une des plus belles de l'Europe. Devant la porte de Halle, on admire, sur le Kreuzberg, le magnifique *Kreigsdenkmahl* (monument de guerre), élevé en 1820. A l'extrémité des tilleuls, entre le château et la porte de Brandebourg, on a construit un monument à la mémoire de Frédéric-le-Grand : c'est une colonne surmontée de la statue colossale, en fer, de ce héros, et semblable à celle de Trajan.

La seule promenade de Berlin est un parc, connu sous le nom de *Thier-garten* : ce sont les Champs-Elysées de Berlin. On ne doit pas oublier les quatre Jardins d'hiver, qui, dans cette saison, sont le rendez-vous de la bonne compagnie et le plus bel ornement de Berlin. Ce sont de vastes serres ou orangeries, chauffées par des poêles placés au dehors, et garnies de caisses d'orangers, de myrtes et de plantes de la Nouvelle-Hollande; on y trouve des tables dressées sous le feuillage, pour les rafraîchissemens, des journaux et des brochures, des salles de billard, un orchestre, un lecteur, un professeur, et souvent même on y joue la comédie; le soir, ces jardins sont illuminés.

La capitale de la monarchie Prussienne a un grand nombre d'établissemens scientifiques et littéraires, parmi lesquels se distinguent : l'Université, qui est une des premières de l'Europe; l'Ecole militaire; l'Académie militaire de chirurgie et de médecine; le Séminaire, pour les maîtres d'école; le Collége de Louise, pour former les institutrices; le Gymnase de Joachim; celui de Frédéric-Guillaume, avec les Ecoles royales (*Real schulen*) et quatre autres; l'Ecole royale vétérinaire, une des plus célèbres de l'Europe; l'Ecole des métiers, celle des beaux-arts; l'Académie de chant; l'Institut des Sourds-Muets, et une foule d'autres établissemens d'instruction publique. Viennent ensuite l'Académie royale des sciences; l'Académie des beaux-arts et celle des sciences mécaniques et d'architecture (*mechanische Wissenschaften und Baukunst*); la Société d'histoire naturelle, celle de médecine et chirurgie ; les Sociétés philomatique et germanique ; celle de géographie ; la Bibliothèque royale, une des plus riches de l'Europe, et plusieurs autres assez considérables ; l'Observatoire, le Cabinet d'histoire naturelle, un des plus riches de l'Europe, surtout pour les oiseaux et les poissons ; le Jardin botanique, un des plus riches qui existe ; le Cabinet des médailles, la Galerie de tableaux et de statues au musée, etc. ; le Musée égyptien, formé dernièrement par feu le roi Frédéric-Guillaume III en achetant la belle collection recueillie dans ses voyages par le général Minutoli, et celle bien plus considérable formée en Egypte par M. Passalacqua ; cette dernière, très riche en objets relatifs aux usages religieux, civils et funéraires des anciens égyptiens, en meubles et ustensiles de tout genre, est surtout remarquable par l'ensemble des objets découverts dans une chambre sépulcrale, dans laquelle ce jeune voyageur a pénétré le premier. Ce tombeau, qui est, sans contredit, une des découvertes archéologiques les plus intéressantes faites de nos jours, se compose de trois grands cercueils en bois, concentriques ou emboîtés l'un dans l'autre, dont le dernier renfermait la momie d'un grand-prêtre. Les deux barques, peintes et sculptées en bois de sycomore, pourvues de tous leurs agrès et surmontées de figurines trouvées dans la chambre sépulcrale, sont de la plus grande importance, parce qu'elles nous donnent une idée positive de la plus ancienne navigation sur le Nil, sur laquelle on n'avait que des transcriptions trop générales, ou des peintures et des bas-reliefs sur les anciens manuscrits et sur les monumens, qui laissaient encore beaucoup à désirer ; ce sont des modèles précieux qui nous retracent fidèlement tous les détails des cérémonies en usage chez les Egyptiens dans un convoi funèbre sur le Nil, ainsi que la construction des barques sur lesquelles on voyageait sur ce fleuve il y a trois mille ans, et les manœuvres employées pour les conduire. On doit ajouter que si le Musée égyptien de la capitale du Piémont se distingue de tous les autres par ses monumens historiques, et si celui du Louvre est supérieur aux autres par la richesse des matières, par la magnifique Collection de manuscrits sur papyrus et par quelques morceaux de sculpture d'un intérêt sans égal, tels que le fameux Zodiaque de Denderah, le tombeau de Rhamsès IV et la Muraille numérique du temple de Karnac, véritable statistique en tableau des revenus de l'Egypte pour trois époques comparées, le Musée de Berlin les dépasse tous par le choix des objets relatifs aux usages de ce peuple reculé.

La Sprée est une rivière large comme la Seine à Paris; ses eaux bourbeuses et jaunâtres coulent si lentement, qu'on les dirait immobiles. Son cours est à peine de 90 kilom. depuis Bautzen, où elle prend sa source, jusqu'au point où elle se jette dans le Havel, qui va se réunir à l'Elbe.

Hors de la porte de Brandebourg, on trouve, d'un côté, le Thier-Garten, déjà nommé, qui est pour Berlin ce que sont le Prater pour Vienne et le bois de Boulogne pour Paris; et, de l'autre côté, l'Exercir-Platz, espèce de Champ-de-Mars, où les troupes font leurs manœuvres. Un peu plus loin on trouve :

Stralau, petit village de 90 habitans, situé sur la Sprée, et habité par des pêcheurs. C'est une ancienne coûtume, un ancien droit des habitans, de jeter, le 24 août de chaque année, leurs filets cinq fois dans la rivière. La fête à laquelle donne lieu cette pêche, est une des plus remarquables de la Prusse. Plusieurs Berlinois y ont des maisons de campagne.

Schoenhausen, avec un château et un jardin du roi.

Charlottenbourg, sur la Sprée, petite ville de 6,000 habitans, remarquable par le magnifique palais royal bâti par Frédéric II, et par le beau mausolée élevé dans ses jardins en l'honneur de la reine Louise.

Tegel, remarquable par la belle maison de campagne des célèbres barons Alexandre et Guillaume de Humboldt.

Koepnik, sur une île de la Sprée, avec un château, un beau jardin et environ 2,000 habitans.

Postdam, à 24 kilom. de Berlin, sur le Havel, deuxième résidence royale, ville remarquable par l'importante beauté des façades de ses maisons, par le magnifique Château royal, par plusieurs beaux édifices, par son industrie variée et par plusieurs établissemens littéraires et de bienfaisance. C'est dans le caveau de cette résidence que le grand Frédéric fut inhumé; Napoléon, qui professait l'admiration la plus grande pour le monarque prussien, visita son tombeau le 26 octobre 1806. Cette ville est le Versailles de la Prusse. Sa population est au dessus de 30,000 habitans.

Dans ses environs immédiats, on trouve le château de Sans-Soucis, construit par Frédéric-le-Grand, et dont il était le séjour favori; le Palais-Neuf et le Palais de marbre; ces trois maisons royales, ainsi que le jardin, doivent fixer l'attention du voyageur; dans celui de marbre, qu'on regarde comme le plus beau, on voit une salle immense tapissée de toutes sortes de coquillages.

Pfauen Insel (*l'île des Paons*) est remarquable par la belle maison royale de plaisance, séjour favori de feu la reine Louise ; les environs du lac où cette île est située offrent un coup-d'œil superbe ; c'est une véritable oasis au milieu des sables de la Marche.

CONSULS *et* AGENS CONSULAIRES *de France à :*

Dantzig, *Kœnigsberg*, *Memel*, *Stettin* et *Swinemunde*.

Le traité de commerce, récemment conclu entre la Prusse et la Hollande, aura probablement pour résultat l'extinction de la fabrication du sucre de betteraves dans toute l'Allemagne, la Prusse, etc., où cette industrie paraissait devoir vivre en sécurité, croyant n'avoir là à redouter aucune concurrence coloniale ; la Hollande, qui tire d'excellens sucres de ses colonies de l'Inde, en expédie des quantités importantes, bruts et raffinés, à Cologne, de là, en Saxe, se répandent dans un rayon considérable et envahissent, en faveur du bon marché, presque toute la consommation.

RUSSIE.

EMPIRE DE RUSSIE.

POSITION ASTRONOMIQUE. Longitude orientale, entre 16° et 62°. Latitude, entre 40° et 70°.

POPULATION. 62,000,000 habitans.

DIMENSIONS. Plus grande longueur : du revers septentrional du Caucase, près des sources de la Samoura, aux rives de la Muonio, dans les environs d'Enontekis, dans la Botnie orientale, 1,840 milles. — Plus grande largeur : depuis le revers occidental de l'Oural, près des sources de la Sibra, dans le gouvernement de Perm, à la frontière occidentale de la Volhynie, à l'ouest de Loutsk, 1,300 milles.

CONFINS. Au nord, la mer Glaciale ; à l'est, la Russie-Asiatique et la mer Caspienne ; au sud, la Russic-Asiatique, la mer Noire et l'empire Ottoman ; à l'ouest, l'empire d'Autriche, la monarchie Prussienne, la mer Baltique et la Suède.

PAYS. La Russie proprement dite, qui forme le noyau de l'empire, et nommée mal à propos Moscovie ; les territoires des Cosaques du Don et de la mer Noire ; les ci-devant royaumes de Kazan et d'Astrakan, conquis depuis longtemps sur les Tartares ; la Biarmie ; presque toute la Laponie ; l'Ingrie, la Carélie, la Finlande, l'Ostrobothnie, l'Esthonie, la Livonie, les archipels d'Abo et d'Aland et les îles Dago, Osel, etc., pays autrefois appartenant au royaume de Suède ; la plus grande partie du ci-devant royaume de Pologne ; le ci-devant Khanat de Crimée avec la petite Tartarie, la Bessarabie et partie de la Moldavie, contrées conquises sur l'empire Ottoman ; toute la partie de la Région Caucasienne, au nord de la chaîne principale du Caucase, pays enlevés aux indigènes, aux Turcs et aux Persans.

ETHNOGRAPHIE. Aucun état de l'Europe n'offre un plus grand nombre de peuples différens. Tous ceux qui vivent dans la partie européenne, d'après les démarcations naturelles, peuvent être réduits aux souches suivantes : SOUCHE SLAVE, qui dépasse de beaucoup toutes les autres en nombre : elle comprend les Russes, qui sont la nation dominante, distingués en Grands-Russes, Petits-Russes, Rusniaks et Cosaques ; les Polonais, qui sont assez nombreux dans la partie de la Pologne cédée à la Russie ; les Lithuaniens, les Lettes, les Koures et autres peuples moins nombreux. SOUCHE FINNOISE ou OURALIENNE, à laquelle appartiennent les Finnois proprement dits de la Finlande, les Careliens, les Ethoniens, les Tcheremisses, les Votiaques, les Lapons, les Lives, les Zyrianes, les Vogoules, les Permiens, les *Mordva* ou Mordouins, et une partie des Teptières. SOUCHE TURQUE, improprement nommée TATARE ou TARTARE, dans laquelle sont rangés les Turcs de Kazan, d'Astrakhan, etc.; les Turcomans du Caucase, les *Nogaï;* les Bachkires, les Tchouvasches, les Metcheriaques, une partie des Teptières et autres. SOUCHE GERMANIQUE, à laquelle appartiennent les Allemands des gouvernemens de Riga, Revel, Pétersbourg, Mitau, etc., et ceux des colonies dans les gouvernemens de Saratov, de la Tauride, etc.; les Suédois, qui forment une partie considérable de la population de la Finlande, et un petit nombre d'Anglais et de Danois établis en Russie. SOUCHE SEMITIQUE, qui comprend les Juifs, très nombreux dans le royaume de Pologne, et quelques familles d'Arabes dans la Région Caucasienne. SOUCHE GRECO-LATINE, dans laquelle il faut classer les Moldaves, et les Valaques de la province de Bessarabie, les Grecs, les Skipetars ou Albanais et quelques milliers de Français et d'Italiens établis en Russie. SOUCHE MONGOLE, qui embrasse les Kalmouks des gouvernemens d'Astrakhan, de Tauride, de Kherson, du pays des Cosaques du Don et de la Région Caucasienne. SOUCHE SLAVE, qui comprend les Polonais; ils forment environ les trois quarts de la population de la Pologne.

RELIGION. La grecque orthodoxe, identique à celle des Grecs de l'empire Ottoman, est la religion dominante dans l'empire. Toutes les autres religions sont non seulement tolérées, mais elles sont professées librement; la différence du culte n'est jamais, en Russie, un obstacle pour parvenir aux emplois publics. Les Russes, les Cosaques, les Moldaves, les Valaques, etc., professent la religion grecque orthodoxe; les Polonais et les Lithuaniens du ci-devant royaume de Pologne, sont catholiques ou grecs-unis; les Finlandais, les Lettes. les Suedois, les Lapons et la plus grande partie des Allemands sont luthériens. L'islamisme est professé par presque tous les nombreux peuples que je viens de ranger dans la souche Turque, et par les Arabes; mais plusieurs des peuples turcs mêlent beaucoup de superstitions à leur prétendu islamisme. Les Juifs professent la religion de Moïse, et les Kalmouks, le bouddhisme. Ce n'est guère que dans la partie européenne de la Région du Caucase, vers l'Oural, et dans les solitudes du gouvernement d'Arkhangelsk, qu'on rencontre encore des idolâtres parmi les Samoyèdes, les Osètes et les *Mordva*. La mission établie par le gouvernement à Arkhangelsk a déjà baptisé plus de 4,000 Samoyèdes, de manière qu'il n'existe plus que fort peu d'individus de cette nation qui professent encore l'idolâtrie.

Dans le royaume de Pologne, le catholicisme est la religion dominante, il est professé par les trois quarts de la population, mais tous les autres cultes y jouissent d'une entière liberté d'exercice. Viennent ensuite la religion de Moïse et le luthéranisme, qui comptent beaucoup de sectateurs : presque tous les Allemands sont luthériens; une petite fraction seulement de la population du royaume professe la religion grecque et le calvinisme. L'islamisme n'y compte qu'environ 1,200 croyans.

GOUVERNEMENT. En Russie, tout pouvoir émane du souverain, dont l'autorité est sans partage ni contrôle. La qualification de *samoderjetz* qu'il se donne, et qui est la traduction du mot *autocrate*, indique clairement la nature de son autorité, qu'il n'est censé ne tenir que de Dieu. L'acte d'élection de 1613, qui conféra la couronne des czars à Michel Romanov et à ses descendans, et qui seule offre l'apparence d'une constitution, loin d'affaiblir l'autorité du souverain, consacre, au contraire, le pouvoir absolu.

« L'empereur Alexandre (dit M. Schnitzler), que ses lumières et ses vertus plaçaient à la hauteur du siècle, s'efforça d'accomplir ce que Catherine II n'avait fait qu'ébaucher, en substituant de bonnes lois aux décisions arbitraires de l'autorité suprême; en 1811, il proclama hautement ce principe, que la loi est au dessus du souverain; et l'on peut dire, en effet, que depuis lui, la justice a succédé à l'arbitraire, et que l'empire Russe a pris place parmi les états sagement constitués. » On doit donc regarder la Russie comme une monarchie absolue et héréditaire, dont le souverain est en même temps chef de l'état et de la religion. Mais les différentes parties de l'empire offrent de grandes différences dans leur administration, et sont gouvernées différemment, d'après d'anciens priviléges qu'elles ont conservés, ou d'après la constitution qu'on leur a accordée lors de leur aggrégation à l'empire. C'est ainsi que les Cosaques du Don et ceux de la mer Noire forment des républiques qu'on pourrait nommer militaires; que le grand-duché de Finlande a une constitution entièrement différente de celle des autres parties de l'empire; que la Livonie, l'Esthonie et la Courlande jouissent de grands priviléges. Les principaux chantiers de construction de la Russie européenne se trouvent maintenant établis à Saint-Pétersbourg et à Okhta, tout près de cette capitale; à Kronstadt, où stationne la flotte de la Baltique; à Sevastopol, centre des forces navales de la Russie sur la mer Noire; à Arkhangelsk, sur la mer Blanche, et à Nicolaïev, sur le Bog, où stationne la flotille de la mer Noire.

INDUSTRIE. On se trompe grossièrement lorsqu'on pense, avec beaucoup de géographes, que la Russie manque de fabriques et de manufactures. Même longtemps avant le règne de Pierre-le-Grand, cette contrée possédait des fabriques de cuir, de toiles à voiles, de cordages, de coutil, de feutre, de chandelles, de savon, dont les produits étaient exportés. Pierre Ier, Elisabeth, Catherine II et Alexandre sont les souverains dont les règnes sont les plus mémorables pour les progrès de l'industrie. Mais c'est surtout depuis les dernières années de celui d'Alexandre et depuis l'avènement au trône de Nicolas que toutes les branches de l'industrie ont pris un grand essor; non seulement leur nombre s'est beaucoup accru, mais leurs produits se sont aussi perfectionnés. En 1812, on ne comptait encore dans tout l'empire que 2,332 ateliers avec 119,093 ouvriers; en 1828, les premiers s'élevaient à 5,244, et les seconds à 255,414. Les gouvernemens de Moscou, de Vladimir, de Nijni-Novgorod, de Tambov, de Kalouga, d'Olonets, se distinguent entre tous les autres par leur activité industrielle. Mais ce n'est pas seulement dans la fabrication des cuirs, du savon, du caviar, de la colle de poisson, des chandelles, de l'huile, de la toile à voile, des cordages, des nattes d'écorce d'arbre, de l'eau-de-vie de grains, de la carrosserie et de la bijouterie qu'on remarque ces progrès; la soierie, la verrerie, les draps, la papeterie, la faïence, la porcelaine, plusieurs articles de quincaillerie grosse et fine, d'armurerie, comptent aujourd'hui plusieurs manufactures dont les produits peuvent rivaliser avec ceux des meilleures fabriques de l'Europe. Il y a des expositions publiques des produits de l'industrie, tous les quatre ans, alternativement à Saint-Pétersbourg et à Moscou. A l'exposition de 1830 qui eut lieu à Moscou, on a vu des draps provenant des fabriques du comte Komarovsky, du prince Nicolas Troubetskoï, etc., qui n'offraient aucune différence avec les plus beaux draps des fabriques françaises et anglaises. Les plus beaux cachemires de la fabrique de Mme Merline, dans le gouvernement de Penza, se sont vendus jusqu'à 15,000 roubles la pièce (plus de 60,000 francs); les cristaux de M. Maltzov et la porcelaine de M. Bakhmetev ne le cèdent qu'aux cristaux et à la porcelaine des fabriques impériales, dont les produits, à quelques exceptions près, sont comparables avec tout ce que l'Europe offre de plus beau en ce genre. Les filatures et les manufactures de coton ont fait des progrès extraordinaires dans quelques gouvernemens; celui de Vladimir les surpasse tous pour l'importance de ses produits en ce genre. La ville de Chouïa et Ivanovo, village appartenant au comte Cheremetiev, peuvent être regardés comme le centre de cette fabrication, qui, en 1828, n'employaient pas moins de 15,612 métiers à tisser et 24,217 ouvriers, sans compter les fabricans et leurs familles. Ce développement de l'industrie est dû, en grande partie, au nouveau système adopté par quelques manufacturiers, de n'employer que des ouvriers libres et bien payés. Le gouvernement, à son tour, surveille l'administration des fabricans et sévit contre ceux qui ne paient pas exactement les ouvriers. On a remarqué que les établissemens où l'ouvrage se fait par des esclaves et où la main-d'œuvre, par conséquent, ne coûte presque rien, n'atteignent jamais la prospérité et le degré de perfection de ceux qui n'emploient que des ouvriers libres.

Je dois aussi signaler un autre fait qu'on ne rencontre encore qu'en Russie et dans un petit nombre d'autres pays ; c'est que le paysan fabrique lui-même presque tous les objets dont il a besoin. Il y a des villages entiers qui sont occupés par des ouvriers formant un même corps d'état ; c'est ainsi que Robotnika est peuplé de forgerons ; Pavlovo, de serruriers ; Nikolskoï, de tourneurs et de travailleurs en laque ; Goroditch, de charpentiers ; Semenova, de ferblantiers ; Tagodnoge, d'ouvriers en maroquin ; Katunka, de tanneurs en peaux de veau. Les meilleurs cuirs-maroquins se fabriquent à Taroslav, Ouglitch, Kolomna, Arsamas ; Viatka, Kazan ; Toula ; Nijni-Novgorod, Vladimir, Pskov, Vologda et Minsk ; les plus beaux maroquins à Astrakhan ; à Torjok dans le gouvernement de Tver, à Kazan et dans la Tauride ; ces deux articles sont supérieurs à ceux que fabriquent tous les autres pays de l'Europe. Vladimir, Moscou, Kostroma et Kalouga se distinguent par leurs fabriques de linge de table ; Arkhangelsk, Riazan, Novgorod, Saint-Pétersbourg et Moscou, par la toile à voile ; Orel et Arkhangelsk ont d'importantes manufactures de cordes, câbles et autres cordages. Sarepta fabrique une grande quantité de bas, de bonnets et de draps ; Akhyrka, une étoffe nationale pour les femmes. On doit aussi mentionner les tapis persans de Kamenskoï, de Smolensk, de Koursk, de Miklailovka, gros village du gouvernement de Voronége, ceux de haute-lice du village d'Issa et de la fabrique impériale de St.-Pétersbourg ; les fabriques de coton des gouvernemens de Vladimir, Moscou, St.-Pétersbourg, Kostroma et Astrakhan ; les manufactures de soieries de Moscou, de Koupavna (au prince Yousoupov), de Freneoe (à M. Lazarev), etc. ; l'immense fabrique de drap du comte Potemkin à Glouchkov, qui seule suffit à l'habillement de l'armée russe ; celles de Moscou, de Sviblov près de cette ville, de Sarepta, etc.; le papier de Moscou, St.-Pétersbourg, Iaroslav, Kalouga et de la Livonie ; les produits des verreries d'Ozerski, près de St.-Pétersbourg, ensuite ceux des gouvernemens de Volhynie, Livonie et Vladimir ; la porcelaine de Gatchina, Alexandrovsk et Verbitsk ; les manufactures d'armes de Toula, de Votka et de Sisterbek ; les fonderies de canons à Pétrozavodsk, St.-Pétersbourg, Liperk et Kherson ; l'orfèvrerie et la bijouterie de St.-Pétersbourg, Moscou et Oustioug-Veliki ; et les fabriques de cuivre des gouvernemens de Perm et de Moscou.

Les principaux articles de l'industrie de la Pologne Russe ne sont pas nombreux, malgré les progrès que ce pays a faits sous ce rapport depuis quelques années ; les draps, les toiles, les cuirs et les fourrures y tiennent le premier rang.

J'ai déjà indiqué les lieux de l'empire qui, plus que les autres, se distinguent par leur industrie ; j'ajouterai que Moscou, Saint-Pétersbourg, Riga, Toula, Vladimir, Vologda, Astrakhan, Arkhangelsk, Voronége, Tambourg, Schlüsselbourg, Serpoukhov, Chouïa, sont les villes que l'on doit regarder comme les plus industrieuses ; et dans la Pologne Russe, Varsovie, Lublin, Kalich, Tomaszow.

COMMERCE. Les importans travaux exécutés, surtout depuis le commencement du siècle actuel, pour faciliter le transport des marchandises dans toutes les parties de l'empire, et les progrès extraordinaires faits par les fabriques et les manufactures nationales, ont puissamment contribué à donner une grande étendue aux relations commerciales, non seulement des provinces entre elles, mais aussi aux relations de l'empire avec les nations étrangères. Me bornant au commerce extérieur, qui est le seul dont je parle dans cet ouvrage, je ferai observer que des calculs officiels ont démontré qu'il a plus que doublé depuis trente ans.

Les principaux articles d'*exportation* de l'empire consistent en suif, lin, chanvre, farine, fer, cuivre, graine de lin, bois de construction, soies de porc, cire, cuirs, toiles à voiles, potasse, goudron, poix, huile à brûler, cordages, fil, pelleteries, maroquins, froment, laine, cachemire, colle de poisson. L'importance de ces exportations s'élève, terme moyen, à plus de 10,000,000 de roubles par an.

Les principaux articles d'*importation* sont : vins, coton, cotonnades, eau-de-vie, soie, draps fins, soieries, articles de teinture, étain, thé, sucre, café et autres denrées coloniales, fruits, plomb, mercure, tabac, bois de menuiserie, résine, machines, outils et instrumens. La Russie importe, année commune, pour plus de 16,000,000 de roubles.

L'empire de Russie a beaucoup de mines dont on exploite : platine, or, sable aurifère, argent, cuivre, plomb, zinc, antimoine, fer, étain, mais pas assez pour la consommation de l'empire; sel gemme; vastes lacs qui se couvrent, chaque année, d'une croûte épaisse de sel cristallisé.

La Russie compte trois compagnies marchandes : la Compagnie d'Amérique, créée en 1797, dont la direction est à Saint-Pétersbourg et dont dépendent les établissemens de l'Amérique Russe : elle a des comptoirs à Moscou, Kazan, Tomsk, Irkoutsk, Iakoutsk, Okhotsk et Kamchatka ; les pelleteries forment l'article principal du commerce de cette Compagnie ; la Compagnie pour la navigation à vapeur, fondée en 1823 ; son but est de faciliter la navigation par des bateaux à vapeur établis sur le Volga, la Kama et la mer Caspienne ; elle s'occupe presque exclusivement du commerce intérieur ; la Compagnie Russe du Sud-Ouest, fondée en 1824, pour étendre la navigation sur les grands fleuves de l'intérieur, la mer Noire et la Baltique.

Les principales villes marchandes dans l'intérieur et sur les frontières terrestres, sont : Moscou, qu'on peut regarder comme le centre de tout le commerce russe par terre, et Nijni-Novgorod, où, depuis 1817, se tient la plus riche foire de l'empire et même de l'Europe. Viennent ensuite Kalouga, Orenbourg, Koursk, Kherson, Toula, Oustioug-Veliki, Orel, Taroslav, Mohilev, Brzesc-Litovski, Wilna, Tourbourg, Samara, Toropets, Rostov, Kiev, Nejin, Dubno, Berdyczev et Radzivilov.

Les principaux ports de mer marchands sont : sur la Baltique, St.-Pétersbourg, avec Kronstadt, Riga, Abo, Helsingfors, Reval, Pernau, Libau, Uleaborg, Wasa, etc., etc.; dans la mer Blanche, Arkhangelsk ; dans la mer Caspienne ; Astrakhan, Bakou et Kysliar ; dans la mer Noire, Odessa, Taganrog, Theodosia ou Kaffa, Kertch.

Les villes les plus commerçantes dans la Pologne Russe, sont : Varsovie et Lublin.

SAINT-PÉTERSBOURG ou **PÉTERSBOURG**, chef-lieu du gouvernement de ce nom, capitale moderne de l'empire, située sous le 59° 56′ de latitude, et 27° 58′ de longitude orientale, à l'embouchure de la Newa, au fond du golfe de Finlande, à 2,320 kil. N.-E. de Paris, siége ordinaire du gouvernement, d'un archevêque métropolitain russe et d'un archevêque catholique romain, pour tous les catholiques de l'empire Russe et de la Pologne. Cette ville, une des plus belles du monde, a été fondée en 1704 par Pierre-le-Grand, au milieu des marais traversés par la Newa, qui, par ses branches et canaux, la partage en plusieurs îles et y forme un port vaste mais peu profond. Saint-Pétersbourg, élevée comme par enchantement sur un sol que des marais infects paraissaient défendre, il y a cent ans à peine, contre les entreprises de l'homme, peut être regardée comme une ville ouverte, n'étant environnée qu'en partie d'un fossé, et sa citadelle étant absolument inutile sous le rapport militaire. De toutes les grandes capitales de l'Europe, c'est celle qui frappe le plus au premier aspect, par la largeur, l'alignement et la propreté des rues, par l'élégance, la régularité et la profusion des édifices, par la situation avantageuse de ses bâtimens les plus remarquables; par ses quais en granit, qui sont un de ses plus beaux et de ses plus riches ornemens; ceux qui bordent les canaux de Moïka, de Catherine et de la Fontanka méritent d'être mentionnés; mais celui qui borde la rive gauche de la Newa est surtout remarquable; il s'élève de 3 mètres au dessus du niveau ordinaire du fleuve; dans toute sa longueur, règne un trottoir large de 2 mètres et demi, tout en granit. Les ponts ne répondent pas à la beauté des quais; le cours rapide de la Newa, et les glaces qu'elle charrie au printemps et en automne, sont cause que l'on n'a pu jusqu'à présent jeter des ponts finis sur le fleuve; il a fallu se servir de ponts de bateaux. Sur les canaux, il y a des ponts en fer qui établissent les communications d'un bord à l'autre. Ses principales places sont : la Place du Palais d'hiver ; celle de l'Amirauté ; la Place d'Isaac, ornée par la belle église de ce nom ; la Place du Sénat, sur laquelle est élevé le superbe bâtiment destiné à recevoir le sénat et le saint synode, et où l'on remarque surtout le monument colossal dédié par Catherine II à Pierre Ier ; la Place du Théâtre, qui prend sa dénomination du grand théâtre qui s'élève au milieu ; le Champ-de-Mars, destiné aux exercices militaires et décoré de la statue de Souwarov ; la Place du premier corps des cadets, ornée d'un obélisque érigé en l'honneur du maréchal Roumiantzov ; enfin la Nouvelle Place, formée par le palais d'Anitschkov et les nouveaux bâtimens de la Bibliothèque impériale, au fond de laquelle on admire le nouveau théâtre d'Alexandre, un des plus grands édifices de ce genre, derrière lequel s'étendent d'immenses bâtimens auxquels on a donné le nom de Palais-Royal ; le centre de cette place est décoré d'un fort beau square.

Les plus belles rues sont : la Perspective de Nevsky, où se trouve l'église de Kazan ; cette superbe rue, en partie décorée d'arbres, est embellie par des édifices élégans et de magnifiques magasins. Viennent ensuite les deux Morskoi, la Millionne, la Liteineia, etc.

Parmi les principaux édifices qui décorent la nouvelle capitale des czars, je nommerai de préférence : le Palais d'hiver, demeure ordinaire de l'empereur, bâtiment immense, mais d'une architecture lourde et défectueuse ; on assure que les travaux de dessèchement qu'il a fallu exécuter sur les terrains marécageux qu'il occupe ont coûté la vie à plusieurs milliers d'ouvriers ; une galerie le met en communication avec l'Ermitage, beau palais bâti par Catherine II. Cette princesse y venait chaque jour s'isoler quelques heures au milieu de personnes intimes ; c'était aussi son séjour favori ; on y admire la galerie de tableaux et le cabinet de pierres gravées, l'un des plus riches de l'Europe ; le cabinet des bijoux et joyaux, où l'on conserve les diamans de la couronne, et entre autres le fameux diamant de 194 carats, un des trois plus grands qui existent ; les bibliothèques de Voltaire, de Diderot, de d'Alembert et de Galiani ; les superbes collections de tableaux et de statues qui ornaient la Malmaison, un des séjours favoris de Napoléon, achetées en 1815 ; c'est aussi dans ce palais qu'est situé le théâtre de la cour ; le Palais de marbre, bâtiment magnifique, mais irrégulier, rentré, après la mort du grand-duc Constantin, dans les domaines de la couronne ; le palais d'Anitschkov, bâti dans le goût italien ; c'est, pour ainsi dire, la maison particulière de l'empereur Nicolas, où il demeurait lorsqu'il était grand-duc, qu'il habite encore quelquefois et qu'il paraît beaucoup affectionner ; le palais de la Tauride, remarquable par l'élégance de son architecture, par ses vastes galeries, par son jardin et parce qu'il a été construit tout exprès par l'opulent prince Potemkin pour donner une fête à Catherine II ; le palais du grand-duc Michel, récemment construit ; il se recommande par la beauté de son architecture, l'élégance et la richesse de son ameublement ; on y voit une belle collection des armes et des uniformes des peuples anciens et modernes. Viennent ensuite : l'ancien palais de Saint-Michel, maintenant occupé par le corps du génie ; sa construction rappelle les châteaux du moyen-âge ; il a été élevé par Paul Ier, à la suite d'une prétendue vision ; c'est dans un de ses appartemens que ce monarque termina sa vie d'une manière si tragique ; l'Hôtel de l'Académie des beaux-arts, regardé comme le plus beau bâtiment de Saint-Pétersbourg, sous le rapport de la régularité et du grandiose de son architecture; la Bourse, qui est un des plus beaux édifices de la capitale, n'est ouverte au commerce que depuis le 15 juin 1816, mais elle est terminée depuis 1811; construite sur les plans de M. Tomon, architecte français, elle décore pompeusement un des points où se réunissent deux branches de la Newa; l'Amirauté, édifice parallélogramme, dont la flèche dorée, très élevée, est le premier objet qui se présente en approchant de Saint-Pétersbourg; son immense enceinte renferme des chantiers de construction pour huit ou dix vaisseaux, une fonderie et de grandes salles occupées par les objets intéressans qui forment le musée de la marine; le bâtiment de l'Académie des sciences; la Banque des assignats; le bâtiment du Corps des pages, dans l'enceinte duquel se trouve l'église de Malte; l'Hôtel-de-Ville et surtout l'Etat-major, magnifique bâtiment semi-circulaire, élevé récemment vis-à-vis le Palais d'hiver pour en former l'enceinte; un arc immense joint les deux parties de cet édifice, qui est surmonté d'une Victoire dans un char à six chevaux; on y a transféré tous les bureaux relatifs à l'administration de la guerre; la colonne Alexandrine, qui surpasse en élévation tous les monumens monolithes qui aient jamais été érigés. Son fut en granit, de 28 mètres d'élévation, repose sur un piédestal également en granit. La hauteur totale du monument, jusqu'à la partie supérieure de la croix, est de cinquante-six mètres. Ce monument est élevé sur la Place du Palais d'hiver. Sur la face du piédestal qui regarde ce palais, on lit l'inscription suivante en langue russe : *A Alexandre Ier, la Russie reconnaissante*. Ce fut le 11 septembre 1834, jour de Saint-Alexandre, qu'eut lieu l'inauguration de la colonne Alexandrine; la statue équestre de Pierre-le-Grand, ouvrage de Falconet, sculpteur français, est posée sur un immense bloc de granit, d'une seule pièce, du poids de 900,000 kilogrammes; on évalue à environ 20,000 kilogrammes le poids de la statue, qui est en bronze. En approchant du monument, on lit ces mots latins : *Petro primo Catharina secunda* 1782 (à Pierre Ier Catherine II). Cette inscription est répétée en langue russe du côté opposé. L'artiste imagina de placer Pierre Ier sur un cheval fougueux qui se cabre sur le bord d'un rocher escarpé; quand il eut arrêté son idée, il la communiqua à l'impératrice, en lui exposant la difficulté qu'il y aurait à représenter un homme et un cheval dans une position si hardie, sans avoir un modèle sous les yeux. Le général Melissino, excellent écuyer, s'offrit de monter chaque jour un des meilleurs chevaux arabes du comte Alexis Orlof, sur un terrain artificiel présentant la forme du roc. Il dressa le cheval à galoper dans cet espace et à s'arrêter court sur le bord en se cabrant. Cet expédient eut un plein succès et permit à Falconet de saisir le mouvement et l'attitude convenables.

On ne doit pas oublier le Gostinoï-Dvor, avec ses deux galeries, dont celle du rez-de-chaussée a plus de 170 boutiques où sont étalées, comme dans un grand bazar, des marchandises de tout genre; le vaste local de la Bibliothèque impériale; les Manéges, rangés parmi les plus beaux de l'Europe; à l'entrée de celui de la Garde-à-cheval, sont placées deux belles statues, imitation de celles qui ornent la Place de Monte Cavallo à Rome; le Corps des mines, où il y a un souterrain qui imite les différentes couches du sol dans les mines; les Casernes, aussi remarquables par leur étendue que par leur nombre, et parmi lesquelles se distinguent celles des régimens des gardes Ismaïlovsky, Pavlovsky, Moskovsky et des Chevaliers-gardes ; les vastes et beaux édifices du premier et du deuxième Corps des Cadets de terre ; celui des Orphelins militaires ; le bâtiment des Douze Colléges.

Les églises russes présentent, en général, une particularité qui frappe tous les étrangers, parce qu'ils ne la retrouvent pas dans le reste de l'Europe : c'est le nombre et la forme singulière des coupoles. La rigueur du climat de la Russie ne permet pas qu'on y donne aux églises les grandes dimensions de celles de l'Occident, et c'est par le même motif qu'il en est plusieurs qui ont deux étages, dont l'un est susceptible d'être chauffé. Parmi les plus remarquables de Saint-Pétersbourg, je citerai : la Cathédrale ou Notre-Dame de Kazan, soutenue et ornée, tant à l'extérieur qu'à l'intérieur, par d'innombrables colonnes de granit d'un seul bloc. Elle a été construite sur le modèle de Saint-Pierre de Rome, mais sur une plus petite échelle, et avec les modifications qu'exige le culte grec ; l'église de Saint-Isaac, dont la reconstruction sur un nouveau plan a commencé en 1822, et qui est heureusement terminée ; une coupole très élevée et quatre portiques décorent l'intérieur de ce temple ; chacun d'eux a huit colonnes de face et trois colonnes latérales à bases et chapiteaux de bronze ; elles sont toutes d'un seul bloc de granit, de 2 mètres de diamètre à la base et de 18 mètres de haut ; c'est un des plus beaux monumens de l'architecture moderne ; l'église de Saint-Pierre et Saint-Paul, située dans la forteresse de Saint-Pétersbourg ; elle est peu régulière, mais elle mérite d'être vue parce qu'elle renferme les tombeaux de Pierre Ier et de ses successeurs. Ces tombeaux sont en granit et sans aucun ornement. Cette église est surmontée d'une coupole et d'un clocher de forme carrée et pyramidale, haut de 128 mètres en y comprenant la flèche et la croix ; ce clocher, revêtu de feuilles d'airain doré, domine toute la ville et semble, de loin, s'élancer du sein de la Newa qui baigne les remparts du fort.

On ne doit pas oublier, aux portes de la ville, la belle église du couvent de Saint-Alexandre Nevsky, renfermant le riche tombeau de ce saint, en argent massif ; dans son enceinte, se trouve un cimetière remarquable par la magnificence des monumens funéraires qu'il renferme.

Je ne citerai pas tous les hôtels magnifiques appartenant à des particuliers, parce qu'on pourrait regarder Saint-Pétersbourg comme presque composée d'une suite de palais ; car on n'y voit pas de ces quartiers fangeux, de ces rues étroites et tortueuses, de ces petites maisons qui blessent à chaque instant les regards d'un étranger visitant les principales villes de l'Europe, comme Paris, Berlin, Vienne, Naples, Londres. L'aspect en est grand, régulier, jeune et majestueux. Je nommerai cependant les palais de Strogonov, de Bezborodko, de Cheremetev, de Gargarin, de Beloselsky, de Labanof.

Une foule d'établissemens publics de tout genre ajoutent à l'importance et à la splendeur de la moderne capitale de l'empire Russe. Je signalerai à l'attention du lecteur les plus importans : l'Université, fondée en 1819 ; on y a réuni l'Ecole de droit, créée en 1805 ; on a le projet d'y ajouter une grande section pour les langues orientales, composée de onze professeurs et de plusieurs adjoints ; elle possède une typographie, une bibliothèque et publie un journal asiatique ; 40 élèves seront instruits et entretenus dans ce bel établissement ;

l'Académie chirurgico-médicale de Saint-Pétersbourg, fondée par Pierre-le-Grand et réorganisée par l'empereur Alexandre; c'est un des plus beaux établissemens de ce genre; le nombre de pensionnaires qu'on y admet peut monter à 520; 386,000 roubles sont affectés aux dépenses annuelles qu'exige leur instruction; l'Institut central pédagogique, rétabli en 1828; il est placé au même rang que les universités et reçoit les jeunes gens qui se destinent à l'enseignement; la haute Ecole de Saint-Pétersbourg, fondée en 1822; on a le projet de la convertir en un gymnase; l'Académie ecclésiastique de Saint-Pétersbourg, un des quatre grands établissemens de l'empire, où l'on enseigne les sciences théologiques aux jeunes gens attachés à la religion dominante; l'Ecole d'artillerie de Saint-Pétersbourg, ouverte en 1809; le Corps des Cadets de la marine, fondé par Paul Ier, auquel l'empereur Alexandre a ajouté, en 1803, une école de navigation pour 50 élèves; l'Institut du corps des ingénieurs des voies et communications (ponts-et-chaussées), fonde en 1820; le Corps des Pages, espèce de collége militaire, dont les élèves font le service de la cour; l'Ecole des beaux-arts; l'Ecole des cadets des mines, à laquelle l'empereur Alexandre a donné, en 1804, une nouvelle extension; l'Etablissement Oriental, fondé en 1823, pour former de bons drogmans, si utiles et même indispensables dans les nombreuses relations diplomatiques de la Russie avec les souverains de l'Orient; l'Ecole de marine marchande, que l'empereur Nicolas vient de créer pour former des capitaines et des pilotes habiles pour la marine marchande, ainsi que quelques constructeurs de navires de commerce; la couronne y entretient 32 élèves; l'Ecole principale protestante, où plus de 500 élèves sont formés à toutes les connaissances utiles dans les différentes conditions de la vie; l'enseignement s'y fait en allemand ; l'Institut des Demoiselles du couvent Smolnoï, où 500 jeunes filles reçoivent, aux frais du gouvernement, une éducation soignée ; on y enseigne, en outre, aux demoiselles qui appartiennent à la classe des filles nobles, tout ce qui concerne les talens d'agrément et de société ; l'Institut de Sainte-Catherine, où 180 jeunes filles de haute naissance sont élevées avec le plus grand soin ; la Maison des Orphelins militaires, réorganisée en 1805; l'Ecole des filles de cette même maison ; la Maison des Enfans trouvés de Saint-Pétersbourg; les Ecoles allemandes de Sainte-Anne et de Sainte-Catherine sont de grandes écoles élémentaires qui ne doivent pas être passées sous silence.

Les sociétés savantes et les associations qui ont pour but l'avancement de la civilisation, en luttant contre les préjugés et en répandant des notions nouvelles et de nouveaux moyens d'aisance, sont beaucoup plus nombreuses à Saint-Pétersbourg qu'on ne le croit généralement. On doit placer à leur tête : l'Académie impériale des sciences de Saint-Pétersbourg, illustrée par tant d'hommes célèbres, et renommée par les savans mémoires qu'elle publie; l'Académie des beaux-arts; la Société libre des Amis des sciences, de la littérature et des beaux-arts; la Société des amateurs de la langue russe; la Société de médecine ; la Société pharmaceutique ; la Société libre d'économie rurale ; la Société militaire ; la Société pour l'encouragement des écoles d'enseignement mutuel ; la Société pour l'encouragement des artistes : elle entretient à Rome les meilleurs élèves qui sortent de l'Ecole des beaux-arts.

Saint-Pétersbourg offre un grand nombre de collections scientifiques et de beaux-arts, dont quelques-unes figurent à côté des premières de l'Europe. Parmi ses nombreuses bibliothèques, je citerai : la Bibliothèque impériale, qui est la plus riche de tout l'empire et une des plus grandes de l'Europe ; elle fut établie par Catherine II. Le premier fonds en a été fourni par les livres du collége des Jésuites de Varsovie ; ces 200,000 volumes, recueillis avec le plus grand soin pendant 43 ans de travaux par un évêque de Kiev, tombèrent au pouvoir de Souwarov et furent apportés à Saint-Pétersbourg en 1795. Un grand nombre d'in-folios furent mutilés par les Cosaques, qui, les trouvant parfois trop longs pour entrer dans les caisses, les taillaient avec leurs sabres à la grandeur convenable, sans plus de cérémonie que s'ils eussent eu affaire à des planches ; en 1805, cette bibliothèque fut augmentée de celle de M. Dombrowsky, riche diplomate, qui, pendant 26 ans passés hors de la Russie, se livra à la bibliomanie la plus intrépide ; celle de l'Ermitage, à laquelle est jointe la précieuse collection nommée Bibliothèque Russe, composée de 10,000 volumes d'ouvrages écrits tous dans la langue nationale ; la Bibliothèque de l'Académie des sciences, qui possède une précieuse collection de manuscrits orientaux, enrichie récemment par les trésors bibliographiques enlevés à la Perse et par les magnifiques manuscrits Persans dont le schah Feth-Ali a fait don à l'empereur Nicolas ; c'est dans le même bâtiment qu'on a établi l'Observatoire, par lequel les géographes Russes font passer leur premier méridien, près duquel se trouve le fameux Globe de Gottorp, dont l'intérieur représente le ciel, avec le lever des étoiles, leur passage par le méridien et leur coucher ; sur sa surface est figurée la terre ; il a 3 mètres 60 centimètres de diamètre.

Parmi les collections d'un autre genre, je nommerai : le Cabinet d'histoire naturelle de l'Académie des sciences, auquel celui de l'amirauté vient d'être ajouté : c'est un des plus riches qui existent ; il s'est successivement enrichi par les voyages de découvertes faits en diverses contrées et par des achats considérables ; la Galerie impériale des tableaux à l'Ermitage, une des plus riches et des plus remarquables de l'Europe ; le Musée de sculpture et d'architecture de l'Académie des beaux-arts, et la petite Collection du palais de Tauride, qui offrent ce que la Russie possède de plus précieux en fait de sculpture ; le Musée asiatique de l'Académie des sciences, contenant le plus riche médailler oriental que l'on ait encore rassemblé ; l'empereur régnant vient d'y joindre l'immense collection de monnaies persanes formée par M. Fraehn, avec l'autorisation du ministre des finances, comte Cancrin, en les choisissant parmi les sommes que la Perse vient de payer à la Russie ; le Médailler de l'Ermitage, remarquable surtout pour les monnaies et médailles nationales ; la belle Collection minéralogique du Corps impérial des mines, où l'on admire, en outre, des curiosités de toute espèce, surtout des armes ; les belles Collections de modèles, de machines et d'ornemens, conservées à l'amirauté et surtout dans le local du Corps des mines ; le Musée ethnographique que l'on vient d'établir ; la superbe Collection d'armes anciennes et modernes de l'ancien Arsenal ; le magnifique Jardin botanique, dont on admire surtout la beauté et l'étendue des serres ; il a été enrichi dernièrement de la belle collection de plus de mille plantes du Brésil recueillies par M. Riedel, attaché à l'expédition de M. Langsdorf.

Saint-Pétersbourg, comme toutes les autres grandes capitales de l'Europe, possède plusieurs collections particulières remarquables, parmi lesquelles les musées de Roumiantzov, de Svignine et de Orlovsky, et les galeries de tableaux de Narichkin, de Bezborodko, de Strogonov, de Moussin-Pouchkin, figurent au premier rang..

Je ne dois pas finir la description de Saint-Pétersbourg sans faire mention de son Marché d'hiver (*Zimnoï rinok*), qui offre un trait si caractéristique de cette grande et belle métropole. L'européen du midi est frappé d'étonnement en voyant s'élever sur une vaste place, d'énormes pyramides formées de corps d'animaux entassés les uns sur les autres. Ce sont des bœufs, des moutons, des cochons, des poules; ensuite du beurre, des œufs, des poissons, enfin toutes sortes de provisions; le froid a rendu tous ces objets durs comme des pierres. Les poissons présentent encore toute la fraîcheur de leurs couleurs naturelles; on serait presque tenté de les croire vivans. Mais les animaux offrent un spectacle pour ainsi dire effrayant. On en voit des milliers, tout écorchés, rangés les uns à côté des autres, debout sur leurs pattes de derrière comme s'ils voulaient grimper les uns sur les autres. Leur dureté est extrême; on emploie la hache pour en couper des morceaux; les éclats volent au loin comme si l'on coupait du bois. Les provisions amassées dans ce marché y sont apportées des parties les plus éloignées de ce vaste empire, au moyen des traînaux; tout s'y vend à meilleur marché, à cause de la facilité des transports et du grand nombre des vendeurs, et chacun se hâte d'y faire ses provisions pendant la durée temporaire de ce marché. Elles se conservent pendant longtemps, lorsque l'on a la précaution de les mettre dans des caves garnies de glace, qui se trouvent dans toutes les maisons. Du reste, tous les marchés de la Russie du Nord offrent, quoique sur une moindre échelle, le même spectacle pendant les froids rigoureux, qui donnent aux provisions cette dureté extraordinaire et les préservent ainsi de la corruption.

Je vais décrire les lieux les plus remarquables dans les environs de Saint-Pétersbourg :

KAMENOÏ-OSTROV (*l'île de pierres*), joli château impérial, où l'empereur Alexandre passait une grande partie de la belle saison.

TCHESMÉ, palais impérial, qui n'a de remarquable que la galerie des souverains de l'Europe.

TSARSKO-SELO (*Tsarskoïe-Selo*), regardé comme la plus belle maison de plaisance de l'empire ; on y arrive par une belle chaussée ; on loue surtout la noble simplicité de l'architecture de ce palais, la richesse de ses appartemens, la beauté de ses jardins, la salle revêtue en lapis-lazuli, celle en ambre jaune, l'arc-de-triomphe élevé par l'empereur Alexandre à ses frères d'armes, le pont couvert de marbre sur les dessins de Palladio ; la superbe baignoire en granit, de 30 mètres de circonférence.

PAVLOVSKY, château impérial, remarquable surtout par le goût et l'élégance de son ameublement et par la beauté de son jardin ; il tient à la jolie petite ville de ce nom, où la veuve de Paul Ier résidait une partie de l'année.

GATCHINA, maison impériale, séjour favori de Paul Ier.

PETERHOF, château impérial, admirable par ses beaux jardins, dont les nombreux jets d'eau, les fontaines, les bassins, les cascades artificielles, les statues et les groupes vomissent de l'eau sous mille formes différentes, et rivalisent avec les fameux jets d'eau de Versailles.

ORANIENBAUM, autre château impérial, situé sur la côte du golfe de Finlande, remarquable surtout par sa superbe orangerie et par la belle vue dont on y jouit ; de ce point, on découvre entièrement Kronstadt, Saint-Pétersbourg et une grande partie du golfe.

KRONSTADT, jolie ville, forte, régulièrement bâtie, sur la petite île Codlin, qui domine le golfe de Finlande. Entrepôt considérable de toiles à voile, mâts, cordages, goudron, planches, fer. Il y a un dock, où l'on radoube les vaisseaux, qui est remarquable. Tout ce que l'on peut inventer en fait de chantiers, d'arsenaux, de fortifications, s'y trouve multiplié avec un luxe extraordinaire. Située dans l'endroit où le golfe de Finlande n'offre plus qu'un passage très étroit, à 20 kilom. O. de Saint-Pétersbourg, Kronstadt en est le boulevard principal, le véritable port marchand et militaire, et reçoit régulièrement et avec la plus grande facilité tout ce qui peut alimenter ses immenses établissemens maritimes. C'est dans cette ville qu'on grée et que l'on arme les plus grands vaisseaux de guerre, lancés au milieu de la capitale, dans la Newa, sous les fenêtres mêmes du palais des empereurs ; c'est à Kronstadt que stationne la plus grande partie de la flotte de la Baltique, et qu'on a établi une des principales Ecoles de pilotes de l'empire. On y charge et décharge les bâtimens d'un tonnage trop élevé pour qu'ils puissent remonter jusqu'à Saint-Pétersbourg, et autant cette ville est animée pendant l'été, autant elle est triste et déserte pendant l'hiver. Population : 30,000 habitans, dont 15,000 marins.

Moscou, à 740 kilom. S.-E. de Saint-Pétersbourg. Centre des établissemens manufacturiers et commerciaux de la Russie.

Nijni-Novgorod, sur le Volga. Population : 22,000 habitans. C'est là qu'a lieu, au mois de juillet, la plus grande foire de l'Europe.

CONSULS *et* VICE-CONSULS *de France à :*

Saint-Pétersbourg, Kronstadt, Reval, Riga, dans la Russie-Septentrionale;

Moscou, dans la Russie-Centrale ;

Odessa, dans la Russie-Méridionale.

TURQUIE.

EMPIRE OTTOMAN.

POSITION ASTRONOMIQUE. Longitude orientale, entre 13° et 27°. Latitude, entre 35° et 48°. Dans ces calculs, on a compris les îles regardées comme dépendances du continent européen.

POPULATION générale de l'empire Ottoman : 23,600,000 habitans. — De la Turquie d'Europe : 7,100,000 habitans.

DIMENSIONS. Plus grande longueur : depuis Constantinople jusqu'à l'extrémité nord-ouest de la Croatie Ottomane, 622 milles. — Plus grande largeur : depuis le Pruth, à l'est de Jassi, jusqu'à Dragomestre, vis-à-vis de l'île de Teaki, 600 milles.

CONFINS. Au nord, l'empire d'Autriche et celui de Russie. A l'est, la mer Noire, le Bosphore ou le détroit de Constantinople, l'Hellespont ou le détroit des Dardanelles et l'Archipel. Au sud, la mer de Marmara, l'Archipel et la mer Méditerranée, le nouvel Etat de la Grèce. A l'ouest, la mer Ionienne, la mer Adriatique, la Dalmatie et les Confins Militaires dans l'empire d'Autriche.

PAYS. Toute la ci-devant Turquie européenne, moins la Bessarabie et la partie de la Moldavie, cédées à la Russie, ainsi que les pays qui forment les principautés de Servie, de Moldavie et de Valachie, et le nouvel Etat de la Grèce. Tant de pertes n'ont été compensées que par l'acquisition des petits territoires de Butrinto, Parga, Prevesa et Vonitza, qui appartenaient à la ci-devant république de Venise.

ETHNOGRAPHIE de toute la Péninsule Orientale, qui comprend l'empire Ottoman, le nouvel Etat de la Grèce, les principautés vassales de Servie, de Valachie et de Moldavie, et la république des îles Ioniennes. Un grand nombre de peuples différens, que l'ethnographie classe en six souches principales, vivent dans cette partie de l'Europe ; la souche Slave et la souche Greco-Latine sont les deux familles ethnographiques auxquelles appartient le plus grand nombre de ses habitans. La SOUCHE GRECO-LATINE comprend : les Grecs, qui occupent maintenant, presque sans mélange, tout le territoire du nouvel Etat de la Grèce ; ils sont aussi très nombreux dans la Thessalie, dans la Basse-Albanie, dans une partie de la Macédoine, de la Romélie ou Thrace, dans l'île de Candie ; on en trouve aussi quelques milliers dans les principautés de Valachie et de Moldavie, où ils se sont établis à la suite des hospodars qui étaient choisis dans des familles grecques. Les Grecs forment aussi la nation dominante et la très grande majorité de la population de la république des îles Ioniennes. Parmi les nombreuses peuplades grecques connues sous des noms particuliers, je ne nommerai que les Mainotes comme les plus célèbres. Les *Roumnaje* ou *Roumouni*, plus connus sous le nom de Valaques; ils forment presque exclusivement la population des principautés de Valachie et de Moldavie, et une fraction de la population des provinces intérieures de l'empire Ottoman; ils sont surtout nombreux dans les vallées du Pinde. Les Italiens, qui forment presque un vingtième de la population de la république des îles Ioniennes, et qu'on rencontre en assez grand nombre dans les principales villes commerçantes de l'empire Ottoman. Les Skipetars, nommés Arnauts par les Turcs et Albanais par les Européens: ils forment la population principale de l'Albanie, et sont répandus en assez grand nombre dans la Romélie, la Bulgarie et la Macédoine, provinces de l'empire Ottoman; on les trouve aussi dans le nouvel Etat de la Grèce, par exemple à Hydra, Spetzia, dans l'Argolide et autres cantons; leurs tribus principales paraissent être les Guegues dans la Haute-Albanie, les Mirdites et les Toskes ou Toxides dans la Moyenne, les *Chami* ou *Choumi* et les *Liapi* ou *Lapy* dans la Basse-Albanie. Les principaux peuples compris dans la SOUCHE SLAVE sont : les *Serbli* ou Serviens, qui occupent presque exclusivement toute la principauté de Servie et l'Hertzegovine ou Dalmatie Ottomane; les Bosniens, qui forment la grande masse de la population de la Bosnie, et les Montenegrins, qui, dans les montagnes du Montenegro, conservent depuis si longtemps leur indépendance. La SOUCHE TURQUE, répandue, il y a quelques années, sur tous les pays de cette région, qui dépendait du grand-seigneur, est maintenant restreinte dans les bornes actuelles de l'empire Ottoman. Ses principaux peuples sont : les Osmanlis, nommés Turcs par les Européens, dénomination qu'ils regardent comme une injure, ayant depuis longtemps secoué le joug des mœurs sauvages de leurs ancêtres nomades, descendus du plateau de l'Asie-Moyenne. Les Osmanlis sont la nation dominante de l'empire ; ils se distinguent aussi des autres peuples par leur civilisation assez avancée. Viennent ensuite les Turcs Dobrudjis, improprement nommés Tartares, les Iourouks et autres moins nombreux. Les SOUCHES ARMÉNIENNE et SEMITIQUE comprennent les Arméniens et les Juifs, répandus dans toutes les villes les plus commerçantes des états compris dans toute la Péninsule Orientale. La SOUCHE SANSKRITE ou INDIENNE ne comprend que ce peuple vagabond et abruti, connu en Europe sous différentes dénominations, et en France appelé Bohémiens ; c'est dans les principautés de Moldavie et de Valachie qu'on le trouve en plus grand nombre, ensuite dans les provinces intérieures de l'empire Ottoman.

RELIGION. L'islamisme ou la religion de Mahomet est le culte dominant dans l'empire Ottoman ; tous les autres, quoique professés publiquement, n'y sont que tolérés. Les Osmanlis, les Turcs des embouchures du Danube, les Iuruks et une partie considérable des Bosniens, des Albanais et des Bulgares sont mahométans et reconnaissent pour chef spirituel le Mufti, qui est le vicaire du grand-seigneur pour tout ce qui regarde la religion et l'exercice de la justice civile. Le christianisme est professé par le plus grand nombre des habitans de la Péninsule Orientale, mais ses disciples sont divisés en plusieurs églises ; les Grecs, les Valaques, les Serviens et une grande partie des Bosniens et des Bulgares appartiennent à l'église grecque orthodoxe, dont le chef est le patriarche de Constantinople. Une partie assez considérable des Albanais, des Bosniens et des Arméniens, près d'un cinquième de la population des îles Ioniennes et une fraction des insulaires de l'Archipel sont attachés à l'Eglise catholique Romaine. La majorité des Arméniens professe les dogmes de l'Eglise Arménienne. La religion de Moïse est suivie par les Juifs tant du rit karaïte que du rit rabbiniste.

INDUSTRIE. Toutes les branches de l'industrie sont plus ou moins arriérées dans la Péninsule Orientale, malgré la beauté et l'abondance des matières premières. L'invariabilité des usages a, pendant longtemps, contribué à cette langueur, pour tout ce qui regarde l'habillement et les branches de commerce qui en dépendent. Quelques villes se distinguent cependant par leur industrie et font exception. Constantinople, Salonique, Andrinople, Roustchouk, Seres et Choumla sont les villes qui offrent le plus d'activité sous le rapport manufacturier. On prépare bien le maroquin et le cordouan ou cuir à Larisse, Salonique, Gallipoli, Janina, etc. Il y a des teinturiers très adroits à Ambelakia, à Larisse, etc.; des manufactures de coton à Salonique, Seres, Constantinople, Silistria et à Turnavos en Thessalie. On fait d'assez bonnes étoffes de soie à Constantinople et à Salonique. Les chaudronniers et les ferblantiers de Choumla ont porté leur art à une très grande perfection. On travaille bien l'acier à Bosna-Seraï, à Scutari, à Caratova et à Constantinople. On fabrique des armes à feu à Semendria, à Grabora, etc. Enfin, l'imprimerie orientale établie à Constantinople fournit, concurremment avec l'imprimerie du Caire, des livres arabes, persans et turcs à tout l'empire. On ne peut rien dire de l'industrie du nouvel Etat de la Grèce et des principautés de Valachie et de Moldavie ; désolés par la guerre, ces pays n'offrent, sous ce rapport, rien qui mérite d'être mentionné.

COMMERCE. Le commerce maritime et terrestre de l'empire Ottoman est très important; mais la plupart des affaires sont faites par les Grecs, les Arméniens, les Juifs et les Albanais, ainsi que par le grand nombre d'étrangers Autrichiens, Russes, Anglais, Français, Hollandais et autres européens qui y sont établis. Les îles Ioniennes, grâce à la paix dont elles jouissent depuis plusieurs années, présentent un commerce florissant et une navigation assez étendue; les franchises accordées d'abord à Corfou et récemment aux autres ports, en sont, en grande partie, la cause.

Les principaux articles d'*exportation* de la Péninsule Orientale sont : chevaux, bœufs et cochons; peaux tannées et brutes; laine, vins, tabac, coton, raisin de Corinthe, dattes, amandes, figues sèches et autres fruits; huile d'olive, cire, miel, soie grège et filée, poil de chameau pour la chapellerie, fil de poil de chèvre, tapis de laine, maroquin, noix de galle, garance en racines, gomme adragant, cuivre, éponges, huiles volatiles, alun, terre sigillée, peaux de lièvres et de lapins, perles fines, etc., etc.

Les principaux articles d'*importation* sont : toile, étoffes de soie, draps, bonnets, fourrures, miroirs, verres et autres objets de cristal; montres et pendules, porcelaine, papier, aiguilles, plusieurs articles en-

métal et en bois; sucre, café et autres denrées coloniales, mercerie, et des sommes assez considérables d'argent comptant, surtout des sequins de Venise. On doit ajouter que l'on importe une grande quantité de blé, de gros et menu bétail et de bois dans les îles Ioniennes, qui exportent, en revanche, une grande quantité d'huile, de vin, de liqueurs, de raisin de Corinthe et de sel.

Les villes maritimes les plus commerçantes sont : Constantinople, Salonique, Enos et Varna dans l'empire Ottoman ; Syra, Hydra, Nauplie et Patras dans le nouvel Etat de la Grèce ; Zante, Corfou et Argostoli dans la république des îles Ioniennes.

Parmi les places les plus commerçantes de l'intérieur de l'empire Ottoman, il faut nommer Andrinople, Bosna-Seraï et Janina ; et dans les principautés, Belgrade en Servie, Bukarest en Valachie, et Galatz en Moldavie.

GOUVERNEMENT. Il est absolu, et le souverain, réunissant dans sa personne la puissance temporelle et spirituelle, ne reconnaît pas de frein à ses volontés. Néanmoins, dans la pratique, le souverain n'ose pas se mettre ouvertement au dessus des volontés de la nation. Les circonstances, d'ailleurs, ont été, depuis près de deux siècles, tellement défavorables, que, si le sultan fait trembler le peuple, celui-ci, de son côté, n'inspire pas moins d'effroi au sultan. Je vais rapporter un petit tableau qui donnera quelque idée de l'état actuel de l'empire Ottoman.

Le Coran, livre sacré des Musulmans, servant à la fois de code religieux, civil et politique, et le sultan étant regardé comme le successeur des anciens califes, il en résulte que le prince est investi de tous les pouvoirs à la fois. Mais le sultan, du moins depuis plus de deux siècles, n'exerce pas l'autorité par lui-même, et il a deux lieutenans qui sont censés le représenter. Le premier, sous le nom de *mufti*, est à la tête des ministres de la religion et de la loi, décorés du nom d'*ulémas* ou savans ; le second, appelé *grand-vizir*, dirige le gouvernement civil et militaire.

Sous les ordres de ces deux grands dignitaires, se trouvent tous les fonctionnaires de l'empire. Ceux dont il est plus souvent question dans nos relations, sont les pachas. Le mot *pacha*, qu'on prononce aussi *bacha*, est d'origine turque et signifie *chef*. Il sert de titre au grand-vizir et au capitan-pacha, qui est le commandant en chef des forces navales de l'empire. Mais il désigne d'une manière plus générale les gouverneurs des provinces. On en distingue trois classes, suivant l'étendue des pays soumis à leur juridiction, et ils reçoivent, pour emblême de leur autorité, une queue de cheval, suspendue au bout d'une pique, terminée par un pommeau doré. Les pachas du premier rang reçoivent trois de ces queues ; ceux du second rang, deux ; et ceux du troisième, une. L'usage des queues de cheval vient de la Tartarie, pays d'où les Turcs tirent leur origine.

La réunion du grand-vizir, du mufti, du capitan-pacha et de tous les chefs d'administration, en conseil, s'appelle *divan;* ce mot est d'origine arabe et signifie assemblée. Ainsi, le divan est proprement le conseil de l'empire, et il traite de toutes les grandes affaires d'état. Il ne s'assemble qu'à Constantinople.

Le gouvernement reconnaît, au reste, deux classes de sujets bien distinctes : les Musulmans, qui représentent les vainqueurs et constituent l'état proprement dit, et les non-Musulmans, c'est-à-dire les Chrétiens, les Juifs et les Païens, qui représentent le parti vaincu, et qui sont soumis à la capitation. Les sujets non-Musulmans sont appelés du nom général de *rayas*, mot arabe qui signifie *troupeau*. Jusqu'ici la loi les avait placés fort au dessous des Musulmans : ils ne laissaient pas, cependant, de jouir de certains priviléges ; par exemple, dans chaque localité où ils étaient un peu nombreux, ils formaient une espèce de communauté présidée par un d'entre eux appelé *primat*.

Il existe encore une classe de sujets, et celle-ci est privée de tout droit politique : c'est celle des esclaves. L'esclavage est admis dans les pays Musulmans, comme il l'a été de tout temps en Orient : seulement il est de principe qu'un Musulman né libre ne peut pas être fait esclave ; et si un esclave embrasse l'islamisme, il reçoit ordinairement la liberté. Cette classe est malheureusement très nombreuse. Les Turcs, ainsi que les Asiatiques en général, ont toujours recherché des esclaves des deux sexes, soit pour se décharger sur eux de toutes les fonctions pénibles, soit pour satisfaire plus librement leur penchant à la volupté, penchant qui est plus fort en Orient qu'ailleurs. Il n'est guère de Musulman qui n'ait une femme esclave pour partager son lit, et quelques-uns en ont vingt et davantage. Ce goût même a été commun à des Chrétiens et à des Juifs. Les esclaves sont nés dans une condition servile, ou ont été pris à la guerre, ou bien encore ils ont été achetés à prix d'argent de parens inhumains. Le nombre tend, sans doute, à diminuer. D'une part, le gouvernement Ottoman commence à user de quelques ménagemens envers les prisonniers de guerre ; de l'autre, la Circassie et la Géorgie, où se faisait surtout le commerce de jeunes filles, étant maintenant au pouvoir des Russes, les parens doivent se porter plus difficilement à ce sacrifice contre nature. Une chose qui n'a rien de contradictoire avec le despotisme, c'est que les esclaves deviennent quelquefois pachas et grands-vizirs.

L'empire Ottoman s'est formé des conquêtes successives faites par les sultans, et quelques-unes de ces conquêtes ont été assujéties à des restrictions. Non seulement certaines contrées, telles que la Crimée, la Transylvanie, les régences de Tunis, de Tripoli et d'Alger, avaient conservé leur gouvernement particulier, ce qui a fait qu'avec le temps plusieurs d'entre elles ont été détachées de l'empire; mais quelques-unes, tout en recevant un gouverneur nommé par le sultan, jouissaient d'institutions locales fort étendues. C'est ainsi que la Bosnie est encore divisée en capitaineries héréditaires, dont les titulaires réunis en corps représentent le pays. Il y a même des contrées où il reste des familles seigneuriales dont la puissance remonte à plusieurs siècles, et qui se sont toujours maintenues dans leurs possessions. La famille Ghaurini possède, depuis 1427, plusieurs villages en Macédoine; une partie des campagnes voisines d'Angora, en Asie-Mineure, appartient à la famille de Tchapan-Oglou, et une partie des campagnes de Pergame à celle de Kara-Osman-Oglou. Quelques villes étaient la propriété de certains dignitaires; par exemple, l'illustre Athènes formait un fief attaché à la place de chef des eunuques du sérail.

Anciennement, les sultans exerçaient eux-mêmes l'autorité, et marchaient à la tête de leurs armées. C'est ce qui a fait la gloire des Amurat, des Mahomet

II, des Selim et des Soliman. Mais, depuis plus de deux siècles, les princes de la famille impériale ont été tenus par le souverain dans le sérail, sans prendre part aux affaires. Aussi, lorsqu'ils arrivaient au pouvoir, ils se trouvaient étrangers aux détails du gouvernement, et tout se faisait par les mains des ministres. Pour eux, ils vivaient confinés dans le sérail, au milieu de femmes et d'eunuques.

Dans les guerres extérieures, les armées Ottomanes étaient constamment battues, surtout depuis plus de 50 ans, que l'Europe avait créé et adopté une tactique qui quadruplait la force des individus. La Russie, étendant sans cesse ses conquêtes, s'était avancée jusqu'au Danube, et après avoir subjugué la Crimée, menaçait l'empire du côté du Balkan et du Caucase.

Une des causes principales de la faiblesse du gouvernement et de l'anarchie qui se faisait remarquer dans toutes les parties de l'administration, c'était l'insubordination et la fierté méprisante des janissaires. Ces troupes, autrefois si braves et si disciplinées, n'opposaient plus de résistance à l'ennemi, et n'étaient redoutables que pour leur souverain.

Les Janissaires, créés dans le XIVe siècle, furent ainsi nommés, de deux mots turcs qui signifient *nouvelles troupes*. Ils étaient d'abord choisis parmi les enfans des chrétiens de Bosnie, d'Albanie et de Bulgarie, hommes robustes et belliqueux. On avait décidé qu'ils ne pourraient pas se marier, et que, constamment sous les armes, ils seraient, en toute saison, sous les ordres du gouvernement. Dans ces temps reculés où l'Europe chrétienne n'avait pas d'armée permanente, les janissaires se présentèrent avec une grande supériorité ; mais, avec le temps, l'institution des janissaires, comme toutes les institutions des hommes, subit de sensibles altérations. Au titre de janissaire étaient attachés de nombreux priviléges et des revenus en terre très considérables; les gens en crédit cherchèrent à faire admettre leurs créatures dans ce corps privilégié, et on y inscrivit les artisans, les employés de l'administration; le titre de janissaire devint même héréditaire, et l'on vit des enfans en bas âge décorés de ce nom jadis si terrible. Sur ces entrefaites, l'Europe éclairée avait formé des armées régulières et créé une tactique dont j'ai parlé plus haut; dès lors les janissaires furent hors d'état de se mesurer avec les armées chrétiennes. En vain les sultans, à diverses reprises, essayèrent de réformer des abus si criants, et de remplacer les janissaires par des troupes plus fortes et plus dociles; les abus avaient eu le temps de s'enraciner, et des individus de toutes les classes y trouvaient leur profit. Aussi les sultans échouèrent; plusieurs même, tels que Selim III, périrent victimes de leurs nobles intentions.

Il était réservé à Mahmoud, mort en 1839 après un règne de plus de 30 ans, de les discipliner ou de les anéantir.

Ce sultan ressemblait, sous plusieurs rapports, à Pierre-le-Grand, à qui la Russie doit une bonne partie de ses améliorations; c'était la même constance dans les choses entreprises, la même énergie dans l'exécution et la même sévérité dans l'accomplissement de ses arrêts. Comme Pierre-le-Grand, il n'a pu souffrir l'arrogance de sa garde prétorienne. Pierre se délivra de ses strélitz, et Mahmoud brisa le joug que lui imposaient les janissaires. Depuis longtemps le gouvernement formait le projet d'introduire la discipline européenne dans l'armée turque; Selim, prédécesseur de Mahmoud, avait tenté de le mettre à exécution, mais le temps n'était pas venu ; il périt, comme je l'ai dit plus haut, victime de la rage des janissaires.

Le sultan Mahmoud parvint à se concilier une partie des officiers de ce corps privilégié, et obtint qu'ils fourniraient 150 hommes par régiment, pour, par des officiers Egyptiens très intelligens, les mettre à la hauteur de la tactique européenne. Cette petite armée, sous des chefs si habiles, fit de rapides progrès, jusqu'au point que Mahmoud, en étant enthousiasmé, leur ordonna de se réunir sur la Grand'Place de l'Et-Meïdam, qui était réservée aux janissaires. Les manœuvres avaient commencé en présence des premiers dignitaires de l'empire, lorsque plusieurs janissaires se plaignirent qu'on leur fît exécuter les manœuvres des Russes. Un officier Egyptien appliqua un soufflet à l'un des mécontens ; ce fut le signal de la révolte : plus d'ordre, plus de discipline, leur rage n'avait plus de frein ; ils se portèrent au dernier excès que puissent commettre des Musulmans : ils enfoncèrent les portes du harem de leur *aga* ou commandant, parce qu'il avait mis beaucoup de soins pour favoriser le nouveau plan de discipline. Cette multitude effrénée, à laquelle s'était jointe la populace, offrait l'aspect le plus dégoûtant ; les janissaires avaient foulé aux pieds leur uniforme, et le reste de leurs vêtemens était déchiré. Ils commençaient à démolir le palais de la Porte, que le gouvernement avait abandonné, pillaient et détruisaient les archives, dont ils supposaient qu'on avait tiré leur nouvelle organisation, lorsque le sultan convoqua un conseil nombreux, auquel il proposa de sortir l'étendard du Prophète. Son avis fut adopté. On ne se sert de cette relique sacrée, qui, selon les uns, est faite avec un vêtement de Mahomet, et, selon les autres, a appartenu à ce prophète, que dans les occasions les plus solennelles ; il y avait 50 ans qu'on ne l'avait vue à Constantinople. On la prit au trésor impérial, et on la porta à la mosquée du sultan Achmet. Les ulémas et les softas marchaient devant, et le sultan, accompagné de sa cour, suivait en récitant le coran. Ce fut un acte de politique de la part de Mahmoud ; car il mit en jeu, par ce moyen, les préjugés et le fanatisme de toute la nation. Aussitôt que le peuple fut instruit de cet évènement, des milliers d'hommes accoururent se ranger sous l'étendard, en donnant des marques du plus vif enthousiasme. Le mufti planta le *sangiak-schérif* sur la chair de la magnifique mosquée d'Achmet, et le sultan prononça l'anathème contre ceux qui refuseraient de s'y rallier.

Quatre officiers supérieurs, envoyés vers les janissaires pour les faire rentrer dans le devoir, furent massacrés au milieu de la Place de l'Et-Meïdam. Le sultan demanda alors au cheik-islan un *fetva* qui l'autorisât à exterminer ses sujets rebelles, et fit marcher contre eux l'aga-pacha, à la tête de 60,000 hommes, sur lesquels il pouvait compter. Cernés de toutes parts dans l'Et-Meïdam, où ils étaient rassemblés confusément, ils ne purent résister ; le carnage fut terrible ; il en resta la moitié sur la place ; les autres purent à peine se réfugier dans leurs *kislas* ou casernes. Après leur refus de se rendre à quelque condition que ce fût, l'aga fit mettre le feu aux kislas. On peut juger quelle fut alors leur situation : ceux qui échappaient au feu périssaient par le fer. Leur désespoir se changea en rage. Enfin la résistance cessa. Ceux des janissaires qui avaient pu échapper au carnage de l'Et-Meïdam, furent immolés sans quartier. Le soir même, les *fellas* proclamèrent partout que la tranquillité était rétablie.

L'exposition du sangiak-scherif attira beaucoup de

monde à Constantinople : c'était, pour les Musulmans, une chose aussi rare que sainte, et beaucoup d'entre eux regardaient cette visite comme un pélerinage au tombeau du prophète.

On n'est pas d'accord sur le nombre des janissaires qui ont péri dans cette journée. On croit cependant qu'il n'en est pas échappé un seul, d'environ 20,000 dont ce corps était composé. Tous ces cadavres furent jetés dans le Bosphore. On les voyait flotter sur la mer de Marmara.

La surface des eaux était couverte de ces débris, qui entravaient la marche des bâtimens, et l'on a pu répéter avec vérité ce qu'un poete a dit du vaisseau de Xerxès, que les corps de ses soldats empêchaient d'avancer.

D'après ce qu'on peut juger jusqu'ici, le sultan Abdul-Medjid, quoique seulement âgé de 17 ans, est bien décidé à continuer les progrès vers le bien que son père Mahmoud a si glorieusement commencés en tous genres. Il a l'intention de vivre dans une monogamie chrétienne. Cependant, les lois mahométantes exigent qu'un souverain ne puisse plus cohabiter avec la femme dont il a eu un enfant, et si le sultan abolit cet usage, il sera le premier qui aura créé la famille dans la société turque, amélioration qui vaut à elle seule toutes celles que son père a opérées.

CONSTANTINOPLE, capitale de l'empire Ottoman et de la province de Romanie, à 2,400 kilom. S.-E. de Paris, située sous le 41° de latitude septentrionale et vers le 27° de longitude orientale, dans une contrée charmante, entre la mer Noire et celle de Marmara, sur le canal que les anciens appelaient le Bosphore, parce qu'un bœuf pouvait le traverser à la nage, et qui coule, dans un espace de 30 kilom., entre la mer Noire et celle de Marmara. Un bateau peut le traverser en moins d'un quart d'heure et communiquer ainsi d'Europe en Asie. Ce canal sépare l'Europe de l'Asie, et son enfoncement forme un des plus beaux ports du monde. Cette ville fut fondée environ 660 ans avant l'ère chrétienne par Pausanias, roi de Lacédémone, qui lui donna le nom de Byzance, et ce n'est que vers l'an 320 de notre ère, que l'empereur Constantin, l'ayant choisie pour la capitale de l'empire Romain, elle reçut, avec sa nouvelle importance, son nom, qu'elle porte aujourd'hui. Les Français s'en emparèrent en 1204, et les Grecs la reprirent en 1261. Mahomet II en chassa les Grecs en 1453, et en fit le siége de son empire. Elle est appelée par les Turcs tantôt Constantinié, tantôt Stamboul ou ville de l'islamisme. La ville proprement dite forme une espèce de triangle, dont la pointe s'avance dans la mer. Au-delà du bras qui forme le port, sont l'arsenal, les chantiers de construction et les faubourgs de Pera et de Galata. En face, sur la côte d'Asie, se trouve, près de l'ancienne Chalcédoine, Scutari, qui est une assez grande ville et qu'on peut cependant regarder comme une dépendance de la capitale.

Peu de villes au monde se présentent extérieurement sous un aspect plus imposant ; l'emplacement qu'elle occupe semble avoir été marqué par la nature pour l'établissement d'une ville du premier ordre ; mais des rues étroites et fort sales, des maisons pour la plupart basses et construites en terre et en bois, détruisent, en partie, la première impression. Les incendies y sont fréquents et quelquefois terribles ; celui de 1826 détruisit six mille maisons. Aussi le sultan Mahmoud a-t-il fait construire, sur le point le plus élevé de la chaîne des collines, une tour élevée où une garde veille sans cesse pour signaler ces fréquens incendies. Souvent ce sont les mécontens qui y mettent le feu, et c'est, pour le peuple, une manière de faire connaître ses griefs. Il est vrai que les immenses forêts qui bordent les côtes de la mer Noire permettent de reconstruire les maisons brûlées : d'ailleurs, ces maisons sont loin d'offrir le luxe de meubles et d'ornemens que présentent les nôtres. Des tapis, des sofas, quelques matelas, voilà tout leur mobilier. Mais comment remplacer les objets de tous genres entassés dans les bazars et qui deviennent trop souvent la proie des flammes! Un autre fléau non moins terrible pour cette ville, c'est la peste, qui, presque chaque année, y exerce ses ravages. Jusqu'ici l'insouciance des Musulmans et l'esprit de fatalisme qui les anime ont fait négliger les ressources de la prudence humaine ; sans doute, à une époque où des idées de réforme animent le souverain, on cherche à imiter les mesures préventives mises en usage dans l'Europe civilisée.

Constantinople est la résidence du sultan, du mufti, des ministres et de tous les grands dignitaires de l'empire. Les religions chrétienne et juive y ont également un chef particulier qui les représente auprès du gouvernement. Les Grecs du rit schismatique, qui rappellent les anciens maîtres du pays, ont un patriarche qui prend le titre d'*œcuménique*, c'est-à-dire *universel*, et qui est à la tête d'un synode de douze évêques ; les Arméniens schismatiques ont un archevêque, et la même faveur vient d'être accordée aux Arméniens catholiques; enfin les Juifs sont gouvernés par un *Hakam-baschi*.

Les palais impériaux, à Constantinople, portent le nom de sérail ; c'est une corruption du mot turc *seraï*, qui signifie demeure. Le Sérail par excellence est le palais qu'occupe le sultan régnant, et qui est construit sur l'emplacement de l'ancienne Byzance. Ce palais, bâti par Mahomet II, se compose d'édifices et de jardins, et peut être considéré comme une ville à part. On dit qu'il égale, par son étendue, la ville de Vienne proprement dite ; on y distingue l'appartement du prince et celui de ses femmes, qui est appelé *harem*, la salle du trône, l'Hôtel des monnaies, le seul qui existe maintenant dans l'empire, et le Trésor, où sont déposées toutes les richesses acquises depuis l'origine de la monarchie. On a longtemps cru que ce trésor renfermait des manuscrits d'ouvrages grecs et latins qui ne nous sont point parvenus, et qui se trouvaient dans les bibliothèques de la ville, lorsque les Musulmans y entrèrent. Ce qu'il y a de certain, c'est que M. le général Sébastiani y découvrit un fort beau manuscrit de Ptolémée, qui, depuis, a été vendu en Angleterre, et que ce trésor recèle encore des objets de tous genres, bien dignes d'exciter la curiosité des savans, si jamais ces vieux débris étaient rendus à la lumière. Un genre d'objets qui intéressent beaucoup plus les Musulmans, ce sont des espèces de reliques qui se rattachent à la gloire de l'islamisme, et qui y sont déposées. Il suffira de citer le *sangiak-schérif*, ou noble drapeau, déjà nommé, qui, étant déployé dans les circonstances critiques, a plus d'une fois sauvé l'empire sur le penchant de sa ruine. La porte principale du sérail a reçu le nom de *Porte auguste* et de *Porte sublime ;* et, comme jadis en Orient la porte d'une maison était la partie principale de l'édifice, parce qu'on y traitait de toutes les affaires importantes, le mot *porte* a désigné ensuite le palais lui-même et la cour impériale. Je citerai encore l'Eski-Seraï ou vieux sérail, palais situé dans l'intérieur de la ville, et qui est habité par les femmes et les esclaves du sultan mort ou déposé.

Parmi les plus beaux monumens de Constantinople, il faut placer les mosquées ; on en compte 344. Rien de plus pittoresque que cette forêt de coupoles et de minarets qui s'élèvent dans les airs ; la principale mosquée est *Aia Sophia* ou Sainte-Sophie, église fondée par l'empereur Justinien en 532, et qui fut convertie en mosquée lorsque Mahomet II s'empara de la ville. Sainte-Sophie, eu égard à son ancienneté et à la place qu'elle occupe dans l'histoire de l'architecture, mérite d'être comparée à Saint-Pierre de Rome. Sa coupole a servi de modèle à celles qui furent élevées plus tard à Venise, à Pise, à Rome et ailleurs ; c'est dans l'église de Sainte-Sophie que, le 9 mai 1204, Baudouin, comte de Flandre, fut proclamé empereur de Constantinople. Les autres mosquées qui méritent d'être mentionnées sont celles de Sultan Achmet, située sur la place de l'Hippodrome ; de Sultan Soleyman et de Sultan Osman ; cette dernière est moins grande que les autres ; mais elle les surpasse toutes en élégance et en régularité. On cite encore la mosquée de la Sultane Validé, c'est-à-dire de la sultane-mère, du nom de la mère de Mahomet IV, parce que la plupart des colonnes qui la supportent ont été tirées des ruines d'Alexandria-Troas. A l'exception de Sainte-Sophie, chaque mosquée est appelée du nom de son fondateur.

Les mosquées forment ordinairement un corps isolé et sont entourées de parvis où se trouvent des fontaines à l'usage des personnes qui veulent faire les ablutions prescrites par la religion. Plusieurs de ces mosquées sont accompagnées de *turbés* ou chapelles sépulcrales, où reposent les corps des sultans et des grands personnages de l'empire ; chaque turbé a un gardien particulier, et des vieillards y doivent réciter tous les jours le Coran à l'intention du mort. A la plupart des mosquées, sont annexées des écoles ou *mekteb*, où l'on apprend à lire et à écrire, et des colléges ou *medressé*, où l'on forme la jeunesse dans la logique, la théologie et la jurisprudence ; on y trouve même des bibliothèques publiques, des hôpitaux pour les malades, des lieux de distribution d'alimens pour les pauvres ; plus de 30,000 personnes y reçoivent des secours tous les jours. Les mosquées, comme les autres établissemens publics, sont en possession de recevoir les legs en argent ou en terres, que les personnes pieuses veulent leur faire : aussi n'est-ce pas une exagération de dire que ces établissemens jouissent maintenant d'une grande partie des richesses de l'empire. On peut citer, à la suite des mosquées, les nombreux couvens de religieux Mahométans, qui composent plusieurs ordres différens, et qui, sous le nom de derviches, de sofis, possèdent des biens considérables. Le couvent des Meulevis, à Galata, passe pour le plus beau de tous.

La principale église des Grecs est l'église dite *patriarcale;* celle des Arméniens est l'église de Saint-George.

Constantinople offre plusieurs places remarquables. Toutes sont appelées *Meïdam*, d'un mot persan qui signifie *plaine*. La plus célèbre porte le nom d'At-Meïdam, ou Place aux chevaux, parce que les jeunes Turcs s'y exercent encore à monter à cheval ; c'est l'ancien Hippodrome, et il est encore orné d'un obélisque égyptien en granit de 20 mètres de haut, ainsi que des débris de la Colonne aux trois Serpens, qu'on croit avoir jadis supporté le fameux trépied offert au temple de Delphes, par les Grecs vainqueurs à Platée ; vient ensuite la Place de Top-Kana, qui est décorée d'une fontaine superbe.

On compte à Constantinople un grand nombre de bazars ou marchés, remplis de tout ce que l'empire offre de plus précieux. C'est là qu'on trouve ordinairement les médailles, les pierres gravées et autres objets curieux qu'enfanta l'ancienne Grèce, et qui, après un oubli de plusieurs siècles, sortent chaque jour du sein de la terre. Telle est la sûreté des bazars en général, qu'on a coûtume d'y déposer les biens des mineurs, des orphelins et des voyageurs.

Un genre de marché dont on se fait difficilement l'idée dans l'Europe chrétienne, c'est le Marché d'esclaves. Là, sont exposées les personnes à vendre. Les filles esclaves sont examinées par des matrones préposées à cet effet. Leur prix dépend de leur âge, de leurs attraits et de leurs talens pour la danse, la musique et la broderie. Des femmes font la spéculation d'en acheter de très jeunes, et de leur donner une éducation soignée pour les revendre. C'est le présent le plus précieux qu'on puisse offrir.

Outre les marchés proprement dits, il y a des khans, espèces d'hôtels réservés aux banquiers et aux gros commerçans qui y suivent le cours de leurs affaires, et des caravansérais, c'est-à-dire séjour des caravanes, espèce de halles où descendent les voyageurs et les marchands avec leurs effets. On sait qu'en Orient, faute de sûreté suffisante sur les routes, les voyageurs ont coûtume de se réunir ensemble, et traînent avec eux leurs bagages et presque tout ce qui leur appartient. Dans toutes les villes musulmanes, particulièrement en Asie, et d'espace en espace, sur toutes les routes, le gouvernement ou des personnes charitables font construire de ces édifices, où les voyageurs et leur escorte trouvent un abri assuré.

On conçoit que dans une aussi grande capitale, et avec une situation aussi bien choisie, le commerce soit très considérable. Malheureusement les Turcs sont très paresseux, et ne tirent pas de leur position le parti convenable ; d'ailleurs, un très grand nombre de navires qui passent devant Constantinople ne s'y arrêtent pas. On sait que depuis l'essor qu'ont pris, dans ces derniers temps, l'agriculture et le commerce dans les provinces méridionales de l'empire Russe, le commerce de la France, de l'Italie, et de bien d'autres pays avec ces contrées, est devenu non moins florissant que dans l'antiquité. Jusqu'ici le sultan s'était réservé la faculté de fermer le Bosphore aux puissances qui lui portaient ombrage. Par le traité de 1829, la Russie a exigé que le passage fût entièrement libre.

Les Orientaux n'ayant pas de linge comme nous, et ayant conservé le goût de leurs ancêtres, font un fréquent usage des bains ; on remarque à Constantinople plus de 300 édifices destinés à cet objet ; les femmes surtout recherchent ce genre de plaisir. Privées de la faculté de se promener dans la ville, si ce n'est couvertes d'un voile, et ne pouvant recevoir aucun étranger chez elles, elles trouvent une société choisie dans les bains et y passent les journées entières ; quant aux hommes, ils ont la faculté de se rendre dans les cafés et les autres lieux publics. On trouve à Constantinople des cabarets ; mais ces maisons sont ordinairement tenues par des Chrétiens et des Juifs.

On se tromperait beaucoup si on croyait que Constantinople manque d'établissemens littéraires et de moyens d'instruction. J'ai dit qu'à la plupart des mosquées sont attachées des écoles où l'on enseigne à lire et à écrire, et des colléges destinés à l'étude de la logique, du droit et de la théologie. Le nombre des écoles primaires s'élève à 1,255 ; on compte, dans les colléges, environ 1,600 jeunes gens qui reçoivent une éducation gratuite. C'est dans les principaux de ces colléges, qu'à l'exemple de ce qui se passe dans nos universités, se confèrent les grades aux étudians qui se consacrent à la carrière des emplois civils ou ecclésiastiques. Il existe encore quelques écoles supérieures, telles qu'une Ecole de mathématiques, une Ecole de navigation, une Ecole de médecine et une Ecole militaire fondée par le sultan Mahmoud, père de l'empereur régnant ; la ville possède encore près de 40 bibliothèques publiques, dont celle du sérail ne compte pas moins de 15,000 volumes, et dans ces bibliothèques se trouvent les principaux ouvrages orientaux, qui pourraient fournir d'utiles supplémens aux collections analogues de Paris, de Londres, de St.-Pétersbourg, etc. Enfin, Constantinople, outre son ancienne Imprimerie Rabbinique et Arménienne, a une Imprimerie Arabe, Persane et Turque, qui, jusqu'à la fondation d'un établissement du même genre en Egypte par le pacha actuel et à Tauris par le prince royal de Perse, était la seule en possession de fournir les Musulmans de livres consacrés à leur littérature. Cet établissement, créé en 1727 et interrompu en 1746, a été restauré en 1784 ; il a été transféré à Scutari et acquiert tous les jours plus d'importance. On y publie toutes sortes de livres, sans excepter les ouvrages qui nécessitent l'emploi de figures, tels que les livres de médecine et d'art militaire; le Coran seul est excepté, et il sert encore à occuper un grand nombre de copistes qui n'auraient pas d'autre moyen d'existence. Il est vrai que la plupart de ces divers établissemens ont été formés sur des bases surannées, ou sont d'une date trop récente pour avoir commencé à porter du fruit; le temps seul pourra féconder des semences d'une nature si différente. Une circonstance qui doit rendre les progrès plus lents, c'est que, malgré la publication d'une gazette arabe et turque qui s'imprime au Caire, le sultan n'avait pas encore songé à établir un journal à Constantinople, sinon depuis quelque temps qu'il s'en imprime un, intitulé *le Moniteur Ottoman;* il n'y existe d'ailleurs ni Observatoire ni Cabinet d'histoire naturelle.

Un genre de monumens qui, dans ces derniers temps, a excité les recherches des savans, ce sont les Aqueducs qui fournissent de l'eau à Constantinople; les uns sont sur arcades, les autres forment des canaux souterrains. Les uns, ainsi que la plupart des citernes de l'intérieur de la ville, remontent au règne de Constantin; d'autres datent du Bas-Empire; quelques-uns appartiennent à la domination Ottomane. Les plus connus sont : l'Aqueduc de Valens, la Citerne des Mille et une colonnes, l'Aqueduc de Justinien. Le général Andréossi, qui a fait une étude particulière de ce genre de monumens, a cru y reconnaître des procédés qui étaient en usage chez les anciens, et qui sont tombés en désuétude chez nous.

Constantinople étant le centre de l'empire, renferme tout ce qui se rapporte à l'armée, à la marine et au gouvernement civil. On trouve, le long du port, les arsenaux, les chantiers de construction et tout ce qui appartient au matériel de la marine. L'Arsenal militaire, situé dans le voisinage et appelé *Top-khana* (dépôt de l'artillerie), contient une manufacture d'armes qui fournit des fusils, des bombes et des canons. Dans l'intérieur de la ville, sont plusieurs casernes qui pourraient rivaliser avec les plus belles casernes de l'Europe civilisée. Les deux qui sont aux environs sont des espèces de camps retranchés pouvant renfermer une armée; l'une porte le nom de *Daoud-Pacha*, et l'autre de *Ramis-Tchifflik*. C'est dans celle-ci que, pendant la dernière guerre contre la Russie, le sultan planta son étendard, ne se montrant qu'en habit militaire, et annonçant l'intention de s'ensevelir sous les ruines de l'empire. On peut citer, à la même occasion, le fameux Château des Sept-Tours, situé à l'extrémité méridionale de la ville, sur les bords de la mer, et où l'on enferme les prisonniers d'état. Quant aux remparts qui entourent la ville, ils consistent dans un double mur garanti par des fossés et fortifié de tours, et ils pourraient donner lieu à une défense formidable. Mais quelle armée ne faudrait-il pas pour garnir une si vaste enceinte!

Puisqu'il est ici question de fortifications, je ne puis me dispenser de parler de l'ouverture que présente le Bosphore, et qui pourrait voir arriver, en moins de trois jours, une flotte russe des côtes de Crimée. Les fortifications élevées à l'entrée du Bosphore en rendent l'accès fort difficile, et la côte n'offre point d'endroit favorable pour le débarquement; d'ailleurs, la grande proximité de la capitale permettrait d'envoyer à temps des secours. Quant au passage des Dardanelles qui communique avec la Méditerranée, et qui, en 1807, fut forcé par la flotte anglaise, les châteaux qui le bordent en Europe et en Asie présentent un aspect redoutable ; mais, ouverts du côté de terre et entourés de hauteurs, ils seraient facilement tournés par des troupes de débarquement, et ne pourraient resister à une attaque combinée de terre et de mer. La plupart des fortifications des Dardanelles et du Bosphore ont été élevées sous la direction d'officiers français.

Outre Sainte-Sophie, les aqueducs, une portion des remparts et les monumens de l'Hippodrome, il reste encore à Constantinople des débris de l'ancienne domination des Césars. On peut citer la Colonne dite *historique*, et représentant les exploits de l'empereur Arcadius ; les vestiges du Palais des Blaquernes ; la Colonne brûlée, située près de l'At-Meïdam et dont les débris ont encore environ 30 mètres de haut ; la Colonne Corinthienne, érigée en mémoire d'une victoire remportée sur les Goths, et qui est placée dans les jardins du sérail ; les bas-reliefs qui ornent l'ancienne porte du Château des Sept-Tours ; mais les Turcs, par une suite de leur horreur pour les figures, ont brisé ou mutilé la plupart des statues et des bas-reliefs ; d'ailleurs, dès l'année 1204, lorsque les croisés de France et d'Italie entrèrent dans la ville, ils y firent des ravages irréparables : les incendies ont porté le dernier coup.

La ville est accompagnée de plusieurs faubourgs considérables : celui d'*Ayoub* est ainsi appelé, du nom d'un compagnon du prophète qui y fut tué, lors du premier siége de Constantinople par les Musulmans, l'an 668 de notre ère ; les Turcs y construisirent plus tard, en l'honneur d'Ayoub, une mosquée où les sultans, en montant sur le trône, sont dans l'usage d'aller ceindre le sabre, cérémonie qui leur tient lieu de couronnement. Ce faubourg est situé à l'ouest de la ville, vers le fond du port. Les autres sont placés de l'autre côté du port ; ce sont, outre l'arsenal proprement dit et ses dépendances, Pera et Galata. Galata est le quartier des négocians, Pera celui de la diplomatie. C'est à Pera que les ambassadeurs des puissances chrétiennes ont établi, eux et leur suite, leur séjour ; dans les villes du Levant, les Chrétiens n'osent pas se mêler avec les Musulmans, et ils adoptent un quartier particulier, autant pour leur sûreté commune que pour les agrémens de la société. Pera, par son élévation, domine le Bosphore, le sérail, le port et une bonne partie de la ville. Rien de plus frappant que ce mélange de costumes, d'idiomes, de mœurs et d'usages ; cette diversité se fait remarquer surtout dans les fêtes que donnent les Européens, et auxquelles assistent, depuis quelque temps, le sultan et les officiers de sa cour.

Derrière Pera et Galata est un autre faubourg appelé Saint-Demetri, et qui est occupé par les Grecs ; ce faubourg ne doit pas être confondu avec le Fanal ou Fanar, quartier habité par les anciennes familles grecques qui, depuis longtemps, étaient en possession de fournir des hospodars à la Valachie et à la Moldavie. Le Fanal est situé sur le port, dans l'intérieur de la ville.

Les Turcs étant naturellement graves et sédentaires, sentent peu le besoin des promenades; aussi en existe-t-il peu dans les environs de Constantinople. On rencontre seulement ça et là des kiosques et des fontaines élevées par la piété des fidèles, et auprès desquelles les Musulmans viennent fumer et boire du café; l'heure de la prière arrivée, ils font leur ablution, tendent un tapis à terre et s'acquittent de ce qu'ils regardent comme un devoir sacré. On ne voit guère les Musulmans se promener sinon dans les cimetières, surtout dans celui qui avoisine le faubourg de Pera. Les cimetières sont plantés d'arbres, particulièrement de cyprès, et les tombes sont couvertes de fleurs; ce mélange d'images tendres et lugubres inspire une mélancolie qui plaît à l'âme. Il est remarquable que les Turcs de la capitale, ayant conservé une espèce de prédilection pour l'Asie, berceau de leur religion et de leur nation, préfèrent se faire enterrer sur ses côtes; aussi trouve-t-on à Scutari un cimetière qui est regardé comme le plus vaste de l'empire.

Un genre de promenade que les Musulmans recherchent beaucoup, c'est la promenade en bateau sur le Bosphore et vers les îles des Princes; le soir, dans la belle saison, l'eau est sillonnée dans tous les sens, et l'on jouit du plus beau spectacle qu'offre la nature.

On ne connaît pas, d'une manière précise, la population de Constantinople; si l'on compte seulement la population de la ville proprement dite, elle peut être évaluée à environ 580,000 habitans. Si l'on ajoute à ce nombre, comme on le fait ordinairement, la population des faubours de Pera et de Galata, et celle de Scutari, qui, bien qu'en Asie, est assez voisine, comme je l'ai dit plus haut, pour être considérée comme une dépendance de la ville, on arrivera à un total de 7 à 800,000 habitans, en y comprenant, bien entendu, les Turcs, les Grecs, les Arméniens, les Juifs et les Français.

Quelle que soit la direction que l'on ait suivie pour se rendre à Constantinople, soit que l'on arrive par les

Dardanelles et la mer de Marmara, soit qu'on descende le Bosphore en sortant de la mer Noire, ou qu'on ait traversé les plaines de la Thrace ; soit enfin qu'on vienne de descendre les rivages montueux de l'Asie, et que l'on s'y rende par Galata, cette ville se présente aux regards comme la reine des cités ; mais rien n'égale la beauté du point de vue dont on jouit lorsqu'on arrive en descendant le Bosphore.

Quand on examine sa situation, on comprend aisément combien il serait avantageux pour les Russes d'en faire l'entrepôt de leur commerce méridional, dont tous les produits pourraient facilement se transporter de l'intérieur de leur empire dans la Méditerranée. Aussi, depuis Pierre-le-Grand, les czars visent-ils constamment à ce but ; mais l'intérêt des autres nations de l'Europe s'y oppose, et l'Angleterre et la France ne sauraient y consentir sans abdiquer leur prépondérance dans cette mer.

Autant, dit le général Andréossy, les environs de Constantinople sont incultes, arides et privés d'arbres et d'habitations, autant les côteaux des deux rives du Bosphore sont riants et peuplés de jardins, de villages, de palais, de kiosques, de fontaines, de bouquets de bois. Ils n'offrent pas d'interruption d'une extrémité à l'autre du canal ; disposés sans art, ces objets si diversifiés imitent, dans leur ensemble, la prodigieuse variété de la nature.

Parmi les nombreuses localités qui méritent d'être citées, je nommerai :

Belgrade, dans une situation charmante, autrefois séjour d'été de plusieurs Européens, mais que le mauvais air a engagés à déserter ; c'est encore l'endroit où se retirent les plus riches familles chrétiennes de Pera et de Galata, lorsque la peste fait ses ravages à Constantinople.

Doulukh-Baktche, avec un palais du grand-seigneur, construit d'après le goût chinois.

Bechiktach, remarquable par le magnifique palais du grand-seigneur, qui se trouve dans son voisinage, et dont une grande partie fut brûlée en 1816.

Kouroutchesme, où les principales familles grecques se retirent pendant l'été.

Roumily-Hissar, le plus fort de tous les châteaux qui défendent le Bosphore, presque au milieu du canal.

Therapia, avec un grand nombre de maisons de campagne.

Bouïouk-Déré, lieu considérable, orné d'un quai servant de promenade ; la plupart des ministres européens y passent tout le temps de la belle saison. Les botanistes y admirent un des plus grands arbres du monde : c'est le fameux *platane;* on assure que le tronc de cet arbre n'a pas moins de cinquante mètres de circonférence.

Indchiguis, petite ville, remarquable par ses sources minérales et surtout par ses nombreuses habitations taillées dans le roc vif, formant des étages et de longues suites ; c'est une véritable ville de Troglodytes.

Scutari, sur le Bosphore, est située en Asie, vis-à-vis Constantinople, dont elle est regardée comme un des faubourgs. Quoique bien déchue, cette ville est encore très commerçante, étant le rendez-vous des caravanes de l'Asie qui font le commerce de Constantinople et d'une partie de l'Occident. Elle est remplie de belles maisons et de mosquées ; on y voit aussi les plus beaux cimetières de l'empire Ottoman : c'est le lieu que les plus riches Turcs de Constantinople choisissent pour se faire enterrer. Sa population s'élève à environ 35,000 habitans.

J'ajouterai les noms de quelques forteresses construites sur les côtes d'Europe et d'Asie, pour défendre le passage des Dardanelles ; ce sont : Kilid-Bahr, on la nomme aussi le Château d'Europe ; Bovalli-Kalessie, l'ancien Sestos, sur la côte d'Europe ; Sultanie-Kalessié, Nagara-Bourum, l'ancien Abidos, sur la côte d'Asie. D'après le capitaine anglais Trant, toutes les batteries élevées sur la côte d'Europe comptent 332 canons et 4 mortiers ; celles qui défendent la côte Asiatique ont 482 canons et 4 mortiers, ce qui fait un total de 814 pièces de canon et 8 mortiers.

CONSULS *de France à :*

Constantinople, Andrinople, Belgrade, Bukarest, Salonique, dans l'empire Ottoman ;

Jassy, Galatz, dans la principauté de Moldavie ;

Athènes, Patras, Syra, en Grèce.

FIN.

TABLE DES MATIÈRES.

FIN DE LA TABLE.

www.ingramcontent.com/pod-product-compliance
Ingram Content Group UK Ltd.
Pitfield, Milton Keynes, MK11 3LW, UK
UKHW021059220726
13924UKWH00005B/2157

9 782019 933296